高等职业教育教学用书

U0590643

GAOZHI TIYU JIAOCHENG

高职体育教程

（第四版）

主 编 孙 志

中国教育出版传媒集团

高等教育出版社·北京

内容提要

本书为高等职业教育教学用书，是在第三版的基础上修订而成的。

本书共分 5 篇 12 章，内容包括体育与健康概述、科学运动、职业体能、球类运动、休闲户外运动、游泳运动、操舞运动、传统武术运动、节庆体育运动、冰壶运动、拓展训练等，能满足高职学生日常锻炼所需。对于常见运动项目的部分重点、难点技术动作，本书在相关内容旁提供了链接动作视频的二维码，供学生学习查阅。

本书适合作为高职院校公共体育课程教材，也可供热爱体育运动的社会读者参考。

图书在版编目(CIP)数据

高职体育教程 / 孙志主编. -- 4 版. -- 北京 ： 高
等教育出版社，2024. 8（2025.7重印）. -- ISBN 978-7-04-062352-9

Ⅰ. G807.4；G647.9

中国国家版本馆 CIP 数据核字第 20242QA971 号

策划编辑	雷　芳	**责任编辑**	雷　芳	**封面设计**	张文豪	**责任印制**	高忠富	

出版发行	高等教育出版社	网　　址	http://www.hep.edu.cn
社　　址	北京市西城区德外大街 4 号		http://www.hep.com.cn
邮政编码	100120	网上订购	http://www.hepmall.com.cn
印　　刷	上海新艺印刷有限公司		http://www.hepmall.com
开　　本	787 mm×1092 mm　1/16		http://www.hepmall.cn
印　　张	16.25	版　　次	2012 年 7 月第 1 版
字　　数	355 千		2024 年 8 月第 4 版
购书热线	010 - 58581118	印　　次	2025 年 7 月第 2 次印刷
咨询电话	400 - 810 - 0598	定　　价	35.00 元

编 委 会

主　编　孙　志

副主编　何　康　许　悦

参　编（以姓氏笔画为序）

　　　　马庆兰　王媛媛　史炳柱　白新蕾

　　　　朱　卫　刘　刚　张　成　周一琳

　　　　赵建华

主　审　罗　殷

前　言

本书自第一版出版以来,受到了高等职业院校师生的广泛欢迎。第四版在第三版的基础上,结合高职院校体育课程教学和体育活动的开展,在内容、体例上做了进一步的调整、完善。希望第四版教材能够成为高职学生喜欢的、适合阅读的、便于自学的读物,以促使其自觉参与体育运动,达到强身健体、锤炼意志、为就业储备职业体能的目的。

与第三版相比,第四版突出了以下特色。

一、注重休闲体育的价值

弱化了部分体育项目的竞赛色彩,增加了休闲体育项目的相关内容。休闲体育运动具有自由性、文化性、非功利性、主动性等特点,在人们的日常生活中发挥着重要的作用。近年来,飞盘运动受到越来越多的年轻人的喜爱,本次修订增加了"飞盘"项目,希望通过这项轻松愉快、活力四射、社交性强的休闲体育运动,帮助学生形成积极阳光、互相尊重的品格及良好的团队协作能力。

二、传承优秀传统体育文化

体育文化是中华优秀传统文化的重要内容。民族传统体育项目不仅仅是体育运动,更是民族文化的结晶,是一个民族生活状态、文化习俗等在体育运动上的体现。将民族传统体育项目引进高等职业院校,既可以传承、弘扬民族优秀传统文化,展现文化自信,又能丰富体育课课堂的教学内容和教学方式,促进我国高等职业院校体育教学的可持续发展。本次修订增加了"跳绳"这一我国传统体育项目,希望以此让学生进一步认识、喜爱民族传统运动。

本书由孙志担任主编,何康、许悦担任副主编。孙志负责编写第一、二章,马庆兰负责编写第三章,史炳柱负责编写第四章,何康负责编写第五章,张成负责编写第六章,赵建华负责编写第七章,许悦负责编写第八章,白新蕾负责编写第九章,朱卫负责编写第十章的第一节、第二节,周一琳负责编写第十章的第三节,刘刚负责编写第十一章,王媛媛负责编写第十二章。孙志负责统稿,罗殷负责主审。

在编写过程中,我们参考并引用了大量的书籍与资料,限于篇幅,恕不一一列举,在此向相关作者致以真诚的谢意!

由于编写人员水平有限,教材不妥之处在所难免,敬请广大读者批评指正。

编　者

目录

第四篇　民族传统体育篇

第五篇　运动欣赏篇

第一篇
基本理论篇

第一章　体育与健康概述

体育作为一种社会现象,是随着人类社会的产生和发展而出现和演进的,它的产生依赖于人类社会的需求,它的发展依赖于人类社会的进步。健康不仅仅是指没有疾病,而且是指在身体上、精神上和社会上的完全良好状态。只有身体、情绪、智力、精神和社交五个方面的健康兼备的状态才能称得上真正的健康状态。体育活动不仅能有效地促进智力的发展,调节情绪,培养良好的意志品质,改善人际关系,而且还能消除心理障碍,治疗心理疾病,从而提升心理健康水平。体育素养是学生适应当前激烈的竞争和未来社会竞争必须具备的个人素养,提高学生的体育素养是素质教育的重要组成部分。

第一节　体育与健康的基本概念

一、认识体育

(一)体育内涵的发展

虽然体育有着悠久的历史,然而"体育"一词作为专业术语却出现得较晚。在"体育"一词出现前,世界各国对体育的称谓都有所不同。

在古希腊时期,"体操"是体育的代名词。但是,古希腊语的"体操",其含义不同于现在的体操。它包括当时进行的所有身体操练,如拳击、跳跃、奔跑、投掷和角力。在我国古代,类似体育的活动用养生、导引、武术等名词来表达体育的概念。

据史料记载,1760年在法国的一些报刊上开始出现"体育"(Education Physique)的字样,指对儿童进行身体的养护、培养和训练。1762年,卢梭在法国出版了《爱弥儿》一书,书中他也使用"体育"一词来描述对爱弥儿的身体教育过程。由于这本书激烈地批判了当时的教会教育,因而在世界引起了很大反响,"体育"一词同时也在世界各国流传开来。从这里我们可以清楚地看到,"体育"一词最初起源于"教育"一词,它最早的含义是指教育过程中的一个专门领域。到19世纪,世界上教育发达的国家普遍开始使用"体育"一词。19世纪中叶以后,体操由德国和瑞典传入我国,随后在兴办的"洋学堂"中设置了"体操科"。1902年左右,一些在日本的中国留学生从日本传来了"体育"这一术语。随着西方文化不断传入我国,学校体育教育的内容也由单一的体操向多元化方向发展,课堂上出现了篮球、田径、足球等体育活动。1923年,《中小学课程纲要草案》正式把"体操科"改为"体育课"。从此,"体育"一词成了我国学校中标记身体教育的专门术语。

随着世界各国经济文化、科学技术的迅速发展和人民生活水平的日益提高,体育也得到了很大发展,并逐渐深入社会的各个角落,成为人们日常生活中不可缺少的组成部分。体育的内容、形式及它的影响和作用已远远超出原来作为学校教育中的身体教育的范畴。

(二)体育的范畴

早期的"体育"一词,其含义为"身体的教育"。随着社会的进步和体育实践的不断发展,"体育"一词又有了狭义和广义两个层面的阐述。

1. 狭义的体育

狭义的体育,亦称体育教育,是指通过身体活动,增强体质和健康,传授锻炼身体的知识和方法,培养道德和意志品质的有目的、有计划、有组织的教育过程。它是教育的组成部分,是培养人全面发展的一个重要方面。

2. 广义的体育

广义的体育,是以身体练习为基本手段,以增强体质、促进人的全面发展、丰富社会文化生活和促进精神文明建设为目的的一种有意识、有组织的社会活动。它是一种特殊的社会现象,是社会文化的一部分,其发展受社会政治和经济制约,也为社会政治和经济服务。它作为有意识的社会活动和教育过程,实质包含了体育教育和体育运动两层含义。

(三)体育的类别

广义的体育概念表明,不同内容和范围的"体育"都以身体运动为基本的手段,都要全面锻炼身体和增强体质,都包含教育、教学和竞赛等因素。但根据目的、对象和社会施予的影响不同,目前我国体育可分为竞技体育、学校体育和社会体育三类。

1. 竞技体育

竞技体育是指在最大限度地挖掘和发挥个人或集体在体能、心理、智力等方面潜力的基础上,提高竞技能力和水平,以创造优异运动成绩为目的的训练和竞赛。竞技体育的特点是强烈的竞争性、高超的技艺性、成绩的公认性、规则的国际性。竞技体育发展到今天,已经超越了活动本身的价值和意义。

2. 学校体育

学校体育是学校教育的重要组成部分,是国家体育运动的基础。学校体育是学习和掌握体育知识与技能、提高身体素质、增强体质的教育活动,也是培养道德和意志品质的有目的、有计划、有组织的教育过程。它通过体育教学、课外体育训练和课外体育活动,围绕增强学生体质这个主要任务来实现它的教育功能和价值。

3. 社会体育

社会体育是为了娱乐身心、增强体质、防治疾病和培养体育后备人才,在社会上广泛开展的体育活动的总称,包括职工体育、农民体育、社区体育、老年体育、妇女体育、伤残人体育等。其主要形式有锻炼小组、辅导站、体育之家、体育活动中心、体育俱乐部、棋社,以及个人自由体育锻炼等。开展群众体育活动应遵循因人、因地、因时制宜原则和业余、自愿、小型、多样、文明的原则。广泛开展群众性体育活动,是发挥体育的社会功能、提高民族素质的重要途径。

二、认识健康

人们对健康的认识,是随着科学的发展和时代的进步而变化的。以往人们普遍认为"健康就是没有病",也有人认为"能吃能睡就是健康"。现代健康观则告诉人们:健康已不再仅仅是指四肢健全、无病痛或不虚弱,还要求心理上有一个完好的状态。

联合国世界卫生组织在 1948 年明确提出,所谓健康不是单纯地指身体无病或"不虚弱",而是不可分割地把肉体的、精神的和社会的各方面都包含在内,即指一个完美的状态。1989 年世界卫生组织根据现代社会人的状况,认为健康不仅仅是躯体没有疾病,而且还应具备"心理健康、社会适应良好和道德健康",只有具备了上述四个方面的良好状态,才是个完全健康的人,这就是"四维健康观念"。四维健康观把人们对健康的认识提高到一个崭新的水平。

1992 年世界卫生组织在加拿大国际健康会议上还提出了保证健康的《维多利亚宣言》,明确指出健康的四大基石就是:合理膳食,适量运动,戒烟限酒,心理平衡。世界卫生组织还提出了健康的十个标志。

(1) 有充沛的精力,能从容不迫地应对日常生活和工作而不感到有精神压力。

(2) 处事乐观,态度积极,勇于承担责任。

(3) 善于休息,睡眠良好。

(4) 应变能力强,能适应外界的各种变化。

(5) 能抵抗普通感冒和传染病。

(6) 体重合适,身材匀称挺拔。

(7) 眼睛明亮,反应敏锐。

(8) 牙齿清洁无龋齿,牙龈无出血,颜色正常。

(9) 头发有光泽而少头皮屑。

(10) 肌肤富有弹性。

第二节 心 理 健 康

一、心理健康概述

现代社会生活节奏加快、竞争日趋激烈,心理健康问题日益成为现代人关注的重要内容之一。在传统社会中,人们认为健康主要是指身体的健康、生理的健康,因而采取各种措施,增强生理机能水平,提高适应自然、抵御疾病的能力。随着生产、生活方式的改变,人们越来越清楚地意识到精神世界的冲突与纷争,"无病即健康"的生物学健康观已经过时,生物、心理和社会三维健康观越来越多地受到人们的肯定。

(一) 心理健康的定义

对于心理健康的认识,许多学者有不同的观点。有的学者认为:心理健康是指个体心理在本身及环境条件许可的范围内所能达到的最佳功能状态，而不是指绝对的十全十美的状态。也有学者认为：心理健康是指人对内部环境具有安全感，对外部环境能以社会认可的形式来适应，即个体遇到任何障碍和困难，心理都不会失调。第三届国际心理卫生大会认为，心理健康是指在躯体上、智能上、情感上与他人的心理健康不相矛盾的范围内，将个人心境发展成最佳状态。

总之，心理健康是个体的一种持续的、积极的内部状态。它使个体表现出良好的社会适应性，充分发挥其身心的各种潜能，并在应对各种问题和环境时更多地表现出积极的倾向。

（二）心理健康的标准

心理健康的标准至今说法不一。综合国内外各种观点，心理健康的人应符合以下条件。

1. 智力正常

智力是个体从事一切社会活动的前提和基础，是其了解、认识外部世界的必要条件。只有智力正常的人才能正确地评价自己，并具有情绪体验能力；而智力低下者经常会有烦恼、痛苦的体验及自卑感。

2. 情绪协调稳定

由于社会环境的影响，个体在生活中总会遇到挫折和困难，如果不能正确对待，个体就会被消极情绪困扰，而这些消极情绪如得不到有效宣泄，就可能发展为心理障碍，从而对生理健康造成损害，甚至导致身心疾病。同时，不良情绪的发泄方式必须考虑道德及社会的评价标准。

3. 自我评价恰当

心理健康者能正确评价自己，既看到自己的长处，又看到自己的不足，以便扬长避短，在学习、工作上获得成功。心理不健康者往往将失败归因于机遇和任务难度，整日怨天尤人，或将自己看得一无是处。

4. 意志健全

意志是自觉确定目标、支配自己克服困难实现目标的心理过程。意志健全的主要标志是行为的自觉性、果断性和意志的顽强性。心理健康者无论碰到何种困难和问题，都不退缩，不屈不挠，不达目的，决不罢休，直到找到切实有效的解决办法。

5. 人格健全

人格健全，是每一个个体追求的理想状态。它不仅仅体现在外在的言行举止上，更在于内心的强大与和谐。心理健康者都拥有健全的人格，他们往往具备乐观积极的心态、清晰的自我认知及优秀的环境适应能力，能够正确面对生活中的各类挑战与困难，懂得如何自我提升，并不断追求卓越。

6. 人际关系和谐

心理健康者乐于与他人交往，能建立较为和谐的、积极的人际关系；反之就会离群索居，对他人不信任，给自己带来巨大的烦恼和痛苦。

在实际生活中，心理健康与不健康之间的区别是相对的，二者之间并没有严格的界限与标准。因此要判断一个人心理是否健康，必须考虑其所处的时代、社会文化背景及年龄、境遇等各方面的因素。心理健康的标准和含义也随着时代的变化而不断被赋予新的内涵。

二、体育与心理健康

（一）大学生心理健康现状

从对大学生心理健康的多年研究及跟踪调查情况来看,多数大学生的心理是健康的,有较高的智力水平、强烈的求知欲望,对学习有较浓厚的兴趣,学习效率较高;有较稳定的情绪,乐观自信,充满朝气和活力;对生活有满足感,有良好的意志品质与人际关系,善于自我调节。但是大学生的心理健康状况还是存在一些问题。2022年版《中国国民心理健康发展报告(2021—2022)》显示,目前在校大学生中,21.48%的大学生存在抑郁风险,45.28%的大学生存在焦虑风险,而且本科生心理健康状况比专科生差。可见,大学生的心理健康问题已经影响到他们的健康成长与发展。

（二）大学生中常见的心理障碍

1. 人格障碍

人格障碍是指明显偏离正常人格,并与他人和社会相悖的一种持久的、牢固的、适应不良情绪的行为反应方式。人格障碍一般始于童年或青少年时期,可持续到成年或终生。人格障碍的类型主要有偏执型、强迫型、冲动型等。尽管人格障碍的类型较多,但也有一些共同点,即意识清醒,认识能力保持完整;一般能正常处理自己的日常生活和工作,理解自己的行为后果;具有相对的稳定性,一旦形成,矫治较为困难。

2. 情绪障碍

一个人长期处于消极情绪的状态下,或处于过激情绪状态下,就容易造成情绪障碍,包括烦恼、焦虑、抑郁、暴躁、冷漠等。在这种情况下,正常的心理和生理活动会受到影响,出现很多异常的心理和行为,如表现出精神运动性不安,不由自主地震颤或发抖,情绪低落,表情苦闷,行动迟缓,思维迟缓,因而言语减少,语速缓慢,容易发火、发怒、过分急躁等,若不及时采取各种调适措施,就可能引发严重的后果。

3. 学习障碍

学习是大学生的首要任务和主要活动方式,而大学生的心理健康状况和心理发展水平,对大学生的学习过程和学习效果产生直接的作用。越来越多的研究表明,在影响大学生正常学习的各种因素中,学习心理的健康状况占重要位置。大学生学习心理障碍主要表现为:学习动机缺乏,学习动机过强,学习注意力不集中,记忆力不强,学习方法不当,考试焦虑等。

4. 人际障碍

人际交往对大学生完成学业、发展人格具有重要的作用。随着自我意识的增强,大学生们不愿意再依赖家长、老师,而是希望用自己的眼光去观察社会,用自己喜欢的方式去结交朋友。但由于心理的成熟度有限,适应能力不强,大学生在人际交往中易出现一些异常心理,造成人际交往障碍,主要表现为以自我为中心、与他人心理不相容、羞怯、角色困惑等。

5. 恋爱心理障碍

大学生在恋爱过程中,因各种因素的影响会产生各类心理障碍,其中较为常见的有:纯情错觉、过分恋父（母）、憎恶异性、自恋障碍、失恋综合征等。

（三）体育活动对个体心理健康的影响

保持积极的情绪状态，正确对待生活中不可避免的困难和挫折，可以充分发挥自己的潜能，对大学生来说十分重要。但如何保持良好的心理健康状态呢？这有诸多的应对措施，如主动参与社会交往，建立良好的人际关系；增进自我了解，正确地评价自己；培养健全的人格。其中，参加体育活动就是调节个体的情绪状态，提高心理健康水平的重要手段之一。

1. 有助于发展智力

智力是个体顺利完成工作、学习任务的基础条件。经常参加体育活动可以使个体的注意力、记忆力、观察能力、思维能力和想象能力得到充分发展，提高活动效率；还可以使其获得良好的情绪体验，使其乐观自信、精神振奋，精力更加充沛。

研究表明，体育活动能有效地促进血液循环，增强心肺功能，使大脑获取更多的氧气，给大脑的记忆和思维能力提供必要的物质保障，能够提高脑力劳动的效率。另外，体育活动不仅能使神经系统的兴奋和抑制过程更加有效，使其对各种刺激的反应更加迅速、准确，为智力的发展奠定物质基础，而且还可以提高人的视觉、听觉、本体感觉、神经传导速度、神经传导过程的均衡性和灵活性，促进神经系统功能的增强。

在学习的过程中，大脑皮层的相关区域处于高度兴奋状态，并随着学习时间的延长而产生疲劳感，导致学习效率下降，而体育活动有助于大脑皮层的相关区域形成兴奋与抑制合理交替的机制，降低疲劳感，提高学习的效率。此外，个体体质的增强，身体机能水平的提高，也有助于充分地开发学习的潜力。

2. 有助于获得良好的情绪体验

情绪状态的调控能力是衡量体育活动对心理健康影响的最主要的指标。个体在复杂多变的社会环境中，常常会产生紧张、压抑、忧虑等不良情绪反应，体育活动可以使个体从烦恼和痛苦中摆脱出来，降低应激水平，增强其处理不良情绪的能力。有研究表明，经常参加身体锻炼者，其焦虑、抑郁、紧张、心理紊乱等消极的心理变量水平明显低于不参加身体锻炼者，而愉快等积极的心理变量水平明显更高。

体育活动之所以能够调节情绪，是因为体育活动的参与者能体验到运动带来的愉快感觉，即个体参加体育活动会产生满足、愉悦、舒畅等感觉，使个体更为自信。心理学家认为，适度负荷的体育活动能够促进人体释放一种多肽物质——内啡肽，它能使人们产生愉快、兴奋的情绪体验。因此参加体育活动，尤其是参加那些自己喜爱的、擅长的体育活动，可以使人从中得到乐趣，振奋精神，从而产生良好的情绪状态。

3. 有助于良好意志品质的形成

意志品质指一个人的自觉性、果断性、坚韧性和自制力，以及勇敢顽强和独立主动的精神，是一个人行为特点的稳定因素的总和。意志品质需要在克服困难的实践过程中培养。体育活动本身就要通过不断克服客观困难（气候条件的变化、动作的难度和外部障碍等）和主观困难（胆怯和畏惧心理、疲劳和运动损伤等）来取得成功。体育活动的参与者通过努力克服主、客观困难，获得意志锻炼的直接经验，培养了自身良好的意志品质。任务越困难，对个体意志品质的锻炼作用越大,而良好的意志品质对于人的活动(尤其是体育活动)效果具有重要的意义。

4. 使自我概念更为清晰

自我概念是个体主观上对自己的身体、思想和情感等的整体评价,它是由许许多多的自我认识组成的,包括社会方面的自我概念和身体方面的自我概念。例如,我是什么人、我主张什么、我喜欢什么、我不喜欢什么等。其中,身体方面的自我概念包括身体表象和身体自尊。身体表象是指头脑中形成的身体图像,身体自尊则主要包括一个人对自己身体外貌及对自己身体的抵抗能力和健康状况的评价。身体表象和身体自尊障碍在正常人群中是普遍存在的。与男性相比,女性倾向于高估身高和低估体重,而且,身体肥胖的个体更可能有身体表象和身体自尊方面的障碍。身体表象和身体自尊与整体自我概念有关,无论是男性还是女性,对身体表象的不满意会使其身体自尊变低,并产生不安全感和抑郁症状。

坚持体育锻炼可使个体体格强壮、精力充沛。体育锻炼对于改善人的身体表象和身体自尊至关重要。研究表明,锻炼者比不锻炼者具有更积极的总体自我概念;体能强的人比体能弱的人具有更高水平的自我概念和身体概念;肌肉力量与身体自尊、情绪稳定性、外向性格和自信心呈正相关,并且加强力量训练会使个体的自我概念显著增强。

5. 有助于形成和谐的人际关系

现代社会生活节奏的加快使人们越来越趋向于内心封闭的状态,从而造成人与人之间缺乏感情交流。体育活动则打破了这种封闭,让不同职业、年龄、性别、文化素质的人相聚在运动场上,增加了互动的机会,促进平等、友好、和谐的交往。研究表明,增加与社会的联系,会给个体带来心理上的益处,外向性格者比内向性格者的社会需要更强烈,这种社会需要可以通过跳舞、球类、做操等集体性活动来得到满足。

由此可见,体育活动可以让人们认识更多的朋友,使群体和睦相处、友爱互助,这种良好的人际关系将令人心情舒畅、精神振奋。

6. 有助于消除心理疾患

社会竞争的日趋激烈和生活压力的加大可能使许多人产生悲观、失望的消极情绪,进而导致忧郁、孤独、焦虑等各种心理障碍的产生。人们参加某个运动项目并坚持锻炼,他的生理机能、身体素质将得到改善,也会相应掌握并发展一些运动的技能和技巧。由此,个体会以自我反馈的方式传递其成就信息于大脑,从而获得自我成就的认知和情感体验,产生愉快、振奋和幸福感。因此,适宜的体育锻炼能使有心理障碍的个体获得心理满足,产生成就感,从而增强自信心,摆脱压抑、悲观等消极情绪,并消除心理障碍。

许多国家已将体育活动作为心理治疗的手段之一。一项调查显示:1 750 名心理医生中,80%的人认为体育活动是治疗抑郁症的有效手段之一,60%的人认为应将体育活动作为一种治疗手段来消除焦虑症。临床研究表明,参加一些慢跑、散步、徒手操等身体练习能有效地减轻焦虑和抑郁症状,增强自信。除此之外,体育活动的心理治疗效应还对精神分裂症、滥用酒精和药物等症状有积极作用。

就目前而言,有些心理疾病的病因及体育活动有助于治疗心理疾病的生理机制尚未完全清楚,但体育活动作为一种心理治疗手段在国外已十分流行。大学生通过体育活动可以减缓或消除由于学习和其他方面的挫折而引起的焦虑和抑郁等症状,为不良情绪的宣泄提供一种合理有效的手段,从而防止心理障碍或疾病的发生。

总之,体育活动不仅能有效地促进智力的发展,调节情绪,培养良好的意志品质,增强自我概念,改善人际关系,而且还能消除心理障碍,治疗心理疾病,从而增进心理健康,使个体发挥最优的心理效能。

思考题

1. 当代体育的内涵是什么?
2. 大学生应具备怎样的体育素养?
3. 心理健康的标准有哪些?

第二章　科学运动

人类在探寻人体奥秘的过程中,逐渐派生出运动生物力学、运动生物化学、运动解剖学、运动生理学等一系列运动人体学科。这些学科是现代体育的理论基础。本章着重介绍体育学习和实践的生理知识、运动原理及伤病预防和急救措施。通过本章的学习,有助于提升对体育科学性的认识,掌握基本的科学健身知识,提高实践应用能力,进而以更加积极的心态,投入到体育的学习和锻炼中。

第一节　运动健身基本知识

一、科学认识运动中常见的生理反应

(一)运动性贫血

由运动引起的,血液中红细胞数量或血红蛋白低于正常值的下限,即可诊断为"运动性贫血"。

本来从事体育运动是为了强身健体、调理精神,可有人参加完较剧烈的运动之后,反而精神萎靡、四肢无力、面色苍白、头晕目眩,即使是一些专业运动员,也常会出现食欲不振、头昏眼花、力不从心、气促心悸等症状。其实,这些都是运动性贫血的表现。

1. 运动性贫血的原因

(1)剧烈运动时,肌体内会产生大量的代谢产物——乳酸。当血乳酸堆积,浓度超过一定量时,就会使血液中 pH 值下降,促使血液酸化,红细胞膜的脆性增加,红细胞容易破裂,导致血液中红细胞数量减少,血红蛋白下降而引起贫血。

(2)运动时新陈代谢非常旺盛,大量排汗造成铁的排泄量增多,而铁是合成红细胞的重要组成成分,若不及时补充,可因失铁过多而引起缺铁性贫血。

(3)由于活动的刺激,肌肉增长对蛋白质的需求增加,容易出现蛋白质摄入赤字,原本用来合成血红蛋白的那一部分蛋白质原料就显得不足了,从而引起贫血。

(4)运动时的机械作用,使身体某些部位受到压迫,血流速度加快,红细胞之间、红细胞与血管壁之间的撞击和摩擦增加,使更多的红细胞破裂,造成局部血管中的红细胞受到机械性损伤而引起溶血,产生血红蛋白尿,从而导致贫血。

2. 运动性贫血的预防

(1)增强营养,克服偏食习惯,保证有充足的蛋白质和铁元素的供应。

(2)合理安排运动负荷和运动强度,循序渐进,尽量不超越自身的生理负荷。

（3）运动前后适当补充一些抗氧化剂，如维生素 C 和维生素 E，能够增强红细胞抗氧化能力。

（4）出现运动性贫血的症状时，应立刻减少运动量。症状严重者，可暂时停止较激烈的活动，并及时补充蛋白质和适量的铁剂、叶酸和维生素 B$_{12}$等造血原料。

（二）低血糖

若人体的血糖水平过低（一般低过 4.0 毫摩尔/升），就会呈现低血糖现象。低血糖症状发生迅速、无预兆性，有些并无明显病因，但对身体的危害性却极大，因此对低血糖症必须做到"防重于治"。

1. 低血糖的原因

（1）延迟进食或不进食。

（2）含糖类（淀粉）的食物摄入不足。

（3）胰岛素分泌过多。

（4）喝酒时不吃其他食物。

（5）运动过量而不吃足够的食物。

2. 低血糖的症状

（1）头晕、眼冒金星、心慌、手抖。

（2）有过度饥饿感、出汗、面色苍白、打寒战。

（3）行为改变或异常（如烦躁、哭喊、易怒、富有攻击性）。

（4）口唇麻木、有针刺感、全身乏力、视物模糊。

（5）严重者可能出现神志不清、全身抽搐、昏睡甚至昏迷症状，危及生命。

3. 低血糖的处理

（1）迅速补充糖分，但不宜用低热量饮料或甜味剂食品，可以用一杯普通含糖饮料、糖水、果汁等，或服食糖块、巧克力、葡萄糖片、蜂蜜、果酱等。

（2）若服糖后 5 分钟仍无法缓解症状，可再吃些糖。

（3）如果 10 分钟内仍然无改善，应安置患者侧卧，呼叫救护车，立即将患者送医院抢救。

（三）肌肉痉挛

肌肉痉挛俗称抽筋，是肌肉发生的一种不自主的强直性收缩现象，表现为痉挛的肌肉块僵硬，疼痛难忍，所涉及的关节伸屈功能也会出现一定障碍。运动中最易发生痉挛的肌肉为小腿腓肠肌，以及足底屈肌。

1. 肌肉痉挛的原因

（1）寒冷刺激。温度过低时肌肉的兴奋性就会增高，极易造成肌肉的强直性收缩。例如，游泳时水温过低又未进行必要的准备活动、冬季户外锻炼保暖不足受冷空气刺激等，都可能引起肌肉痉挛。

（2）电解质丢失过多。电解质与肌肉的兴奋性密切相关，若丢失过多，会使肌肉的兴奋性增高，从而导致肌肉痉挛。例如，剧烈运动时间过长、高温季节从事运动或其他体力劳动、持续大量排汗、急性减轻体重等,都会造成体内电解质丢失。

(3) 肌肉长时间持续性快速收缩。在超出一般活动量时,由于肌肉过快地连续收缩,使肌肉得不到充分放松,以致收缩与放松不能协调地、成比例地交替,从而引起肌肉痉挛。此现象常见于不经常参加体育活动的人群,且单次活动时间过长、运动量过大。

(4) 疲劳。疲劳会改变肌肉的血液循环和能量物质代谢,导致肌肉中大量的乳酸堆积。乳酸对肌肉收缩作用的结果,会影响到肌肉的正常生理功能,致使肌肉产生痉挛。在局部肌肉疲劳状态下,如果继续剧烈运动或突然紧张用力,易引发肌肉痉挛,这种现象在足球场上经常出现。

2. 肌肉痉挛的处理

较轻度的肌肉痉挛,只需向相反方向牵拉痉挛的肌肉,一般都可以得到缓解。牵引时用力一定要缓慢、均匀,切忌用力过猛,以免造成肌肉拉伤。例如,腓肠肌痉挛时,可伸直膝关节,同时向踝关节背屈方向用力施压。此外,还需配合局部的按摩,如按压、揉捏、点掐和针刺穴位。在进行处理时,一定要注意保暖,较严重的肌肉痉挛采用麻醉处理方能得到缓解。

3. 肌肉痉挛的预防

(1) 运动前的准备活动必须充分认真,并适度按摩易发生痉挛的肌肉。

(2) 加强身体训练,提高肌肉的耐久力。

(3) 冬季锻炼时注意保暖,提高机体的耐寒能力。

(4) 夏季长时间剧烈运动,要注意补充电解质和维生素 B_2。

(5) 疲劳和饥饿时不宜进行剧烈运动。

(6) 游泳下水前必须让身体对寒冷有所适应,水温过低时不宜进行长时间游泳。

(7) 在减轻体重和控制体重时,一定要选择科学的方法。

(四) 运动中腹痛

腹痛是一种常见的临床症状,在运动中也时常发生,尤其在中长跑、竞走、自行车等持续时间较长的运动中更为多见。运动时腹痛的原因极为复杂,不单是由于运动引起了机能失调和肝脾淤血等,还可能融合着各种腹部内科疾患。例如,由于激烈运动而导致慢性疾病急性发作,或由于运动时诱发了急腹症等,因此需要认真对待,正确诊断,妥善处理,防止意外。

1. 运动中腹痛及其原因

(1) 胃肠痉挛。胃肠痉挛常见有以下四个原因。

① 饮食不当(暴饮暴食、饮食离活动时间过近,或吃的是产气食物和不易消化的食物)而发病。此种原因引起的疼痛多在上腹部,疼痛的性质多为钝痛、胀痛,严重者可产生绞痛。

② 运动时间安排不当(如空腹训练、胃酸分泌过多或吸入冷空气),可能引起胃部痉挛。

③ 某些因素引起的宿便,使粪便过于干燥,刺激肠黏膜而引起痉挛疼痛,这类疼痛多发

生在左下腹。

④ 蛔虫或其他寄生虫所致疼痛,多发生在脐周围。

（2）肝脾区疼痛。

① 此类体征发生在运动初期,多因准备活动不足,运动开始速度过快,内脏器官活动与运动不相适应,在内脏器官功能还没有提高到应有的活动水平时就加大运动强度;特别是心肌收缩较差时,会引起搏动无力,大量的下腔静脉血向心脏回流受阻,血液大量淤积在腹腔、肝和脾,使门静脉压力增高和肝、脾被膜牵扯产生疼痛或胀痛。

② 运动初期呼吸节律紊乱。剧烈运动时,呼吸变得不均匀,没有节律,使呼吸深度变浅,频率过快,从而造成呼吸肌疲劳甚至痉挛,减弱了对肝的"按摩"作用,同时呼吸短浅,胸内压较高,也会妨碍下腔静脉的回流,造成肝、脾淤血性肿大或肝、脾被膜紧张而引起疼痛。

③ 剧烈运动时肝糖原消耗增多,热量释放猛增,局部温度明显升高,使肝细胞膨胀,与横膈膜的摩擦加剧,神经受刺激而引起疼痛。

（3）腹直肌痉挛。此类体征多在活动后发生,诊断容易,发生位置表浅,用手可触及腹直肌痉挛情况,主要是运动时大量排汗,盐分丧失,水盐代谢失调所致。

（4）腹部慢性疾病。活动者原有慢性阑尾炎、溃疡病、慢性盆腔炎或肠道寄生虫等,参加剧烈活动时,由于受到振动和牵扯而产生运动中疼痛,这种腹痛部位与原来病痛部位一致。健康者血流量稳定,而有肝病症状者血流量明显下降,主要原因是肝内淤血导致血流动力学改变和胆汁排出系统不正常,造成胆囊容量减少。

（5）原因不明的右上腹痛。此类体征大多数情况为运动时痛,安静时不痛,其疼痛程度与运动负荷大小及运动强度成正比,减慢速度、减小运动强度或做深呼吸或按压腹部后,可减轻疼痛;除腹痛外无其他特异性症状;检查肝功能、肝脾超声波或胆汁检查等未见异常。

2. 运动中腹痛的处理和预防

（1）腹痛处理。

① 在运动中发生腹部疼痛时,不单是运动性疾病的运动中腹痛,还有可能是内脏器质性病变及其他内科疾病发生,首先要考虑急腹症发生的可能性,应迅速停止训练并送医院急救。

② 腹痛在没有明确诊断前,不能服用止痛药,因为这会掩盖病情造成误诊。

③ 一般运动过程中发生轻度腹痛时,可采用适当减速,调整呼吸,并以手按压的方法缓解。如果用上述方法仍不能减轻疼痛,并有所加重时,应停止运动,进行检查,找出原因,酌情处理。

（2）腹痛预防。

① 因腹内或腹外疾患所致的腹痛,以治疗原发性疾病为主,加强医务监督,定期做各项身体检查。

② 要运用科学的方法进行锻炼,运动量的增加应循序渐进,应合理安排膳食,饭后

1～2小时才可参加剧烈运动,运动前后不吃冷饮和难以消化的食物。

③ 准备活动要做得充分、合理,要由一般的、慢的身体练习开始,逐渐加大运动量和强度,直至把身体调节到与激烈运动相适应的程度,再进行专项练习或比赛。

④ 运动过程中应注意呼吸节奏,失水较多时应注意及时补充水和盐分。

(五)极点与二次呼吸

1. 极点

人体在剧烈运动时,由于内脏器官的惰性,运动开始阶段的活动能力总是落后于运动器官的需要,即身体器官的内在能量供给赶不上机体外在活动的需要,这就会造成氧供应不足,以及大量的血乳酸物质堆积,从而使呼吸、心率、血压等生理指标急剧增升。这些信息传入大脑皮质,人体的运动中枢就会受到抑制,运动能力自然下降,同时伴有呼吸困难、肌肉酸痛、动作迟缓、情绪低落,产生"不愿再继续下去"的想法,这种状态被称为"极点"。

2. 二次呼吸

极点出现后,在接下来的运动过程中,随着内脏器官机能的改善,自主神经中枢的惰性逐渐得到克服,供氧量加大,乳酸的清除速度加快,机体获得了新的平衡。极点时的生理反应渐渐消失,呼吸又变得均匀,动作也感觉到越来越轻快,似乎运动能力猛然得到提升,运动生理学将此现象称为"第二次呼吸"。

"极点"与"第二次呼吸"是长跑运动中常见的生理现象。"极点"出现时间不一,这与每个人的体质状况、训练水平、运动前的准备活动等密切相关。经常参加锻炼的人,"极点"出现得晚,持续时间短,身体反应也较轻;反之,"极点"出现得早,且持续时间长,表现得也较重。"极点"也是对个人意志和毅力的一种考验,因此,长跑运动在提高学生体质和发展其耐力素质的同时,在锻炼和培养青少年良好的意志品质方面也有其独特的价值。

经历"极点"的痛苦后,会迎来"重获新生"的"第二次呼吸"。在"极点"出现时尽量不要停下来,要保持冷静,并有意识地进行深长的呼吸。当然,为了更从容地面对生理"极点",大学生平时要加强锻炼,不断提高机体对运动的适应能力,从而降低极点的持续时间,减轻极点出现时的症状。

二、了解科学健身的原理

(一)超量恢复

超量恢复是指运动后,肌肉会产生适度的疲劳或形态功能方面的变化,通过一定时间的休息,肌肉力量和形态功能均能恢复到运动前的水平,且在一定时间之内,还可继续上升并超过原有水平的情况。如果在肌肉功能上升并超过原有水平的一段时间内进行下一次练习,就可以保持这种超越不会消退,并逐步积累练习效果,如肌纤维收缩速度加快、肌肉力量增强、机体耐久力提高等。

超量恢复后,由于能量物质的超量补偿,训练部位的肌肉围度增大,会产生胀痛感。此时如果不采用更大负荷的训练,肌肉中供能物质的存储量就会逐渐降低,就会恢复到原来的训练水平。超量恢复是客观存在的规律,几乎所有的肌力练习方法,都源于这一理论基础,人体机能素质之所以能够逐渐提高,也是因为这一原理在起作用。如果"超量恢复"不存在,人体就不具有可训练性。因此,这种不断大量消耗体内能量物质,又不断恢复,特别是形成超量恢复,是人体进行运动健身的重要生理学依据。

1. 把握时机

一般而言,在超量恢复阶段进行下一次锻炼或训练的效果最好,运动成绩提高最快。在这个阶段体内能量物质最充足,机能水平也高,适当加大运动负荷,可以形成更高层次的超量恢复,下次运动时间过早或过晚都会影响运动效果(表2-1)。

表 2-1 不同项目的超量恢复阶段机体反应及能量来源

练习项目	主要能量物质	超量恢复时间	机体反应
100米跑	磷酸肌酸	2~5分钟	肌纤维收缩速度加快
大负荷耐力练习		15分钟	身体耐久能力提高,肌纤维增粗,力量增大,氧债能力提高,耐力增强,整体机能提高
力量组合练习	肌糖原蛋白质脂肪综合供能	3~4天	
马拉松跑		3~4天	
大负荷游泳练习		5~8天	

2. 控制负荷

在一定的生理范围内,运动负荷越大,人体的机能反应也越强,能量也消耗得越多,引起的超量恢复越明显,锻炼或训练效果也就越好。但并非无原则的"运动负荷越大,超量恢复越明显",因为无论是哪种性质的身体运动,都要求在生理极限范围内进行,如果负荷超越了生理极限,则可能导致身体受到伤害,影响健康。生理极限要结合自身特点来把握。

3. 积极恢复

保证充足的营养和睡眠是恢复期的两个重要环节。具体而言,恢复过程可大致分为三个阶段。

(1)运动过程中的恢复:运动时,人体能量中消耗占优势,但恢复也同时在进行。只是由于能量物质消耗过多,各器官系统即便发挥出最大的再合成能力,也无法满足消耗的需要,消耗多于恢复的状态,就导致了身体活动能力总体呈下降趋势。

(2)运动后的恢复阶段:身体运动停止后,能量物质的消耗减弱,恢复明显占优势,这时各种能源物质和各器官系统的机能能力逐渐恢复到原来(运动前)的水平。

(3)超量恢复阶段:运动实践证明,人体运动后的能量物质和各器官系统的机能能力,在一段时间里可以超过原来的水平,维持一段时间后又回到原来的水平。

4. 注意事项

(1)不宜立即休息。

(2)不宜马上洗浴。

（3）不宜暴饮暴食。

（4）不宜大量吃糖。

（5）不宜饮酒。

（6）不宜吸烟。

（二）有氧运动和无氧运功

物质代谢和能量代谢是机体内各组织器官活动的基础,运动能力则是身体机能状况的具体表现。根据人体大肌群运动能耗供给方式的不同,可将运动的形式分为有氧运动和无氧运动。

在氧气充分供给的情况下,依靠肺部的摄氧量,终端耗氧的肌肉通过细胞内的有氧代谢来为运动提供能量,维持生理平衡,这样的运动形式称为有氧运动。而肌肉在"缺氧"状态下完成快速猛烈的动作,靠无氧酵解维持供能,这样的运动形式称为无氧运动。

无氧代谢能够在短时间内,不需要氧气的状态下合成腺苷三磷酸,但维持时间很短;有氧代谢则需氧气参与才能合成腺苷三磷酸,但却能持续较长时间。有氧代谢生成水和二氧化碳,可通过呼吸系统排出体外,对人体无影响;无氧酵解却会产生乳酸、丙酮酸等大量代谢物,且无法通过呼吸系统排除,这些中间产物在细胞和血液中积聚,就会出现肌肉酸痛、疲乏无力、心律失常等现象。

最大摄氧量是评价有氧能力最常用和最有效的指标,一般认为保持在人体最大摄氧量 $50\% \sim 60\%$ 的运动为有氧运动;若是用心率做指标,则要求恒定在最大心率的 $70\% \sim 75\%$。有氧运动要求每天的运动持续时间不能低于 30 分钟,且每周需进行 3 次。

有氧运动是增强人体吸收、输送与使用氧气能力为目的的耐久运动,是保持全面身心健康最有效、最科学的运动方式。其主要运动特点是:强度低、有节奏、不易中断、持续时间长、便于坚持和开展等。如,在室外进行的步行、跑步、骑车、游泳、马拉松跑、越野滑雪、打网球等运动;也可以是在室内进行的韵律健美操,依托跑步机、登山机、划船器、滑雪机等器械进行的运动。

无氧运动属于快速力量型运动项目,在整个运动过程中,人体吸氧量明显少于耗氧量,其主要特点是:运动强度较高、爆发力强、持续时间短等。例如,举重、力量举、短跑、短池游泳、跳投等项目。此外,健美项目也属于无氧运动。

其实,许多体育项目既非单纯的有氧运动,也不属单纯的无氧运动,而是两者兼有。因为,人体内预存的能量只能维持 15 秒;利用血糖无氧分解所提供的能量,也只能维持 40 秒。要完成后程运动,就必须由血糖、血脂肪酸和血氨基酸在有氧状态下,合成新的热能物质——腺苷三磷酸来提供能量。如跑 800 米或 1 500 米、游泳、拳击、球类等项目,都需要利用氧气燃烧淀粉、脂肪和蛋白质,故此类运动的后程都是有氧运动。

（三）最大摄氧量

最大摄氧量也称最大吸氧量或最大耗氧量,是指人体在大肌肉群参与的长时间剧烈运动中,心肺功能所能达到的肌肉利用氧能力的极限值,即单位时间内所能摄取的氧量。

最大摄氧量有两种表述方式:一是绝对值,指机体在单位时间内所能吸取的最大氧量;

二是相对值,按每千克体重计算的最大摄氧量。最大摄氧量有以下三个指标性作用。

(1)可作为评定心肺功能和有氧工作能力的客观指标。最大摄氧量是反映心肺功能的综合指标。研究发现,耐力性项目的运动成绩与最大摄氧量之间具有高度的关联。

(2)可作为选拔体育人才的生理指标。最大摄氧量有较高的遗传度,故可作为选拔体育人才的生理指标之一。

(3)可作为制定运动强度的依据。根据训练计划制定不同百分比的最大摄氧量强度,使运动负荷有更加客观的数据标准。

第二节　运动健身的科学规律

一、人体运动解剖结构的规律

体育运动以人的肢体运动为主要内容,而所有人体运动,都是以骨骼为杠杆、关节为枢纽、肌肉收缩为动力构成的。因此,为了更好地掌握技术动作,避免伤害事故的发生,需要了解人体运动解剖学知识。

(一)关节活动幅度与肌肉发力的关系

人体内骨与骨相连接的地方,形成了各种类型的关节,关节的周围都有韧带和肌肉包围。韧带能加固关节;肌肉不仅能加固关节,更主要的是能引起关节运动。在体育锻炼中,由于跑、跳等练习能增进关节的弹性及灵活性,经常参加跑跳练习的人,关节的活动范围比一般人大得多,关节软骨较厚,关节的牢固性及可承受的压力也比一般人大。因此,经常参加体育锻炼的人,活动起来轻松、利落、有力。

(二)机械力对骨组织的影响

机械力可以通过压电效应来促进骨质形成,即在应力负荷作用下,骨骼胶原、基质发生变形,从而改变骨细胞的生物物理环境,促进骨细胞的增殖和分化,对骨的形成起到促进作用。运动产生的机械力,还能提高性激素效应和钙吸收利用效应。因此,不同的运动方式和运动强度对各年龄阶段人的骨量有不同的影响。

长期坚持体育锻炼的人,新陈代谢加强,骨的血液供给改善,骨的形态结构和性能都发生良好的变化。经常参加体育锻炼,肌肉对骨骼的牵拉和重力作用不仅可使骨骼在形态方面产生变化,而且使骨骼的机械性能也得到相应的提高。骨骼在形态方面的明显变化,例如骨表面肌肉附着的突起更加明显,骨外层的密质增厚,骨变粗等,骨中的松质在配布上也可适应于肌肉拉力和压力的作用。这些变化可提高骨骼抵抗折断、弯曲、压缩、拉长和扭转的机械性能。

(三)锻炼对肌肉内血管形态的影响

锻炼时,骨骼肌收缩,耗氧量明显增加。循环系统的适应性变化表现为心输出量提高以增加血流供应,从而满足肌肉组织的氧耗,并及时运走过多的代谢产物。因此,长期坚持体育锻炼,可使肌肉中的毛细血管形态结构发生变化,呈现囊泡状,从而增加肌肉的血液供应量,有利于肌肉持续长时间的紧张活动。此外,经常从事运动训练,还可促使人体心血管系统的形态、机能和调节能力产生良好的适应,从而提高心脏的工作能力,如窦性心动徐缓、运动性心肌增大、心血管机能改善等。

(四) 锻炼对肌纤维形态的影响

肌组织的肌细胞呈细丝状,称为肌纤维,其特征是能将化学能转变为机械能,使肌纤维收缩,以保证机体的各种运动。肌组织,按其形态与功能,可分为平滑肌、骨骼肌与心肌。我们通常所说的肌肉是指骨骼肌,人体大大小小的骨骼肌有 600 多块,它们附着于全身骨骼上,主要分布于四肢和躯干。人体姿势的维持、空间的移动、复杂动作的完成及呼吸运动等,都是通过骨骼肌的活动来实现的。一般认为,运动员之所以具有发达的肌肉,正是因为肌纤维增粗引发的肌肉体积、质量的增加,但肌纤维的数量并没有增多。

(五) 锻炼改变人体形态

用解剖学或人类学的观点来分析运动员的姿态和动作、运动员的外部形态特征、身体发育特点,以及体育锻炼时身体内部器官位置的变化等,可以发现体育活动能使人体各系统在形态和结构上发生改变,尤其是运动系统表现得最为显著。

(六) 旋转运动和直线加速运动对平衡器官的影响

当头部运动时,因旋转及直线加速的改变使前庭器官直接受到刺激。前庭器官迷路的一部分,能准确地测定头部任何时候的空间位置及运动方向,继而将其转变为生物信息传送给中枢神经系统,中枢神经系统便能向机体提供有关头部运动与其四周环境、空间相对位置的主观感觉,并引起适当的反射动作。前庭器官因此被认为是测定机体平衡及定向的主要器官。当然,平衡感觉除依赖前庭器官之外,尚有依赖其他感觉器官的活动,如视觉。经常运动使人体平衡器官更发达,使运动协调、准确。

二、 人体运动生理机能的规律

人体在运动过程中,身体能力和器官功能会发生一系列的变化,只有科学地顺应这些变化规律,才能有效提升运动能力,防止伤害事故的发生,增进健康,提高成绩。概括来说,人体生理机能变化分为三个阶段。

(一) 上升阶段

人体的一切活动都是在神经系统调节下所实现的反射活动,这种反射活动包括:中枢神经系统兴奋性的提高、兴奋冲动沿着反射途径的传导、各器官机能的动员过程等。因此,从开始运动到发挥最大运动能力就需要一个过程。此外,内脏器官的惰性比运动器官要大,这是因为支配内脏器官的自主神经纤维的传导速度较慢,而且在传导过程中神经元的交换次数较多的缘故。

针对人体的这一生理机能,在活动开始时就必须安排相应的"准备部分"来应对,其主要目的是预先动员身体中的各种生理机能,如心率加速、收缩压升高、呼吸频率加快、肺通气量增加,促使大脑皮质的兴奋性逐步提升,使人体进入工作状态。

（二）稳定阶段

此时人体各种生理惰性已被逐步克服，在继续运动的过程中，各器官系统的机能在一段时间内，可以稳定或暂时稳定在一个较高的、变化范围不大的水平上，这种现象叫作稳定状态。

在稳定阶段活动时要合理地控制运动强度，依靠有氧代谢供能，维持较长时间的运动，使大脑皮质具有最适宜的兴奋性，保证人体工作能力始终处于尚佳状态。

（三）下降阶段

人体运动到一定时间后，就会出现工作能力暂时降低的疲劳状况，疲劳与运动时体内的能源物质消耗过多、恢复不足、氧债能力下降、血液酸度增加等因素有关。疲劳产生的部位首先是大脑皮质。肌肉疲劳相对较晚，主要表现为收缩力下降和放松不完善。练习结束时应安排有效的放松练习，使自己逐渐恢复到相对安静的状态。

三、 运动技能形成的规律

运动技能亦称"动作技能"，泛指运用知识和经验，通过反复练习、巩固而获得的活动方式。运动技能的形成是一个由低层次阶段向高层次阶段逐步发展的过程，主要包括三个阶段。

（一）粗略掌握动作阶段

在粗略掌握动作阶段，由于大脑皮质兴奋过程扩散，导致不参加活动的肌肉也参与进来，致使动作完成得不准确、不规范。此阶段表现为动作紧张、吃力、不协调、不连贯、控制能力差、偏差太大等。个体可以借助视觉表象来调节控制动作，反复进行模仿练习，完成动作的效果能够得到逐步提高。

（二）改进和提高阶段

在改进和提高阶段，个体通过反复练习，掌握了动作的方法，已不再显得那么吃力紧张，动作也变得连贯、协调，动作质量不断提高，但还不够稳定，经常会出现错误的动作，不能运用自如。因此，个体可用分解法来纠正错误动作，用完整法来提高动作的完整性和协调性。

（三）动作的巩固与运用阶段

在动作的巩固与运用阶段，个体已完全掌握了动作技术，动作的准确性和熟练程度不断提高，能够轻松自如、协调、连贯地完成动作，形成了巩固的动作定型。通过抓细节、上难度，进一步完善动作，个体可做到运用自如、得心应手。

第三节　运动健身安全措施与急救知识

一、 认识运动损伤

（一）运动损伤的界定

在运动过程中发生的各种损伤统称为运动损伤，主要分为两大类：一类为长期局部疲劳积累所致，如足球踝、投掷肩、网球肘、筋膜炎、腱鞘炎等；另一类是在运动中发生的急性伤，如擦伤、扭伤、拉伤、骨折、脱臼等。

运动损伤与一般的工伤或日常生活中的损伤有所不同,它的发生与运动项目、运动量、运动环境、运动者的自身条件以及技术动作有密切的关系。

（二）运动损伤的原因

不同的运动项目,有其不同的运动损伤和规律,这是由运动技术的特殊性和局部解剖弱点决定的。此外,尚须有一些直接的条件才能引起损伤,主要有以下几个条件。

（1）运动水平低,这常常是导致受伤的重要原因。

（2）活动、锻炼组织不当。

（3）活动者生理状态不良。

（4）不良的气候因素和突变的环境因素。

（三）运动损伤治疗原则

（1）合理安排伤后训练。

（2）使用支持带及保护带。

（3）局部进行理疗、按摩等。

（4）注意全身配合治疗。

二、 运动健身的安全措施

（一）思想重视

伤害事故往往发生于思想放松、麻痹大意的时候,任何的心血来潮、盲目自信,或是情绪急躁、急于求成,都可能引发意想不到的伤害。因此,思想上认真对待和重视、实践中讲求科学的锻炼方法是避免伤害事故发生的重要措施。

（二）准备充分

准备活动是进行运动前必不可少的重要环节。准备活动是否充分包括准备活动的负荷量是否合适、准备活动的内容与将要进行的运动是否匹配等,充分地进行运动前的准备活动,是保证运动健身安全的重要措施。

（三）动作规范

违反人体解剖结构的不规范动作极易造成身体的伤害。因此,在体育锻炼过程中,要尽量地使自己的技术动作符合规范要求。

（四）负荷适当

运动负荷过小,收效甚微,达不到锻炼目的;负荷过大,超出身体机能的承受范围,又极易造成伤病事故。因此,要选择适宜的运动负荷。

（五）机能良好

当身体机能状况不佳时,如休息不好、睡眠不足、饮食欠佳、情绪低落等,要减少或停止运动,因为此时的身体和心理状态会使人肌力减弱、反应迟钝、运动能力下降,必须进行调理才符合健身安全的要求。

（六）符合原则

符合原则是指必须遵守运动训练的基本原则,并系统、合理地实施。那种随意性大、科学性差、缺乏自我约束的运动方式，必然存在安全隐患。

（七）设备安全

运动前要注意检查场地设备的安全性，如平整度、稳定性、牢固度等，在尝试危险性较高的运动时，必须加强保护，力求排除运动时一切外在的安全隐患。

（八）气候适宜

气候变化对户外运动影响较大，高温强晒易中暑、低温阴湿肌肉容易拉伤、能见度低易发生判断错误、雨天地滑易摔倒等，这些都可能造成运动损伤，要尽量避免。

三、运动损伤的急救处理

（一）表皮擦伤

表皮擦伤指运动中摔倒或外力冲击与硬物相擦所形成的皮肤表面创伤，往往伴有出血、组织液渗出、红肿等现象。擦伤是外伤中较轻的一种，但其所造成的创面浅而脏、大而不规则，极易引发感染，处理不当，伤口极难愈合。

小面积擦伤一般不必包扎，清洁伤口后，以 2% 红汞溶液或 1% 龙胆紫溶液涂抹即可。大面积擦伤请去医院，由医生处理。

（二）软组织挫伤

软组织挫伤是指皮肤以下除骨骼之外的肌肉、韧带、筋膜、肌腱、滑膜、关节囊等组织，以及周围神经、血管的不同情况的损伤，主要造成组织破坏和组织生理功能紊乱。软组织挫伤一般是外力作用所致，当软组织受到钝性或锐性暴力损伤时，将会引起局部软组织的挫伤或裂伤。

对于软组织挫伤通常可采用镇痛、理疗、制动等方法治疗。在受伤 24 小时内，对受伤部位进行冷敷，可使皮毛血管收缩，组织水肿消退，起到止血、消肿、镇痛的作用。采用中药早期敷药方法治疗，会取得非常好的疗效，往往在敷药后就能即时消肿止痛。敷药后用绷带固定，不仅能将关节固定于受伤松弛位置，起到限制肢体在适宜范围内活动的作用，还有利于损伤韧带的修复，大大缩短治疗和恢复时间。

（三）肌肉韧带拉伤

肌肉韧带拉伤主要指肌肉、韧带撕裂伤，多发生在主干肌肉和关节部位，是关节周围的韧带、肌肉和关节囊等软组织因为突然用力，或受外力过度牵拉而发生的损伤。拉伤是体育运动中最常见的一种损伤，据统计，25% 以上的运动损伤是肌肉和韧带的拉伤。

造成拉伤的原因很多，如准备活动不充分，肌肉的生理机能尚未达到剧烈运动所需状态就贸然参与；体质较弱或负荷过度，肌肉弹性、伸展性和力量均较差；运用技术不正确，动作不协调，用力过猛，超过了肌肉活动的范围；气温过低，湿度太高，场地太硬等。

确定拉伤后要立刻停止运动，避免伤势进一步加重，并在疼痛部位敷上冰块或冷毛巾，保持 30 分钟，以使小血管收缩，减少局部充血、水肿，切忌搓揉及热敷。待 24 小时后，可配合烤电理疗、按摩康复和恢复性锻炼，还可局部外敷中草药后进行加压包扎处理。无论用什么方法治疗，最后都是靠组织的再生和修复功能，最好的办法就是注意保护，避免患部二次受伤，增强营养以促进组织的新陈代谢，加快组织的再生和修复能力。

（四）关节扭伤

关节扭伤是运动和工作生活中经常发生的损伤,最常发生于踝关节、手腕部及下腰部,主要体征为疼痛、肿胀、皮肤青紫、关节活动不灵等。

发生关节扭伤后要立刻停止运动,注意抬高患肢以利于静脉血液回流,并对受伤部位进行冷敷处理。人体不同部位的关节构造是不同的(图 2-1),不同部位关节扭伤的治疗原则也有所区别。如踝关节扭伤,除冷敷外,48 小时后可进行热敷。此外,可用茶水、黄酒或蛋清等把云南白药或七厘散调成糊状外敷在伤处,然后进行包扎,每日换药 2～3 次,以加快局部血液循环、促进淤血消散以及渗出液的吸收。又如,腰部扭伤,由于该部位承上启下的特殊性,极易反复加重,所以静养最重要,此外,要改睡硬板床、扎宽腰带、适度推拿按摩等。严重扭伤者应去医院治疗。

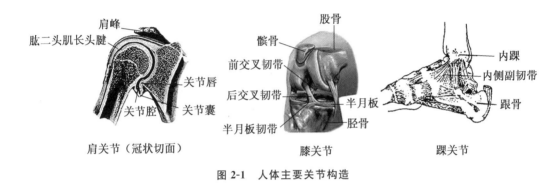

肩关节（冠状切面）　　　膝关节　　　踝关节

图 2-1　人体主要关节构造

总之,无论发生哪种关节扭伤,在扭伤的急性期(前 24 小时),患者都不可以让受伤部位随意活动,否则会因软组织得不到充分的修复,而使新鲜扭伤变成陈旧扭伤。如果疼痛难忍,可服活血止痛药,如云南白药胶囊、散利痛等。

（五）止血

开放性创伤大都会伴随出血。成年人出血量达到 800～1 000 毫升就可引起休克,危及生命。因此,止血是救死扶伤的一项重要措施,对挽救生命具有特殊的意义。

常见的出血一般有动脉出血、静脉出血和微血管出血。动脉血血色鲜红,流速快,血流量大,尤其是四肢大动脉出血,如不及时止住,很快会导致失血性休克,甚至死亡;静脉血血色暗红,速度也较快,出血量逐渐增多,如不及时止血,将逐渐形成失血性休克;微血管出血只是渗血,常可自行凝固止血。止血的总方针是"加压包扎、抬高患肢"。下面介绍几种常见的止血方法。

（1）动脉出血止血法。

① 指压法。只适用于头、面、颈部及四肢的动脉出血急救,注意压迫时间不能过长。此法虽方便及时,但须位置准确。用手指压迫出血部位的上方,如头顶部出血压迫颞浅动脉、上臂出血压迫肱动脉、大腿出血压迫股动脉等(图 2-2)。若经过较长时间指压仍出血不止,就应改用止血带或其他方法进行止血。

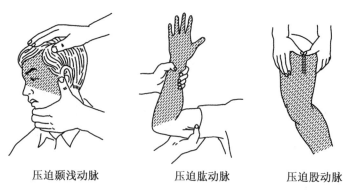

压迫颞浅动脉　　　　　压迫肱动脉　　　　　压迫股动脉

图 2-2　动脉出血止血法

　　② 止血带止血法。这种方法止血最有效，适用于四肢大出血的急救，但容易损伤肢体，影响后期修复。方法是，上止血带前抬高患肢，在出血部位的上方 1/3 处，先用毛巾或棉垫包扎皮肤，然后将止血带拉长拉紧缠绕在毛巾等物外面，松紧适度，最多绕两圈，以出血停止为宜(图 2-3)。止血带最好用有弹性的橡胶管，严禁使用铁丝、电线等代作止血带。每隔 45 分钟放松止血带 2～3 分钟，松时慢慢用指压法代替。再次结扎止血带时，应稍微进行位置移动，以减少皮肤的损伤。放松止血带时应注意观察出血情况，如出血不多，可改用其他方法止血，以免压迫血管时间过长，造成肢体坏死。初步止血后应尽快去医院治疗。

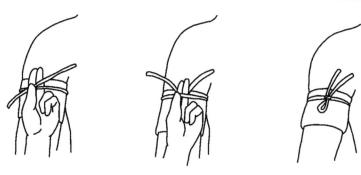

图 2-3　止血带止血法

　　(2)静脉出血止血法。除上述包扎止血方法外，还需压迫伤口止血。用手或其他物体在包扎伤口上方的敷料上施以压力，使血管压扁，血流变慢，血凝块易于形成。这种压力必须持续 5～15 分钟才可奏效。较深的部位如腋下、大腿根部可将纱布填塞进伤口再加压包扎，将受伤部位抬高也有利于静脉出血的止血。

　　(3)小伤口止血法。用清洁水或生理盐水将伤口冲洗干净，盖上消毒纱布、棉垫，再用绷带加压缠绕即可。在紧急情况下，任何清洁而合适的东西都可临时用作止血包扎带，如手帕、毛巾、布条等，先将血止住而后再到医院处理伤口。

　　(六)骨折固定

　　骨折一般分为闭合性骨折和开放性骨折两种类型。骨折处没有皮肤或黏膜破裂，骨折断端与外界不相通称为闭合性骨折；骨折处有皮肤或黏膜破裂，与外界相通称为开放性骨折。根据骨折的程度又可分为完全骨折(骨质完全断裂)和不完全骨折(骨质未完全断裂)。

骨折的原因很多,但归根结底大都为突发性外力所致,其症状主要有剧烈疼痛、肿胀、局部畸形、功能障碍等。为了便于搬运,避免在就医途中加重伤情,防止骨折断端刺伤皮肤、血管和神经,减轻伤员的痛苦,对伤患肢体进行必要的固定就显得十分重要。下面介绍几种不同部位的骨折固定方法。

（1）锁骨骨折固定。进行锁骨骨折固定时,先将两条带状三角巾分别环绕两个肩关节,于肩部打结,再分别将三角巾的底角拉紧,在两肩过度后张的情况下,在背部将底角拉紧打结(图2-4)。若有预先做好的T形夹板(直板长50厘米,横板长55厘米),则只需将其贴于背后,在两腋下与肩胛部位垫上棉垫,再将腰部扎牢,固定两肩部即可。

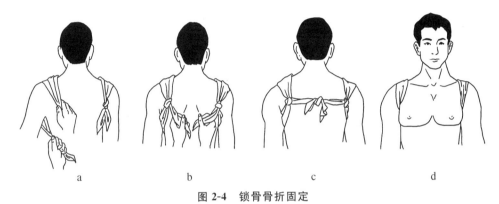

图 2-4　锁骨骨折固定

（2）肱骨骨折固定。进行肱骨骨折固定时,先用两条三角巾和一块夹板将伤肢固定,然后用一块燕尾式三角巾中间悬吊前臂,使两底角向上绕颈部后打结,最后用一条带状三角巾分别经胸背于健侧腋下打结(图2-5)。现场无夹板时,可用三角巾进行躯干固定,将三角巾折成10～15厘米宽的带子,把上臂固定在躯干上,屈肘90°,再用小悬臂带将前臂悬吊胸前。

（3）前臂骨折固定。进行前臂骨折固定时,先用一块合适的夹板置于伤肢下面,用两块带状三角巾或绷带把伤肢和夹板固定,再用一块燕尾三角巾悬吊伤肢,最后再用一条带状三角巾的两底边分别绕胸背于健侧腋下打结固定(图2-6)。也可利用伤员身穿

图 2-5　肱骨骨折固定

的上衣来进行固定:将伤臂屈曲后贴于胸前,把手放在第三、四纽扣间的前衣襟内,再将伤侧衣襟向外翻,反折上提,托起前臂衣襟角系带,拉到健肢肩上,绕到伤肢肩前与上衣的衣襟打结。

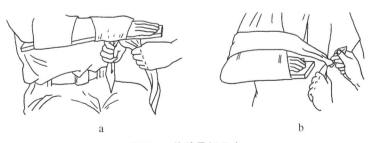

图 2-6　前臂骨折固定

（4）股骨（大腿）骨折固定。伤员仰卧，伤腿伸直。用两块夹板放于大腿内、外侧。外侧由腋窝到足跟，内侧由腹股沟到足跟（只有一块夹板则放到外侧），将健肢靠向伤肢，使两下肢并列，两脚对齐。至少用 4 条带状三角巾，分别在腋下、腰部、大腿根部及膝部分环绕伤肢包扎固定，注意要在关节突出部位放软垫。若无夹板，可以用带状三角巾或绷带把伤肢固定在健侧肢体上（图 2-7）。

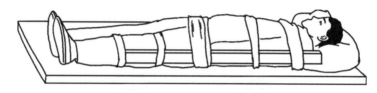

图 2-7　股骨（大腿）骨折固定

图 2-8　颈椎骨折固定

（5）脊柱骨折固定。脊柱骨折后，不能轻易移动伤员，应尽量依照其伤后的姿势做固定。

① 颈椎骨折固定：伤员仰卧，在头枕部垫一薄枕，使头部成正中位，头部不要前屈或后仰，再在头的两侧各垫棉布、衣物等，最后用一条带子通过伤员额部固定头部，限制头部晃动（图 2-8）。

② 胸椎、腰椎骨折固定：使伤员平直仰卧在硬质木板或其他板上，在伤处垫一薄枕，使脊柱稍向上突，然后用几条带子把伤员固定，使伤员不能左右转动（图 2-9）。

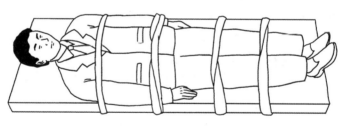

图 2-9　胸椎、腰椎骨折固定

（七）心肺复苏

心肺复苏是一种由人工呼吸和心脏按压所组成的急救措施。对因急性心肌梗死、突发性心律失常，以及诸如溺水、电击、中毒、窒息、冻僵、麻醉等意外事故所引起的心跳呼吸骤停的患者而言，心肺复苏意义重大。

由于复苏对象发生危险时多半不在医院，因而现场复苏成为挽救生命的唯一希望和手段。一般而论，在心跳停止 4 分钟内能实施心肺复苏，并在 8 分钟内获得进一步医治者，救愈率可达 45% 或更高；超过 6 分钟者，大脑多已发生不可逆转的损害，复苏存活的可能性很小。心肺复苏过程如下（图 2-10）：

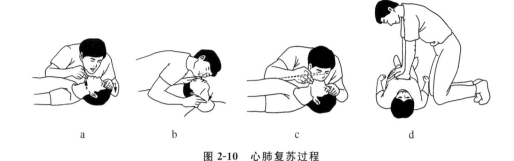

图 2-10　心肺复苏过程

（1）先轻拍病患试其反应，一边呼喊寻求帮助，一边护住患者头部，使其处于仰卧体位。

（2）仰头，开放气道，清除口内分泌物，同时观察其是否在呼吸。

（3）口对口进行人工呼吸。救护者捏闭病人鼻孔，深吸气后对病人口部用力吹入，如此反复，每分钟 16～18 次，见胸廓起伏为有效。

（4）病人平躺在硬板上，救护者双臂绷直，两掌重叠，以掌根部压迫病人两乳头连线中点、胸骨下部（剑突以上）进行挤压，间接压迫心脏。压后随即将手放松，掌根不离开胸壁，让胸骨自行复位。每分钟挤压 100～120 次，按压深度 5～6 厘米。若呼吸与心跳都骤然停止，则胸外按压与人工呼吸应同时进行，二者频率之比为 30∶2。

思考题

1. 运动中常见的生理反应有哪些？应当如何处理？

2. 如何通过科学的锻炼有效提升运动能力？

3. 试模拟心肺复苏的过程。

第三章 职业体能

每一种职业都有其一定的工作姿态,在一定时间内身体必须保持某一种劳动姿势。长时间高强度地工作,容易造成疲劳,产生职业性疾病。加强体育锻炼,能有效增强职业者的力量、速度、耐力、灵敏度、柔韧度等素质,提高体能水平,更好地适应本职工作。

第一节　职业体能概述

职业体能是指与职业(劳动)有关的身体素质,以及在不良劳动环境条件下的耐受力和适应能力,包括肌肉力量、心肺功能等多种身体素质。

一、体重

人体是由脂肪组织及非脂肪组织组成,保持理想体重对维持适当的身体组成有着十分重要的意义。一般体重过重是体内囤积过多的脂肪造成的,脂肪过多容易导致一些慢性疾病的发生,如糖尿病、高血压、动脉硬化及心肌梗死等。

二、肌肉力量

肌肉力量是一块肌肉或肌肉群一次竭尽全力从事抵抗阻力活动的能力。所有的身体活动均需要使用力量,肌肉强壮有助于预防关节的扭伤、肌肉的疼痛,减轻身体的疲劳。

三、肌肉耐力

肌肉耐力是指一块肌肉或肌肉群在一段时间内重复进行肌肉收缩的能力,与肌肉力量密切相关。肌肉力量是肌肉所能产生的最大力量,肌肉耐力是肌肉持续收缩的能力。良好的肌肉力量与肌肉耐力有助于维持正确的姿势,提高工作效率。肌肉力量和肌肉耐力不好的人较容易产生肌肉疲劳与酸痛的现象。

四、柔韧度

柔韧度是使四肢和躯干充分伸展而不会感到疼痛的一种能力。具有良好柔韧度的人,肢体的活动范围较大,肌肉不容易拉伤,关节也不容易扭伤。关节柔韧度不好的人,往往会出现由姿势不良造成的各类问题,如下背疼及肩颈疼痛等。

五、 心肺功能

心肺功能是指人体的心脏、肺脏、血管、血液等组织的功能,与氧气和营养物质的输送及代谢物的清除有关。心肺功能是反映全身性运动持久能力的指标。心肺耐力良好的人,能比别人更有效地完成日常活动,而且不容易感到疲惫。

六、 灵敏度素质

灵敏度素质是指在各种条件下,精确而协调地完成复杂动作的能力,亦指快速应变的能力,它是速度、力量和柔韧性等各种身体素质在特定条件下的综合反映。

依据人力资源和社会保障部认定的职业分类目录和教育部《职业教育专业目录(2021年)》,各职业岗位劳动(工作)时的主要身体姿态可分为五类:静态坐姿类,主要涉及会计、文秘、行政办事员、IT行业等;静态站姿类,主要涉及营业员、酒店前台接待等;流动变姿类,主要涉及营销员、导游、记者等;工厂操作姿态类,主要涉及机械、生产线操作工等;特殊岗位姿态类,主要涉及警察、空中乘务员、野外作业人员等。

第二节 坐姿类职业体能

一、 坐姿类职业岗位简介

现代社会分工精细,许多人工作时的体位改变很少。财务工作人员、文秘等都以脑力劳动为主,以"伏案型"为主要工作方式。调查表明,该类员工每个工作日的8小时劳动中,坐的时间可达6～7小时。坐位姿势是一种静态姿势,静态姿势下完成单一姿势的工作,容易引起机体许多功能和结构的改变,进而导致疾病,即职业病。

二、 坐姿的解剖学特征

下面针对以下几个部位进行分析。

(一)头颈部

以坐姿工作时,一般头部呈前俯或后仰姿势。肩颈部肌肉是支持颈部活动的基础,其中以斜方肌、胸锁乳突肌为主要的受力肌。

研究表明,坐位时,颈部肌肉受力与颈角大小有关,颈部受力随角度增大而增加,颈部损伤患病率随颈角增加而升高。坐位工作时,颈部保持在前倾角度0°～10°为适宜。

(二)胸部

坐位时,低头含胸,胸廓得不到充分地扩张。长期保持这种姿势,一方面影响肺的通气功能,另一方面使胸廓变形,造成驼背。

(三)背部

坐位时,人体一般呈弓起背部向前微倾状态。在该姿势下工作,脊椎骨角度和脊椎间盘的活动对背部所承受的压力是不均匀的。人体背部的伸肌在一天的运动中几乎没有主动用力的动作,大多数时间处于被动拉长的状态中,起着维持人体运动平衡和协调的作用。相对其他肌肉群,人体的背部肌肉的工作时间最长,因此最容易感到疲劳,同时容易引起小肌肉纤维损伤,从而造成背部的多种不良反应,如酸、胀、痛、麻等。

(四)腰部

人体在坐姿的时候,腰脊承受着上身的重量。腰肌和腹肌像一个夹板,保持一定的张力以稳定腰椎。工作姿势对腰肌受力有很大的影响。有研究表明,腰部受力与躯干角度大小关系密切,躯干角小则受力小。

一项调查研究表明,电脑操作者一般习惯将电脑屏幕置于右前方或左前方,导致工作时呈侧身或扭腰等不良姿势。为了维持身体平衡,腰部的某一处肌肉就需要特别用力,以致受力肌容易疲劳。

(五)手腕部

从事计算机行业或电子行业的劳动者由于其腕部经常需要重复用力活动或反复弯曲、伸展,参与活动的小肌肉群不足全身肌肉总量的 1/7,肌肉活动频率高于 15 次/分,操作键盘输入汉字时,手指击键在 100 次/分钟以上,频繁收缩活动的小肌群能耗不高却容易疲劳,甚至在用力时直接压迫腕管内神经而导致腕管综合征。

(六)脊柱

人的脊柱由 32～33 块形状不规则的脊椎骨组成,成年人 5 块骶椎合成 1 块骶骨,4 块尾椎合成 1 块尾骨。因此,成人的脊柱是由 26 块独立游离的骨块组成,按所在的位置不同分成颈椎、胸椎、腰椎、骶椎和尾椎。脊柱从侧面看,有 4 个生理弯曲:颈椎向前凸,腰椎向前凸,胸椎向后凸,骶椎和尾椎向后凸。

久坐会使上身长时间地压在脊椎骨底端,不符合人体脊柱最佳受力状态。坐姿不良,脊柱两侧肌肉受力不均,导致脊柱某区域肌肉骨骼负荷过重,久之可能引起脊柱侧弯。此外,紧张的工作节奏,往往会使人不由自主地塌腰,这不仅增加了腰椎的负担,破坏了脊柱正常的生理弯曲,使腰椎部位后凸,而且还阻碍了血液循环,从而引起腰部肌肉酸痛甚至引起腰椎病变。

三、 坐姿的生理学特征

下面针对以下几个方面进行分析。

(一)血液循环

血液周流全身,向全身输送氧和营养物质,以保证生命活动的正常运行。血液循环的动力器官是心脏,而心脏位于胸腔,故心脏向心脏以下的部位输送营养物质和氧气因可借助地心引力的力量而比较顺利,但心脏以下的部位血液要返回心脏,就必须克服地心引力的影响,所以相对比较困难,由此易造成心脏部位以下的静脉回心血流受阻。故长期久坐的人,下肢特别是足背会发生浮肿,还会使直肠、肛管静脉回流受阻,静脉扩张而发生痔疮。同时,位于心脏以上的部位,特别是大脑的血液供应,须克服地心引力把血液泵入大脑。如果心脏功能不良,则脑血供应不畅通,容易头昏、眼花、嗜睡,使工作效率降低,失误率增加。

久坐时,心脏工作量减少,长期下去可使心脏功能日益减退,心肌渐趋衰弱,血液循环减慢,导致血液在血管中淤积,为心肌梗死、高血压、冠心病等心血管疾病埋下隐患。世界卫生组织明确指出,久坐是促发冠心病的重要因素。医学专家调查发现,司机的冠心病发病率比售票员高30％。据研究,坐位时,心脏功能(心率、心输出量、每搏输出量)都处于相对较低的水平。

(二)肺通气功能

由于坐位伏案,胸廓得不到充分扩张,从而影响肺的通气功能。研究表明,坐位伏案对静息时通气量的影响不大,但是从提高体能和健康水平的角度出发,坐位伏案劳动(工作)的人,应加强扩胸动作的练习,以利于肺的充分扩张,加强通气和换气的功能,使氧饱和度始终保持在96％～98％。

(三)骨骼肌

骨骼肌是维持各种姿势的基础。坐位姿势是一种静态姿势,维持坐位姿势的肌肉肌纤维长时间处于一定的静力性工作状态(即等长收缩状态)。虽然依靠中枢神经系统的调节,肌纤维的紧张活动可以交替进行,但这种调节交替是相对少而慢的。在采取坐位姿势劳动(工作)时,肌纤维的紧张性收缩也限制了肌肉的血液供应,以致肌肉获取的氧和营养物质相对减少,而肌肉的代谢废物也不易排出,久之就会引起肌肉僵硬、酸痛,甚至发生肌肉萎缩。坐姿工作2小时以上,即可产生肌肉疲劳感,使工作效率有所下降。所以,医学专家指出,坐一两个小时,起来走动10分钟,对身体有益。

(四)眼的负荷

在现代办公条件下,长时间对着电脑工作,眨眼次数明显减少,眼睛特别容易干涩。盯着电脑屏幕,其闪烁会使眼睛不断进行调节,易造成睫状肌疲劳。此外,电脑屏幕也是个强发光体,同时电脑页面内容繁多,使得用电脑时视觉负担很重,常常使眼睛发胀。眼睛长期超负荷工作,将导致视力下降,发生眼部炎症(如角膜炎),同时还会导致身心疲劳。

四、坐姿类职业体能锻炼方法

从事不同的职业需要不同的体能。坐位姿势是一种静态姿势,维持该姿势的肌纤维长时间处于一定的静力性紧张状态,坐姿时腰背部肌肉是主要的受力肌。有目的地锻炼坐姿类职业体能,可使机体各部位的主要受力肌群增强肌肉弹性,改善组织,促进血液循环,增强新陈代谢,防止或降低组织疲劳。针对坐姿类工作对体能的要求,应主要发展以下部位肌肉群的力量和耐力。

(一)颈肩部肌群力量练习

1.屈伸探肩

目的:主要发展胸锁乳突肌和斜方肌的力量。

动作方法:坐、立均可,上背挺直,双手叉腰,双眼正视前方。头缓缓地向左偏,努力接近左肩,保持6～8秒,还原;以相同的姿势换方向做,还原。

2.肩绕环

目的:发展斜方肌的力量。

动作方法：坐、立均可，上背挺直，双手叉腰，双眼正视前方。双肩经前向后展，做以肩关节为中心的绕环动作。

（二）腰背部肌群力量练习

1. 体后屈伸

目的：主要发展伸展躯干和伸髋的肌肉力量。

动作方法：俯卧在垫子或长凳上。以髋部支撑，脚固定，两臂前举连续做上体后屈伸动作，或者保持上体屈伸6～8秒。

2. 俯卧两头起

目的：主要发展伸展躯干和伸髋的肌肉力量。

动作方法：俯卧在垫子或长凳上，两臂前伸，两腿并拢伸直。两臂和两腿同时向上抬起，腹部与垫子成背弓，然后积极还原，连续练习。

3. 俯立划船

目的：主要发展背阔肌上、中部及斜方肌、三角肌的力量。

动作方法：上体前屈近90°，抬头，正握杠铃。然后两臂从垂直姿势开始，曲臂将杠铃拉近小腹后还原，再重新开始。上拉时注意肘靠近体侧，上体固定，不屈腕。

（三）腕部肌群力量练习

1. 屈伸腕动态练习

目的：主要发展前臂伸肌和屈肌的力量。

动作方法：立正，一手持哑铃，掌心朝上，一手微托持哑铃手肘关节，靠于腰部，手紧握哑铃以2秒一次的频率做屈伸腕运动。

2. 屈伸腕静态练习

目的：主要发展前臂伸肌和屈肌的力量。

动作方法：立正，一手持哑铃，掌心朝上，一手微托持哑铃手的肘关节，靠于腰部，手紧握哑铃充分屈腕静止15秒，休息5秒，再充分伸腕静止15秒。

3. "8"字绕环

目的：主要发展肱桡肌的力量。

动作方法：立正，一手持哑铃（男生可以双手持哑铃），掌心朝上。持哑铃手做"8"字绕环运动。

第三节　站姿类职业体能

一、站姿类职业岗位简介

现代社会分工精细，有些职业岗位需要长时间站立工作，如教师、迎宾小姐、售货员、烹饪师、护士等。站姿是一种静力性工作，分为立正式站立（如解放军站岗）和任意式站立（如超市的收银员)。立正式站立是一种强度极大的静力性工作;而任意式站立,因在一定程度上可以活动身体某些部位,并有机会在较小范围内做一些移动性活动,所以相对于立正姿势而言,其静力负荷的劳动强度较小。职场站姿绝大多数属于任意式站姿。

二、站姿的解剖学特征

下面针对以下几个部位进行分析。

(一)腰腹部

自然站立时,躯干部位的重量经过腰椎向下传导,需要腰部肌肉力量予以支撑,以保持腰椎的正常生理前凸。腹肌力量较弱的人,如肥胖者,特别是腹部肥胖者,由于大量脂肪组织堆积在腹部,肌肉组织相对较少,且较松弛,因而对腹部的支撑较弱,进而加重了腰部肌肉的负荷。肚子越往前凸,腰部肌肉的负担便越大,久之,就可造成腰部肌肉紧张。

(二)脊椎

脊椎的负荷为某段以上的体重、肌肉张力和外在负重的总和。不同部位的脊椎节段承担着不同的负荷。由于腰椎处于脊柱的较低位,因而负荷相当大。

当人体处于静态任意式站位时,因为要维持正常的站姿,即保持躯干的相对竖直,腰椎相对静态坐位时只能有很小程度的前屈或后伸。但站姿时,脊柱能保持自然弯曲度。挺腹是人们常见的站姿,此时腰椎处于后伸位,将承受很大的压力负荷。据研究,站立时,腰部肌肉张力始终维持在 6.5~11.6 千克,第三、四腰椎间盘的压力达到 8.9~12.3 千克。因此,站姿工作者患背痛的概率比较大,且随着工龄的延长,这种症状的出现频率也相应增高。静态站立时最佳姿势是适度前屈位,这可以在站直的前提下收小腹,通过骨盆与腹背肌肉的整体调整得以实现。

(三)下肢

人体某种姿势的维持,均需要一定的肌张力。人体走动或站立时,小腿肌肉等肌群紧张收缩,以维持身体姿势并保持身体平衡。但长时间保持站立不动,会影响下肢血液循环,导致下肢肿胀,甚至导致静脉曲张。

人体在正常的站姿下,全身的体重均匀地从脊柱、骨盆传向下肢,再由两下肢传至两脚,因此,人类的两脚具有负载体重的重要功能。另外,从解剖学观点来看,人体约有 206 块骨头,其中两脚就占了 52 块,俨然是全身的支柱。但在长时间站立工作及过度负重状态下,如搬运工作、长途步行和体重逐日增加等,可诱发平足症。

三、站姿的生理学特征

下面从以下几个方面进行分析。

(一)血液循环

由于站姿也是一种静力性工作,血液循环的影响与坐姿相同。但由于维持站姿比维持坐姿时肌肉的静力性张力更大,即有更多的肌纤维处于静力性等长收缩状态,肌张力一般超过该肌肉最大随意收缩时的 15%~20%。研究表明,一旦肌张力超过最大随意收缩力的

15％,就很容易导致肌肉疲劳。

直立体位时,因血液重力的流体静力学作用,血液滞留在心脏水平以下的血管中。由于静脉管壁薄而易于扩张,使其容积大为增加,滞留了大量的血液,致使静脉回流量下降。故站立时间长时,血液回心受阻,从而出现脚背浮肿、趾关节炎或静脉曲张等症状。发病工龄一般为6～8年,且女性更容易发生。位于心脏以上部位的颈、脑部也易供血不足,而出现头痛、头晕等症状。

(二)骨骼肌肉

人体的肌肉在平时会需要一定的张力以维持一定的身体姿势。站立时,大腿、小腿、腰背部、臀部的肌肉处于等张收缩状态,比坐姿时有更多的肌纤维参与静力性工作且维持相对较高的紧张度。尽管静力性工作能量消耗水平不高,氧需要量通常不超过1升/分钟,但很容易产生腰背部和下肢疲劳。

四、 站姿类职业体能锻炼方法

从事站姿类职业的劳动者,身体常处于站立状态,对下肢力量与耐力要求较高,为此,在体育锻炼中应以发展下肢和腰腹肌肉的力量为主,并练习一些形体操、健美操,使之形成合理的站立姿势与优美的形态。同时可考虑参加野外生存训练、轮滑等项目,这对发展下肢和腰腹部力量,改善身体的平衡能力和灵敏素质具有良好的效果。

(一)下肢肌肉力量的训练方法

1. 深蹲

目的:主要发展大腿肌群和臀大肌的肌肉力量。

动作方法:把杠铃担负在颈后肩上,屈膝下蹲到大腿与地面平行或稍低的位置,大腿和臀部用力,两脚蹬地使身体恢复到直立。重复练习一定的次数和组数。

2. 踏板弓箭步

目的:主要发展股四头肌、股二头肌和小腿肌群的力量。

动作方法:身体直立,面对踏板,左腿屈膝成弓箭步踏踏板,右腿伸直,同时两手叉腰。还原后,交换腿连续做。

3. 踮脚跳跃

目的:主要发展小腿腓肠肌、比目鱼肌和股四头肌的力量。对提高身体平衡能力也有一定的价值。

动作方法:两脚并拢站立,两膝微屈,两手叉腰,双脚前掌原地向上纵跳,膝盖伸直,下落时,先前脚掌着地,然后全脚掌着地,再踮脚起跳。

(二)腰腹部肌肉力量的锻炼方法

1. 仰卧起坐

目的:主要发展腹直肌力量。

动作方法:仰卧于垫子上,两小腿弯曲,两脚固定,双手交叉抱于头后。腹肌收缩使额头向膝部靠拢直至碰到膝盖。然后还原,重复此动作一定的次数和组数。

2. 直腿上举

目的:主要发展腹直肌、髂腰肌的力量。

动作方法:仰卧于垫子上,两腿并拢伸直,两手放于体侧。双腿直腿并拢靠腹部的力量将腿慢慢举起,保持躯干与大腿成120°左右的夹角,静止5~10秒,然后还原。

第四节　变姿类职业体能

一、变姿类职业岗位简介

变姿类职业从业人员日常需要静力性工作与动力性工作交替进行,所以这类人群劳动(工作)时的解剖学、生理学负荷特征与坐姿、站姿类职业有许多相同之处,但又并不完全等同。因为这类工作姿势变化没有一定的规律,有些工种(如园艺工作者)姿势变化频率快,肌肉交替休息,不易疲劳;有些工种(如机械工)工作时需要一定的静力性负荷,因此肌肉一直处于紧张收缩的状态,很容易造成肌肉酸痛、僵硬。变姿类职业工种繁多,因此要针对不同的工种进行区别分析。

变姿类岗位职工在高温、高湿、高寒、辐射和噪声等恶劣环境下工作,工业自动化程度相对低,体力消耗大,且存在不良姿势、过度用力和振动等诸多职业性疾患的危险因素。因此,这类职业对人体健康提出了特殊要求:不但需要具备良好的心肺功能,同时也需要身体各部位具备良好的协调性和灵活性。变姿类岗位职工在选择运动项目或开展针对性的体能训练时,应考虑发展身体各部位的素质,使全身各部位都得到运动,以适应工作的需要。

二、增强心肺功能的练习方法

现场作业要求心脏功能随工作强度的改变而适当地调整,以满足工作的需要。据对建筑现场作业的技术员心肺功能调研发现,有些员工在烈日下工作,常出现因心脏功能不能适应高温环境而昏厥的现象。因此,室外工作的人员加强心肺功能的训练是必要的。

在选择运动项目进行锻炼时,可考虑健美操、游泳、长跑、跳绳、越野、健身跑等项目。

三、提高肌肉耐力的练习方法

肌肉耐力是肌肉长时间维持工作的能力。高抬举作业(如手举焊枪、紧固螺丝和打孔等),需要保持长时间的肌肉收缩状态。如果肌肉耐力不好,将导致肌肉供血不足,肌肉代谢废物不能及时排除,引起局部肌肉疲劳,工作效率降低,甚至出现工伤事故。提高肌肉耐力的练习应采用小负荷、重复多次的练习方法。

四、 抗热、抗寒、抗风雨能力的练习

室外工作时,夏天的炎热、冬天的寒冷、风雨霜雪等都可引起人体免疫能力的降低,导致机体不适,进而引起疾病。对此,应加强有氧运动,以提高免疫力。同时,可参加定向越野、野外素质拓展等项目,以提高抗疲劳能力、野外生存能力和环境适应能力。

五、 提高平衡能力的练习方法

平衡能力依赖于柔韧性、躯干主要肌肉的力量及良好的肌肉协调性。这对于高空作业者,像高空建筑工、高层清洁工等,是必须具备的能力。因此,在体能训练或运动项目选择时,应考虑发展稳定性、下肢肌肉静力性耐力、灵敏性的需要。此处重点介绍提高平衡能力的两种方法。

(一) 燕式平衡

目的:增强小腿、后背和腹部主要肌肉工作的稳定性。

动作方法:由站立开始,右脚向前迈一步,上体前倾,左腿后上举高于头,抬头挺胸,两臂侧举成燕式平衡。做动作时支撑腿要伸直,两腿交替进行。

(二) 静止搭桥

目的:增强后背和腹部主要肌肉工作的稳定性。

动作方法:屈腿平躺,脚着地,手臂放在体侧,脊柱位于中间位置,臀部、大腿和躯干肌肉用力提起骨盆,直到肩膀与膝盖连成直线,然后身体缓慢下降,还原。

思考题

1. 职业体能的含义是什么?有哪些分类?

2. 从生理学角度看,久坐对身体有什么危害?

3. 请描述并模拟站姿类职业的锻炼方法。

第二篇
球类运动篇

第四章 大球类运动

篮球、排球、足球是常说的"三大球"项目。本章在介绍篮球、排球、足球运动的起源和发展的基础上,重点介绍它们的基本技术、基本战术、主要练习方法、比赛规则及锻炼价值等。

第一节 篮 球

一、 篮球运动简述及比赛规则介绍

(一) 简述

当美国马萨诸塞州体育教师詹姆斯·奈史密斯博士,在 1891 年的一天,别出心裁地将两只桃篮分别钉在健身房内看台的栏杆上,并组织他的学生进行游戏时,相信他无论如何也不会想到,一百多年后,他的这项发明竟会在两百多个国家流传,成为誉满全球的运动。

篮球运动从最早的 13 条规则和需爬梯子取球,发展成为"巨人"的运动,经历了无数的变革。1904 年第三届奥运会篮球还仅仅是表演项目,直到 32 年后的第十一届奥运会上,男子篮球才被列为正式比赛项目(女子篮球在 1976 年第二十一届奥运会列入),并统一了世界篮球竞赛规则。

篮球运动于 1896 年前后传入我国天津,随即北京、上海也相继开展了此项活动。1910 年的全运会上举行了男子篮球表演赛,此后全国各大城市的大、中学校纷纷开展了篮球活动,其中天津、北京、上海的水平相对较高。1975 年中国篮球协会取得亚洲业余篮球会的合法席位。如今,我国已经发展形成了一系列颇具影响力的篮球联赛,如中国男子篮球职业联赛(CBA)、中国女子篮球甲级联赛(WCBA)、全国男子篮球联赛(NBL)、大学生超级联赛(CUBS)、中国大学生篮球联赛(CUBAL)等篮球联赛,篮球运动也是我国目前最受欢迎、集娱乐与锻炼于一身的大众活动之一。

(二) 比赛规则介绍

篮球竞赛规则是比赛顺利进行的根本保障,是裁判执法中行使权力的依据。随着篮球运动的普及开展,篮球竞赛规则也在不断地修改和增加,这也是篮球运动不断完善的重要推动力。

1. 场地

篮球比赛的标准场地长 28 米、宽 15 米,四条界线外至少 2 米处不得有任何障碍物,如在室内则天花板的高度应至少为 7 米。球场分中线、前场和后场,中线上的中圈和前、后场

罚球区罚球线上的两个半圆半径均为 1.80 米。篮圈下面的矩形为限制区,通常称禁区。前、后场内的拱形弧线外的地区称 3 分投篮区,在拱形弧线外投篮命中得 3 分。

2. 比赛

(1)人数和时间。每队出场 5 名队员。如果一方场上准备比赛的队员不满 5 名,比赛不能开始。比赛共分为四节,每节 10 分钟。第一、第二节之间和第三、第四节之间休息 2 分钟,第二节与第三节之间休息 15 分钟。每个决胜期为 5 分钟,决胜期之间休息 2 分钟。

(2)跳球。比赛开始由两队各推出一名跳球员至中央跳球区,由主审裁判抛球、双方跳球,一方合法拍击球后获得球权并开始比赛。

(3)得分。球投进篮筐并经裁判认可后,便算得分。3 分线内侧投入可得 2 分;3 分线外侧投入可得 3 分,罚球投进得 1 分。

(4)暂停。NBA(美国职业篮球联赛)每场比赛暂停次数为 7 次,加时赛期间暂停次数为 3 次;FIBA(国际篮球联合会)比赛中暂停为 4 次,加时赛暂停为 1 次。在 NBA,场上队员可请求暂停,而在 FIBA 只有教练才能叫暂停。NBA 暂停时间为 1 分 40 秒,FIBA 的暂停时长为 1 分钟。

3. 犯规

(1)侵人犯规。与对方发生身体接触而产生的犯规行为。

(2)技术犯规。队员或教练员因表现恶劣而被判犯规,如与裁判发生争执等情况。

(3)取消比赛资格的犯规。①球员做出违背体育精神的犯规动作(如打人)后,球员应立即被罚出场外;②队员累计犯规 5 次(NBA 规定为 6 次)——无论是侵人犯规,还是技术犯规,队员都必须离开球场,不得再进行比赛。

(三)锻炼价值

现代篮球技术正朝着高速度、强对抗、全方位发展,对参与者的力量、速度、耐力、柔韧性、反应、协调及思想品质等诸方面,都提出了更高的要求。通过参与篮球运动和观摩高水平比赛,我们的身心都能得到有益的发展。

首先,篮球运动中连续不断地突奔、急停、起跳,对提高神经系统的灵活应变能力和大脑综合分析能力,都具有积极促进的重要作用。频繁地高强度的身体对抗,还能使心血管、呼吸、能量代谢、内分泌、感觉神经等系统发生适应性变化,从而促进其机能的改善和提高。

其次,篮球是一项充满意志与智慧的运动,能有效地锻炼和增强人们的意志力、减轻心理应激反应及降低紧张情绪等。通过人与人之间的接触交往,也使人们的社会认知能力获得提升,进而有助于集体主义、文明自律、相互尊重等精神品质和高尚体育道德的培养。

值得一提的是,篮球运动对处于青春发育期的学生而言,在提高其代谢水平、心肺功能、肌肉骨骼生长、关节运动机能和感觉器官功能等方面,均具有较为显著的作用和较高的锻炼价值。

知识窗——篮球违例

1. 带球走步：又称走步，指持球移动超出允许的范围。

2. 两次运球：在运球过程中，球在手中停留的一瞬间，或双手触球的一瞬间即运球完毕，如再次运球即为两次运球。

3. 脚踢球或以拳击球。

4. 跳球违例：跳球时除了跳球球员的人，其余队员不可在跳球者触到球之前进入中央跳球区。

5. 球出界：球员带球或球本身触及界线或界线以外的区域，即属球出界；在球触线或线外区域之前，球在空中不算出界。

6. 三秒钟规则：本方队员控球时，其他同伴在对方限制区内停留不得超过 3 秒。

7. 五秒钟规则：持球后，球员必须在 5 秒钟之内掷界外球出手。FIBA 规则规定罚球也必须在 5 秒钟内出手（NBA 规则中为 10 秒）。

8. 八秒钟规则：后场控制球开始，必须在 8 秒内使球进入前场（对方的半场）。

9. 二十四秒钟规则：进攻方从发球到己方队员手上开始计时，24 秒内须完成篮球"打板"或"碰筐"动作。以上动作完成后，计时表重新归 0 开始计时 24 秒，24 秒内不能完成以上动作即视为 24 秒违例。

10. 干扰球：投篮的球向篮下落时，双方队员都不得触球；当球在球篮里的时候，防守队员不得触球。

11. 被紧密盯防的选手：被防守队员紧密盯防的球员必须在 5 秒钟之内传球、运球或投篮，否则球队将失去控球权（NBA 规则中无此规定）。

12. 球回后场：球队如已将球从后场移至前场，该队球员便不能再将球移过中线，运回后场。

二、 篮球运动的基本技术

（一）脚步移动技术

移动是篮球最重要的基本技术之一，也是该项目运用最多的技术。篮球运动中的一切攻守技术或战术都要通过各种快速、突然地移动脚步来完成，无论是进攻队员，还是防守队员，也无论是持球或不持球，大家都无时无刻不在运用移动技术。篮球移动技术是运动过程中，为了达到摆脱防守、抢占有利位置、争取进攻时间、争夺制空权等目的，所采用的改变身体位置、运动方向和运动速度的各种脚步动作的总称。它由腿部的蹬、跑、跳等动作组成，因而对腿部力量的要求较高，熟练掌握移动技术，是完成篮球运动技战术要求的基本保证。具体而言，篮球移动技术主要包括起动、变向跑、侧身跑、急停、转身等，这些移动方式虽然各有不同，但移动的总体要求是一致的。

1. 移动技术总体要求

（1）合理的准备姿势。两脚左右或前后开立，与肩同宽，两膝弯曲成约 135°角，以前脚掌着地,上体前倾,双臂屈肘置于身体两侧,两眼平视。

(2)全身协调配合用力。虽然移动技术主要是下肢发力,但仅靠下肢用力是不够的,必须要有全身的协调配合,尤其要靠腰腹的力量来带动整个躯干,这也是对抗越发激烈的现代篮球运动的要求。

(3)敏锐的观察和判断。观察与判断是正确移动的前提,也是整个篮球运动技术、战术实施成败的关键因素。在进行身体移动之前,必须观察清楚对手和同伴所处的位置、距离,并根据场上的具体情况,迅速做出正确判断。

(4)变化灵活的、有节奏的突停突起。移动的目的就是要出其不意、攻其不备,从而获取得分的时间和空间,才能取得良好的效果。因此,动作转化必须迅速,要求无论有球还是无球,队员的移动都必须快速灵活。

(5)善于利用假动作进行掩护。真假虚实的假动作能够迷惑和干扰防守的判断,从而实现移动的真正目的。

2. 常用的移动步法

(1)基本站立姿势。队员在球场上经常保持的一种既稳定又能突然起动的站立姿势。

动作要领:两脚前后或左右开立,距离与肩同宽,膝稍屈,身体重心支撑点落在两脚前脚掌,上体稍前倾、抬头、收腹、含胸、两臂稍屈肘自然置于体侧,注意场上的情况,以便及时向球场任何方向移动。

(2)起动。队员在球场上由静止状态转为运动状态的动作过程,是获得位移初速度的方法。

动作要领:向前起动是用后脚的前脚掌短促有力地蹬地,前移重心,上体前倾,迅速向前迈步。向侧起动是用异侧脚的前脚掌用力蹬地,同时上体迅速向起动方向侧转并前倾,重心跟随移动,迅速向跑动方向迈步。

(3)侧身跑。队员跑动时为了便于观察场上情况,并随时准备接侧后方传来的球所经常采用的跑动方法。

动作要领:脚尖和膝盖对着跑动方向,头和腰部向球的方向扭转,侧肩,上体和两臂放松,随时观察场上情况。

(4)变速跑。球场上为有效摆脱防守而经常采用的跑动方式。

动作要领:加速跑时,上体前倾,前脚掌积极后蹬,迅速摆臂,加快脚步频率;减速跑时,上体抬起,加大步幅,减缓步频,脚掌积极制动性着地。

(5)变向跑。队员在跑动中突然改变方向的一种脚步动作。

动作要领:以向左变向为例,队员跑动中最后一步用右脚前脚掌制动,同时脚内侧蹬地、屈膝、脚尖稍向内扣、腰部随之左转,重心左移,上体稍前倾,同时左脚向左前方跨出一小步,右脚再迅速向左腿的侧前方跨出一大步,加速跑动。

(6)急停。队员在跑动中突然制动的动作过程,是衔接其他技术动作和摆脱对手的有效方法。急停主要包括跨步急停和跳步急停两种方式。

跨步急停动作要领:急停时第一步跨出稍大,脚跟先着地滚动到前脚掌支撑,脚尖由向前方转为向侧方,同时降低重心,以减缓向前的冲力。第二步着地时,前脚掌内侧用力蹬地,脚尖稍向内转,屈膝内收,上体稍前倾,重心落在两脚之间。两臂屈肘张开,帮助控制身体平衡。

跳步急停动作要领:队员在跑动时用单脚起跳,两脚同时落地,前脚掌用力蹬地,两膝迅速弯曲,重心下降。两臂屈肘张开,保持身体平衡。

(7)转身。以一脚为中枢脚进行碾地旋转,另一脚随之转动来改变身体原来的方向。这种动作在比赛中运用广泛,经常与其他脚步动作结合使用。转身可分为前转身和后转身。

动作要领:两膝弯曲,收腹,含胸,上体稍向前倾,转身时重心移向中枢脚,中枢脚以前脚掌为轴用力碾地,另一脚前脚掌内侧蹬地,同时以肩带动腰向前或向后转动身体方向。注意保持身体重心在一个水平面上,不能上下起伏。

(8)滑步。防守移位的重要步法。常用的有侧滑步、前滑步、后滑步、交叉步等。

侧滑步动作要领:以向左为例,左脚向左前跨出,落地的同时,右脚前脚掌内侧用力蹬地,尽量贴近地面随左脚滑动。移动时要注意身体重心始终在两脚中间,且保持在一个水平面上,不能上下起伏。前、后滑步的要领与此相同,只是方向不同。

交叉步动作要领:向左移动时,右脚积极蹬地,并迅速从左脚前向前、向左迈出,上体微微左转,右脚落地,左脚迅速向左跨出,重心落于两脚间,身体平稳不起伏,两脚交叉要迅速。

(二)传球技术

1. 双手胸前传球

双手胸前传球是最基本、最常用的传球方法,速度快是其主要特点。持球于胸前,两手五指自然分开,拇指相对成八字形,用指根以上部位持球的侧后方,手心空出,两肘自然弯曲于体侧,肩、臂、腕肌肉放松,两眼注视传球目标。传球时,后脚蹬地,身体重心前移,同时两臂前伸,手腕由下向上翻转,拇指用力下压,食指、中指用力弹拨,将球传出。要求双手用力均匀,蹬(地)、伸(臂)、翻(腕)、抖(腕)、拨(指)协调连贯,一气呵成,球出手后手心和拇指向下,其余手指向前(图4-1)。

双手胸前
传球

图 4-1　双手胸前传球

2. 单手肩上传球

单手肩上传球是篮球运动中常用的中远距离的传球方法,其特点是传球力量大、球的飞行速度快，是争抢前场篮板球后迅速组织快攻的有力武器。

动作要领：单手持球后下方置于肩上，利用蹬地、扭腰、转肩动作，向前甩臂、扣腕将球传出（图 4-2）。

图 4-2　单手肩上传球

3．反弹传球

反弹传球是篮球运动中运用较为广泛的一种传球技术，可单手传也可双手传，主要特点是迅疾、突然，但对时空的判断能力及击地点的控制能力有较高要求。

动作要领：通过手臂、手腕和手指推拨的合力，将球击向地面距接球人约 1/3 的地方，利用击地产生的反作用力，达到传球的目的。

（三）运球技术

运球是篮球运动必须掌握的一项基本技术，通过拍球使球在地板上弹起，可将控球者带到球场的任何位置，但并非每球必运，因为过多地运球往往影响到球队的整体战术。运球主要运用于攻防转换时的快速推进、控球选择最佳投篮位置、避开防守寻找传球空当等。

运球时只能用单手进行，但两手可随时交替，将球控于远离对手的一侧，用手指而不是手掌触球。运球时手腕放松，五指自然分开，除了在改变运球方向时，在其他时间里，手应始终触击球的顶部，前臂、手腕和手指将球用力推向地面，以向下挤压动作拍球，而不能做抽打动作。下面介绍几种常见的运球方式。

1．原地运球

两膝弯曲上体前倾，手指自然分开，手心空出；以肘为轴，手指及手腕柔和地、有节奏地压拍，并保持一定缓冲。

2．高运球

双脚前后开立，上体前倾，膝盖微屈，抬头观测。五指自然分开，以肘为轴，用力按压球的侧后上方，使球的落点始终保持在身体的侧前方，球的弹起高度在腰与胸部之间。

3．低运球

两膝大幅度弯曲以降低身体重心，上体前倾，五指分开，按拍球节奏快而短促；手腕柔和地缓冲球,并用上体和腿部护球,保持球的反弹高度在膝关节以下。行进时,触球部位调整为球的侧后上方。

4. 运球急停急起

急停时,首先要求站得稳,利用跨步急停动作,以腿、臂和上体护球,保持原地运球姿势;急起时,后退积极蹬地,快速跨出向前移动重心,同时将触球部位调整为球的侧后上方(图 4-3)。

运球急停
急起

图 4-3　运球急停急起

5. 背后运球

以右手运球为例,右手拉拍球的外侧,将球控于身后,在空中右手按拍球的右侧上方,使球的落点接近左侧前方,在球落地后,迅速换左手运球,右脚上步护球。

（四）投篮技术

投篮是篮球比赛唯一的得分手段,因而是篮球运动最为关键的技术。它是比赛中,在规则范围内,运用各种专门、合理的动作将球投进对方球篮的方法,是一切技术、战术的终极目的。随着篮球运动的发展,运动员在身高、素质等方面日益提高,投篮技术也不断发展,出手点越来越高、出球速度越来越快、投篮方式变化多端、命中率不断提升。

按照球的握持方式、出手位置、身体移动形式等,投篮技术可大致归纳为原地投篮、行进间投篮、跳起投篮等,但无论是哪种投篮方式,其须关注的要点是相同的:①瞄准点;②出手动作;③抛物线;④球的旋转。下面介绍一些常用的投篮技术。

1. 原地单手肩上投篮(以右手投篮为例)

双手持球,引球至右肩前上方,右臂屈肘,肘关节稍内收,上臂与肩大致保持成水平,前臂与上臂约成 90°,右手五指自然张开,手腕后屈,掌心空出,用手掌外缘和指根以上部位托住球的后下方,左手扶球的左侧,目视篮筐;两脚左右或前后开立,双膝微屈,重心落于脚掌;投篮时,借助蹬地、抬肘、伸臂的力量,手腕前屈,食指、中指用力拨球,身体随出球向上伸展(图 4-4)。

2. 原地双手胸前投篮

双手五指自然张开,用指根以上部位握住球的后侧部,两拇指相对成"八"字形,掌心空出;两肘自然下垂,肩关节放松,将球置于胸颔之间,目视篮筐;两脚左右或前后开立,双膝微

图 4-4　原地单手肩上投篮

屈,重心落于脚掌;借助蹬地的力量,双臂前伸,两腕内旋,利用大拇指推压和食、中指弹拨的合力将球投出,身体随球自然伸展。

3.行进间单手肩上高、低手投篮

这种技术俗称"三步上篮",其中"高手投篮"多用于切入篮下得分,"低手投篮"多用于运球突破上篮得分。

(1)高手投篮:以右手为例,右腿向前跨步接球,迅速左脚蹬地跳起,同时右脚屈膝上抬,双手举球于右肩前上方,当身体升至最高点时,右手持球向前伸展,利用手腕前屈、食指和中指拨球的力量将球投出。出手后掌心向下,球体向后旋转(图 4-5)。

图 4-5　高手投篮

(2)低手投篮:步法与高手上篮基本相同,只是脚步速度更快。投篮时,五指自然分开,手心向上托球底部,借助身体上升的惯性,手臂向前上方伸展,利用屈腕挑指的力量,将球于食指和中指的指端柔和地投出。出手后掌心向上,球体向前旋转(图 4-6)。

4.原地跳起单手肩上投篮

利用屈膝蹬地的力量,在身体接近最高点时果断出手。其余要求与单手肩上投篮大致相同。

图 4-6 低手投篮

5. 急停跳投

在急停跳投时,跨步接球与起跳动作既要连贯衔接,又要迅速制动,使身体重心尽快移到支撑面的中心点上,以保证垂直起跳,使身体重心的移动与投篮出手的方向一致,从而保持住身体的平衡。控制住身体的平衡是急停跳投准确性的关键。

(五) 篮板球技术

(1) 抢位。这是通过敏锐观察和准确判断,在争抢前、后场篮板球时,率先占据有利于争抢起跳的位置。

(2) 起跳。这是在占据有利位置之后,根据球的高度、方向及落点,正确地把握跳的时机和跳的方式。

(3) 空中争抢。跳起后身体充分伸展,以扩大控制范围,并以最快的速度接近目标球,可双臂同时去争夺控球,也可单手去抢控球。

(4) 拨球。在自己无法直接控制球时,利用时空优势,将球拨传给同伴。由于该动作突然且迅速,往往能够起到意想不到的效果。

(六) 防守技术

这是指有效地阻止对手进攻得分或抢断球后进行反攻的技术。此技术运用较为灵活,可参见前面的步法移动。

三、 篮球比赛的基本战术

(一) 传切配合

传切配合是指进攻队员之间利用传球、切入等技术组成的简单配合。它包括一传一切和空切配合两种。传球者要及时、准确地将球传递给同伴,切入者要善于掌握时机,合理运用假动作诱骗对方,动作要快而直接,摆脱防守后立即准备接球上篮得分(图 4-7)。④号传球给同伴⑤号后,快速切入篮下,接⑤号的回传投篮。

篮球基本
战术

(二) 掩护配合

掩护队员利用身体挡住同伴的防守者的移动路线,使同伴借以摆脱防守,或利用同伴的身体和位置使自己摆脱防守的一种配合方法。⑤号传球给④号后,主动跑到④号侧后方做侧掩护,待⑤号到掩护位后,④号立即从⑤号的右侧运球突破上篮(图4-8)。

(三)反掩护结合假掩护配合

④号传球给⑤号后,向相反方向去给⑥号做侧掩护,⑥号及时利用④号的掩护切入篮下接⑤号的传球投篮。如另一队的防守队员换防,④号应及时转身进行跟进拆挡,而切入篮下接⑤号的传球投篮,变换成假掩护的配合(图4-9)。

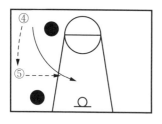
图4-7 传切配合

图4-8 掩护配合

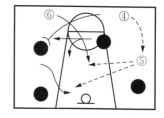
图4-9 反掩护结合假掩护配合

(四)半场人盯人

优点:分工明确,没有固定队形,根据进攻情况及时调整防守,有效地控制对方进攻重点。缺点:容易在局部地区被对方逐个击破,且队形易受对方的调动影响,体力消耗比区域联防大,犯规也比区域联防多。

(五)区域联防

2-1-2区域联防
a

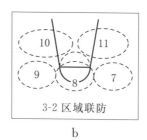
3-2区域联防
b

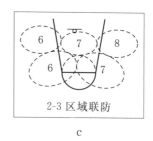
2-3区域联防
c

图4-10 区域联防示意图

1.2-1-2区域联防

优点:分布均衡,移动距离近,便于相互协作,变化队形快,篮下三角区保护好,有利于抢篮板球和反击。缺点:正面和两侧以及篮下底线防守薄弱,不利于防守外围三分区的中远距离投篮和追入底线篮下的防守(图4-10a)。

2.3-2区域联防

优点:加强了外围防守,有利于防守外围正面和两侧的中距离投篮,也有利于外围截球反击。缺点:两个底角和罚球区内防守薄弱,也不利于抢篮板球(图4-10b)。

3.2-3区域联防

优点:加强了禁区防守,有利于防守与抢篮板球。缺点:外围防守薄弱,不利于防守外线的中距离投篮(图4-10c)。

表 4-1 为篮球比赛中,各位置球员的职责及技术要求。

表 4-1　位置、职责及技术要求

位　置	职　责	应具备的条件	需要提高的能力
控球后卫	1. 把球安全地带到前场 2. 策动进攻 3. 协防	1. 身体灵活、协调 2. 技术全面 3. 体力充沛	1. 极强的控球能力 2. 传球及时、准确到位 3. 个人突破能力 4. 快速回防能力
得分后卫	1. 投篮得分 2. 帮助队友得分 3. 协防	1. 机智灵敏 2. 出手快速 3. 外线得分稳定	1. 准确的远投能力 2. 策应内线进攻能力 3. 个人防守能力
小前锋	1. 积极投篮得分 2. 争抢篮板球	1. 良好的弹跳力 2. 身体对抗能力	1. 全面得分的能力 2. 二次进攻能力 3. 个人防守能力
大前锋	1. 控制篮板球 2. 卡位 3. 巩固禁区防守	1. 身体强壮 2. 对抗力强 3. 反应迅速	1. 争抢篮板球的能力 2. 挡拆、卡位能力 3. 内线得分能力
中锋	1. 内线得分 2. 控制篮板球 3. 阻止对手篮下进攻	1. 身材高大 2. 内线对抗能力强	1. 接各种来球的能力 2. 篮下得分能力 3. 禁区内防高球能力

四、 主要练习方法

(一) 双手胸前传球

1. 双手胸前传球的练习内容、目的、方法和要求(表 4-2)

表 4-2　双手胸前传球的练习内容、目的、方法和要求

内　容	目　的	方　法	要　求
原地模仿练习	徒手体会传球的出球手法	听口令进行徒手模仿胸前传球	立直,腿固定
原地持球翻腕练习	体会双手胸前传球翻腕动作	一人持球练习,另一人扶球帮助	立直,腿固定
原地对墙传球练习	体会原地双手胸前传球的手法	距墙 2 米进行双手胸前传球	稍前倾,伸臂、翻腕、拨指
原地自抛自接球练习	体会原地持球动作	接上抛球,检查持球手形是否正确	平行开立,直臂接球
原地传接球练习	体会双手胸前传球完整动作	两人一球,相距 3~4 米	上下肢协调配合,手法准确
原地四角传球练习	体会原地双手胸前传球完整动作	四方站立,相距 4 米依次传球	动作连贯,上下肢配合协调

内 容	目 的	方 法	要 求
迎面跑动传接球练习	养成传球后迅速起动的习惯	间距 5 米,传球后跑至对方排尾	协调准确,起动迅速
两人跑动传接球练习	体会行进间双手胸前传球技术	相距 4 米,进行全场传球、接球练习	侧身跑进行,传接准确协调

2. 双手胸前传球易犯的错误及纠正方法(表 4-3)

表 4-3 双手胸前传球易犯的错误及纠正方法

易犯错误	纠 正 方 法
接球手形不正确,无缓冲动作	以正确的手形迎球,要求臂、肘关节放松,接球时顺势后引。可组织两人一组一球,一人单手举球或轻轻抛球,另一人以正确的手形去接球,借以帮助体会动作
持球手形不正确,掌心触球,出球无力	可采用两人一组一人持球互相推传练习(即传球模仿练习)
双手持球或传球时,肘关节外张	要求手腕、手指放松,肘关节自然下垂
双手传球时用力不一致,传出的球侧旋,两手有交叉动作	1. 体会传球连贯性和上肢下肢动作协调配合 2. 由慢到快,由近到远传球练习 3. 重点体会翻腕和拨指动作
行进间传接球时,手与脚步动作配合不协调,腾空过高	进一步了解行进间传接球和手脚配合的方法,强调传接球时不要向上跳,要正常地向前跑动,可采用在慢速中传接固定球的练习

(二)运球技术练习方法

(1)原地运球练习。体会运球的动作要领;通过左右或前后拉球练习,体会改变运球速率及运球部位的感觉;练习原地换手运球;结合假动作进行运球练习。

(2)直线运球练习。控制运球速度,体会急停急起;高运球或低运球的转换练习。

(3)绕圆弧运球练习。将学生分组,绕圈运球,顺、逆时针均可,左、右手自由转换运球,速度逐渐加快,注意运球时身体向内倾斜。

(4)变向运球练习。场上设置六个立柱,将学生分组,从禁区底角处开始运球,到立柱位置时,做体前变向换手运球、背后运球、运球转身、胯下运球练习。

(三)投篮技术练习方法

(1)两人一球相距 5 米,相互做原地投篮练习或做接球、运球跨步上篮动作和跳起投篮动作。

(2)两路纵队分站于左、右边线内。练习开始,右边队员跑上接球投篮,而后跑到左边排尾;左边排头及时跟进接篮板球后传给右边第二人,以此类推。

(3)传球切入上篮。站在中线的队员传球给端线的同伴,然后跑向篮下接回传球上篮,投篮后,拿球回到队尾。

(4) 定点投篮练习。双脚原地不动,目视篮筐投篮,注意全身协调用力。可进行多次、多组的练习。

(四) 持球突破技术练习方法

(1) 练习原地持球练习交叉步突破和顺步突破技术。

(2) 向前接同伴体前抛球,跳步急停接球,练习不同的突破方法。

(3) 运用假动作,做不同的突破练习,提高运用动作的变化能力和动作的变换速度。

(4) 一对一持球突破练习,可结合中远距离投篮进行练习,防守须积极。

(5) 三对三半场比赛:要求只能用人盯人防守,不许交换防守,进攻队员不允许掩护,只能运用持球突破得分,以此逼迫进攻者只能选择突破。

(五) 防守技术的练习方法

(1) 看信号进行前、后、左、右各方向的滑步练习。

(2) 连续做滑步练习。设两个立柱,距离 3～4 米,队员用滑步动作连续摸两边立柱。要求降低重心,移动速度及转换方向快,坚持一分钟。

(3) 固定两人传球,防守人随球移动,判准时机突然上步打球或抢球。

(4) 四至五人围圈传球,中间由三人练习抢、打、断球,谁被断或被打球,即换到圈里做防守。

(六) 抢篮板球练习方法

(1) 起跳抢球练习。原地双脚跳起,空中伸展、落地,模仿抢篮板球的动作。

(2) 向上自抛球约 5 米高,跳起伸臂,至最高点时,用双手或单手摘球。

(3) 一人罚球,另两人做对抗争抢篮板球练习。

练习园地——常用篮球练习方法

1. 个人练习

在没有球场和同伴的情况下,也可以进行篮球技术的练习。

(1) 熟悉球性的各种练习:围绕身体的各种绕球和倒球,如颈后、腰后、胯下的连续绕环;将球高高抛起,在球落地反弹的瞬间将球按住,越低越好。

(2) 运球练习:行进间的高手和低手运球、原地前后或左右拉控球、背后或胯下运球、运球过杆等。

(3) 传球或投篮练习:找一面墙壁,可进行对墙传接球练习,侧对墙还可进行"背传"练习,在相应的高度画个圈,则又可进行投篮准确性的练习。

2. 两三人的练习

有对手就可进行一对一的运球对抗、行进间传接球、急停晃过、摆脱防守等技术练习。

3. 半场或全场比赛

参与到篮球对抗比赛之中才能真正地体会到这个项目所带来的乐趣。目前,由于篮球运动的普及,学校和社会提供的篮球比赛场所和机会很多,只要你能以一种积极的心态投入其中,相信就一定会得到意想不到的收获。

五、 篮球运动欣赏

精彩的篮球比赛,不仅使在场观众热血沸腾,通过电视或互联网还可吸引全球数亿观众。运动员高超的技艺、顽强的作风、极富想象力的奇妙配合、激烈的攻防转换等,给人们带来美好的艺术享受和精神激励,这便是篮球运动的魅力。

大体说来,欣赏一场篮球比赛,可从以下方面着手。

首先,要看球队的整体实力。作为一个集体项目,一味地单打独斗是不行的。无论是进攻中的掩护、接应、传切、突破,还是防守中的紧逼、协防、盯人、夹击,都离不开全队的配合。技术、战术的灵活运用,反映出一个球队的训练水平。

其次,看核心球员的发挥。欣赏任何体育比赛都离不开核心球员,这是球队的招牌,因为攻防战术往往围绕他们来制定。从这个意义上讲,核心球员就是球队的灵魂,他们水平发挥的好坏,直接决定着比赛的胜负。

再次,看主教练的指挥水平。教练间的临场争斗和指挥艺术,是篮球比赛场上的一大亮点,队员水平的发挥,战术意图的贯彻,均倚仗教练员的临场调度和审时度势。

最后,看裁判的执法能力。裁判水平,在很大程度上影响着比赛的观赏性和精彩程度。因此,裁判执法的尺度、判罚的时机、手势的准确性、能否较好地掌握有利无利原则等,都是保持比赛连续性、提高观赏性的重要保证。

目前,国际上的重大篮球竞赛活动,除奥林匹克运动会篮球赛和篮球世界杯以外,还有传统性、地区性的篮球赛,其中以美国 NBA 的影响最广。此外,还有世界大学生、中学生运动会篮球赛,世界军队和世界俱乐部篮球锦标赛等。

奥运会篮球比赛历届参加的办法有所不同,基本从上届奥运会前列名次、各洲预选赛(也可以是各洲锦标赛)前列名次中产生,再加上主办国,一般为 12 个队,分组进行两个阶段的比赛。

国际篮联篮球世界杯简称"篮球世界杯",是国际篮球联合会主办的世界最高水平的国家队级篮球赛事,每四年举办一次。国际篮联篮球世界杯的前身是从 1950 年开始举办的世界男子篮球锦标赛。2012 年 1 月 28 日国际篮球联合会宣布世界男子篮球锦标赛更名为篮球世界杯。2019 年 8 月 31 日—9 月 15 日,2019 国际篮联篮球世界杯的比赛分别在北京、广州、南京、上海、武汉、深圳、佛山、东莞八座城市进行。

轮椅篮球最早起源于 1946 年。1960 年,在第一届罗马残奥会中,轮椅篮球被列为残奥会正式比赛项目。

斯坦科维奇洲际篮球冠军杯比赛于 2005 年在中国首都北京首次举办,比赛是由国际篮球联合会(FIBA)主席程万琦博士发起,为表彰国际篮联秘书长斯坦科维奇先生为国际篮球发展所做出的贡献。斯坦科维奇杯是各大洲的冠军或亚军之间的比赛,是世界篮球的交流赛。斯坦科维奇杯只在中国举行。

知识窗——篮球运动的术语

1. 扣篮：运动员用单手或双手持球，跳起后在空中自上而下直接将球扣进篮筐。

2. 卡位：进攻人运用脚步动作把防守者挡在自己身后，这种步法叫卡位（多用于冲抢篮板）。

3. 错位防守：防守人站在自己所防守的进攻人身侧，阻挠他接球叫错位防守。

4. 突破：运球超越防守人。

5. 空切：进攻人空手向篮跑动。

6. 盖帽：进攻人投篮出手时，防守人设法在空中将球打掉的动作。

7. 补位：当防守人失掉正确防守位置时，另一防守人及时补占其正确防守位置。

8. 协防：协助同伴防守。

9. 紧逼：贴近进攻人，不断地运用攻击性防守动作，威胁对方的持球安全。

10. 接应：无球进攻队员，主动抢位接球。

11. 落位：在攻防转换时，攻守双方的布阵。

12. 掩护：以合理的技术动作，用身体挡住对手去路，给同伴创造摆脱防守的机会。

13. 突分：持球进攻队员突破后传球配合。

14. 传切：持球进攻队员利用传球后立即空切，准备接球进攻。

15. 换防：防止队员交换防守。

16. 夹击：两名防守队员共同卡住一名进攻队员，封堵其传球路线。

17. 挤过：两名进攻队员进行掩护配合时，防守被掩护者的队员向其背后靠近，在进攻者即将完成掩护配合的一刹那抢占位置，从两名进攻队员之间侧身挤过，破坏他们的掩护，并继续防住自己的对手。

第二节 排 球

一、 排球运动简述及比赛规则介绍

（一）简述

1895 年，在辅导人们进行各种体育锻炼的实践中，美国人摩根意识到，不同的对象理应采用不同的锻炼方法。当时篮球运动日渐流行，但摩根认为其更适合年轻人，对于年纪稍大的人来说则过于剧烈。于是摩根便萌生了一个大胆的想法，创造出了一种结合了篮球、棒球、网球及手球的游戏，为了避免肢体接触，游戏中将双方用网隔开，这便是排球的雏形。

排球运动发展至今，已成为一项重要的世界性赛事，在全球各地广泛普及。目前，国际上大型的正式排球赛事主要有奥运会、世界杯和世界锦标赛。另外，还有世界男排联赛、世界女排大奖赛和瑞士女排精英赛。中国女排在 1981 年的世界杯女子排球赛上首夺世界冠军,然后在 1982 年的世锦赛、1984 年的奥运会、1985 年的世界杯、1986 年的世锦赛、2003 年的世界杯、2004 年的奥运会、2015 年的世界杯、2016 年的奥运会、2019 年的世界杯上获得了冠军,以后又多次获得世界女排大赛的冠军。

（二）比赛规则介绍

排球规则是由技术性规定、非技术性规定和场地设备要求等多方面的内容决定的。

1. 排球比赛的场地和设备

（1）比赛场地。比赛场区为长 18 米、宽 9 米的长方形,其四周至少有 3 米宽呈长方形、对称的无障碍区,从地面量起至少有 7 米的无障碍空间。国际比赛的场区边线外的无障碍区至少有 5 米,端线后至少有 9 米,上空的无障碍空间至少有 12.5 米。

（2）区域划分。排球场地由中线的中心线分为长 9 米、宽 9 米的两个相等的场区。每个场区各画一条距离中线的中心线 3 米的进攻线（其宽度包括在内）,中线与进攻线之间为前场区;两条进攻线的延长线之间,记录台一侧边线外的范围为换人区;在两边的端线外,两条边线的延长线上,各画两条长 15 厘米,垂直并距离端线 20 厘米的短线,两条端线之间为发球区（发球区的深度延至无障碍区的终端）;在两个无障碍区外的替补席远端,划 3 米 × 3 米见方的区域为准备活动区。

（3）场地要求。地面必须平坦,世界性比赛场地的地面只能用木质或合成物的材料;界线宽均为 5 厘米,其宽度包括在各个场区内;颜色要求为:室内必须用浅色,界线颜色要与地面区分,世界性比赛场地界线为白色,比赛场区和无障碍区分别为不同的颜色;室内温度要求保持在 10 ℃～25 ℃,照度为 1 000～1 500 勒克斯,湿度不得高于 60%。

（4）器材设备。除规定的网柱、球网、标志带、标志杆和比赛球外,还有以下设备:球队用的长椅、记录台、裁判台、量网尺、气压表（比赛用球的气压为 0.40～0.45 千克/厘米²）、计分器、换人牌（1～18 号）、拖把、小毛巾等。

2. 非技术性规定

（1）参赛人员。每队最多由 12 名队员（其中一人为队长）、1 名教练、1 名助理教练、1 名陪练员、1 名队医组成。队长、教练员、队员都有其相对应的权力。

（2）竞赛方法。五局三胜、25 球每球得分制;先得 25 分同时超过对手 2 分为胜一局;决胜局（第五局）采用 15 分制,先得 15 分同时超过对手 2 分者为获胜方。

（3）换人和暂停。每局每队最多可替换 6 人次,可同时替换 1 人或多人,除自由人外,替补队员每局只能上场一次;比分达到 8 和 16 分时自动进行技术暂停（决胜局除外）,此外,每一局还可以叫两次暂停。

（4）禁止佩戴物品。除了符合规则要求的统一服装,禁止穿戴有利于人为加力的物品;禁止佩戴可能造成他人伤害的饰品;允许佩戴眼镜参加比赛,但所引起的一切后果由个人负责。

3. 技术性规定

（1）发球。发球队员必须在第一裁判员鸣哨 8 秒钟内,将球抛起或持球手撒离,在球落地前,用一只手或手臂的任何部位将球击出。发球队员在击球或击球起跳时,不得踏及场区

(包括端线)或发球区以外的地面。击球后,可以踏及或落在场区内或发球区以外的地面。

(2)队员的场上位置。在发球队员击球时,双方队员必须在本场区内各站两排,每排三名队员。发球队员不受场上位置的限制。队员的位置据其脚的着地部位来判定。在发球队员击球的一刹那,场上队员脚的着地部位必须符合其位置要求。在发球后,队员可以在本场区和无障碍区的任何位置上。

(3)网下穿越。在不妨碍对方比赛的情况下,允许队员在网下穿越进入对方空间。允许队员的一只脚或双脚越过中线触及对方场区的同时,脚的一部分还接触中线或置于中线上空。除脚以外,不允许队员身体的任何其他部分接触对方的场区。在比赛中断后,队员可以进入对方场地。

(4)触网。新规则规定触网为犯规,但队员在无试图击球的情况下,偶尔触网不算犯规。

(5)进攻性击球。这是指发球和拦网外的其他所有向对方的击球。前排队员可以对任何高度的球完成进攻性击球,但触球时必须在本场地空间,否则为过网击球犯规。后排队员则允许在后场区对任何高度的球完成进攻性击球,但起跳时脚不得踏及或越过进攻线,击球后可以落在前场区。

(6)拦网。拦网是排球基本技术之一,是防守的第一道防线,也是反攻的重要环节。成功的拦网不但可以拦回对方的扣球,还可以直接得分或获得发球权,使本方由被动变为主动,削弱对方的进攻力量,减轻本方防守上的压力。拦网时两手从额前平行球网向网上沿前上方伸出,两臂平行,两肩尽量上提,两臂尽力过网伸向对方上空,两手接近球,自然张开,手触球时两手要突然紧张,用力屈腕,主动盖帽捂住球。只有前排队员允许拦网,后排队员不得拦网。

(7)比赛中的击球。队员的身体任何部位都允许触球,但球必须被击出,不得接住或抛出,球可以向任何方向反弹。队员若违背上述规定,则为持球。一名队员连续击球两次或球连续触及其身体的不同部位,则为连击犯规(拦网除外)。

(三)锻炼价值

(1)排球运动对人的力量、速度、灵敏、耐力、弹跳、反应都有一定的要求,因此,经常参加排球运动,有利于身体骨骼、肌肉的生长,增强心肺功能,改善血液循环系统、呼吸系统、消化系统的机能状况;有利于人体的生长发育,提高抗病能力,增强机体的适应能力。

(2)排球运动有利于调节人体紧张情绪、改善生理和心理状态、恢复体力和精力,继而形成良好的生活习惯。排球运动对于促进人们勇敢顽强、机智果断、不怕困难等优秀品质的形成也具有积极作用。

(3)排球是一个团体运动项目,需要集体团结,分工明确,只有默契配合、各司其职、顺畅沟通,才能最终获得比赛的胜利。这种协同配合的集体主义观念,有利于团队精神的培养。

(4)和众多体育项目一样,排球运动也能促进友谊、拓展交往,从而提升自身的社会实践能力。

(5)大众的广泛参与,可形成良好的排球运动氛围,这反过来又提升了全民的排球运动水平，进而推动我国排球运动在世界排坛的地位，对整个民族素质和国民经济的发展来说都意义重大。

知识窗——排球比赛中的"自由人"

1. 球队可以没有自由球员，最多只能登记两人为自由人。

2. 一队在比赛时只能有一位自由球员在场上。

3. 自由球员必须身着颜色与其他同队球员明显不同的球衣。

4. 自由球员的替补不计入普通球员的替换次数（不记录）。

5. 自由球员的替补必须于一球落地之后至第一裁判发球哨音响起前完成（教练无须请求自由球员的替补或使用号码牌），并只限于替换同一人，且同一自由球员的替换至少须以一球的往返为间隔（即一次死球）。

6. 记录表须注明自由球员。

7. 自由球员不得列于轮转表上，但可于比赛前替换上场。

8. 自由球员的轮转只限于后排。不得发球或轮转至前排，并不得拦网或企图拦网。

9. 如球的位置高于球网，自由球员不得于场上任何位置将球处理过网至对方场地。

10. 如第二球为自由球员于前排以高手将球传出，则第三球攻击高度不得超过网高。

二、 排球的基本技术

排球移动

排球基本技术是指运动中各种合理的击球动作和为完成击球动作而采用的必不可少的其他配合动作的总称。发球、垫球、传球、扣球和拦网，是排球运动中5项完整的击球动作，或称有球技术；而凡没有触及球的各种准备姿势、移动、起跳及前扑、滚翻、鱼跃、倒地等均为配合动作，或称无球动作。完成动作时要做到轻松协调、用力合理、技术正确，在符合生理要求和比赛规则的前提下，以能充分运用时间和空间变化、最大限度地发挥个人的体能和技能为原则。排球规则允许身体的任何部位触球。

（一）步法移动

（1）并步。处理近位球时，为了调整好身体与球的关系所采用的移动方式。以向前并步为例，在前腿迈出的同时，后腿积极蹬地跟进，上体保持打击球姿势不变；向后或向左右的并步移动与此相同。

（2）滑步。多次连续的并步就构成了滑步，主要用于传、垫、拦网等技术动作的完成。

（3）交叉步。在球距身体较远时，为了迅速接近来球，完成击球动作所采取的移动方式。以向右移动为例，上体略微右转，左腿经右腿前向右侧迈出，起到重心过渡的作用，随后右腿向右迈出一大步，上体保持击球姿势；向左交叉移动亦同。

（4）跨步。接传身体附近的低位来球时所采用的移动方式。在向来球方向跨出一大步的同时，身体重心积极跟进，屈膝前倾，完成下手垫球或单臂击球技术。跨步也可向侧方或侧前方等多个方向进行。

（5）滚翻。这是在接传已不在身体正常控制范围内的来球时所采用的移动方式。以侧滚翻为主，常配以单掌击球技术，击球后积极侧倒，双腿屈收，以一侧肩背着地滚翻缓冲。

（二）上手传球

传球是排球运动的基本技术之一，主要用于衔接防守和进攻。传球的种类很多，正面上手向前传球是传球的基础动作，传球前要求人必须及时移动到适当位置，保持好人与球的合适位置。

（1）预备姿势。采用稍蹲准备姿势，抬头目视来球，双肘弯曲自然抬起，双手置于脸前。

（2）击球手形。拇指相对成八字，两手应自然张开成半球形（图 4-11），手触球时，使手指与球吻合，手腕稍后仰，小指在前；传球时用拇指内侧、食指全部、中指的二、三指节触球，无名指和小指在球的两侧辅助控制出球方向，两肘适当分开，自然下垂。

图 4-11　击球手形

（3）用力顺序。当球接近额前时开始蹬地、伸膝、伸臂，两手微张，从脸前向前上方主动迎击来球，传球主要靠伸臂与下肢蹬地的协调用力配合，通过手指弹拨和抖腕的力量将球传出。击球点应选择在额前上方 20 厘米左右，击球部位一般在球的后下方。击球后要求身体立刻放松，重心随击球动作跟进，准备下一个击球动作（图 4-12）。

排球传球

图 4-12　击球的用力顺序

（三）下手垫球

垫球是排球比赛中运用较多的一项技术，主要用于接发球、接扣球、接拦回球及防守和处理各种困难球。当一传球位置较低时，还可以垫二传，以便于组织进攻。垫球技术是组织一攻、反攻和保反的重要环节。

（1）准备姿势。两脚开立，稍比肩宽。

（2）击球的手形。垫球手形主要有抱拳互握式、叠掌式、互靠式等。

（3）垫球部位。看准来球，两臂夹紧前伸，插到球下，用前臂腕关节以上 10 厘米左右的地方两臂桡骨内侧形成的平面击球的下部（图 4-13）。

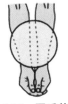

图 4-13　下手垫球

（4）击球动作。向前上方蹬地抬臂，迎击来球，使插、夹、抬、蹬连贯完成，灵活控制传球方向和力量（图4-14）。

图4-14　击球动作

（5）手臂角度。垫球手臂与地面所形成的夹角称为手臂角度，它对控制球的方向、弧度、落点影响很大。一般来说，来球弧度大，手臂与地面的角度相应地要小；来球弧度小，手臂与地面的角度就应该大一些。

（四）发球

发球既是比赛的开始，同时也是进攻的开始，攻击性强的发球，可以减弱对方一攻的威力，为本方创造防守得分的机会，还可起到先发制人、事半功倍的作用。发球技术由上手发球和下手发球组成，具体的变化很多。相对而言，正面的上、下手发球技术较为简单，可作为学习发球的入门技术。

1. 正面下手发球（图4-15）

图4-15　正面下手发球

（1）准备姿势。面对球网，左脚在前，两膝微屈，左手持球于胸前，右手自然下垂，眼视前方。

（2）抛球。左手将球在体右侧抛起，高约20厘米，抛球时，身体重心后移，同时右手后摆。

（3）击球。右脚蹬地，身体重心前移，右臂伸直，以肩为轴向前摆至腹前，用掌根击球的后下部。击球后，随着击球动作身体重心前移，迅速入场。

2. 正面上手发球（图4-16）

球员面对球网站立，便于观察对方，发球的准确性较高，易于控制球的落点，并能充分利用抢臂、转体、跳起收腹等动作，以及运用手腕的推压变化，使发出的球力量大、旋转、不易出界，因此可以加大发球的威力。

图 4-16　正面上手发球

（五）扣球

扣球在比赛中占有极其重要的地位，是最积极有效的进攻手段，也是由守转攻、争夺发球权及得分的重要手段。扣球是判定一个球队水平高低的重要标志，也是决定比赛胜负的关键环节。其中，正面扣球是最基本的扣球方法，因为正面对着球网，便于观察，准确性较高，且挥臂动作灵活，能根据对方防守情况，随时改变扣球线路和击球力量，便于控制球的落点，达到更好的进攻效果。

正面扣球由准备姿势、助跑、起跳、空中击球、落地等动作组成（图 4-17）。在正面扣球的几个动作环节中，选择正确的起跳点和起跳时机、保持好人球关系，是扣球的基础环节；挥臂击球是完成扣球动作的关键环节。

图 4-17　正面扣球

（1）准备姿势。立于网前 3 米左右，双腿微屈，两肩自然下垂，目视来球方向。

（2）助跑。根据来球的方向、高度、速度来决定助跑的方向、速度和距离。助跑时可采用一步、两步或多步助跑。以两步助跑为例，左脚先向前迈出一步，随之右脚跨出一大步，支撑点在身体重心之前，并以脚跟先着地，两臂由体前经体侧摆向后下方，上体前倾，重心前移，着地部位由右脚跟过渡到脚掌，同时左脚随在右脚的前方着地，身体重心下降，两膝弯曲，上体稍向左转准备起跳。助跑总的要求是连贯、轻松、自然，由慢到快，由小到大，只要脚一动就要有相应的手臂协同动作。

（3）起跳。起跳可分为并步法和跨步法，可以是双脚起跳，也可以是单脚起跳。以跨步双脚起跳为例，即一脚跨出的同时，另一脚也跨出去（两脚有一定的腾空阶段），两脚几乎同时着地和蹬地。

图 4-18　空中击球

（4）空中击球。跳起后，挺胸展腹，上体稍向右转，右肩向上方抬起，身体呈反弓形。挥臂时，迅速转体、收腹发力，依次带动肩、肘、腕各关节呈鞭打动作向前上方弧形挥动，在右肩前上方最高点击球。击球时，提肩、伸臂，五指微张呈勺子形，以掌包球，击打球的后中部，力量通过球中心，同时手腕有推压动作，使球向前下方旋转飞行（图 4-18）。

（5）落地。完成空中击球后，身体自然下落，用双脚前脚掌着地，以缓冲身体与地面的冲力，使落地保持平衡。

（六）拦网

拦网是有效阻击对方进攻的第一道防线。有效的拦网，可以减轻本方后排的防守压力，为反击创造有利条件，同时也可以削弱对方进攻的锐气，给对方主攻手造成心理压力。

三、排球比赛的基本战术

排球基本战术是指运动员在比赛中，根据排球比赛规则、排球运动规律、竞赛双方具体情况及临场的发展变化，合理地运用个人技术和集体配合，所采取的有目的、有组织的行动。

（一）排球战术的特点

（1）排球基本技术是排球战术的基础。

（2）把追求攻防转换速度放在重要位置。

（3）在发挥个人技术的同时更加注重集体的配合。

根据排球运动的特点和比赛的规律，排球战术一般分为集体战术和个人战术两大类。集体战术又分为进攻和防守两大系统。同时，按比赛中出现的不同来球情况，集体防守战术又分为接发球，扣、吊球，拦回球，垫、传球等四种不同的处理球的方式，不同的处理球的方式对应不同的战术系统。

（二）常用技术打法

（1）快球。具有快速、突然的特点，牵制性强，有利于争取时间和空间。其主要包括近体快球、远网调整快球、短平快球、半快球、时间差快球、错位快球等。打快球时，助跑步伐要轻松、快速、灵活、有节奏，浅下蹲，快起跳，上体和挥臂动作要小，用前臂和手腕加速甩动击球。

（2）插上进攻。这是指后排队员插到前排做二传，把球传给前排三个队员扣球的进攻形式，一般以 1 号位插上为多数。插上进攻能保持前排 3 点进攻，充分利用球网的全长，有利于突破对方的防线。此战术变化多，可以打出交叉、梯次、夹塞、立体进攻、双快一游动等进攻战术。

（三）阵容配备

阵容配备指比赛时场上人员的搭配布置，其目的是合理安排全队的力量，更有效地发挥每一个队员的特长和作用。为此，应根据队员的具体情况，把进攻力量强的和防守技术好的队员分别搭配，使每一轮次的进攻和防守能力相当；将主攻手、副攻手和二传手分别安插在对称的位置上,以便在轮转时保持比较均匀的攻防力量。主攻手一开始站在最有利的位置上,如 4 号位;防守好的队员,应站在后排;本方有发球权时,发球好的队员最好站在 1 号位;发球权在对方时,发球好的队员可站在 2 号位;一传较差的队员尽可能不要安排在相邻的位置上,避免形成薄弱区。排球比赛基本阵容配备如图 4-19 所示。换发球时队员站位为顺时针轮转,如图 4-20 所示。

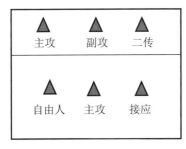

图 4-19　基本阵容配备

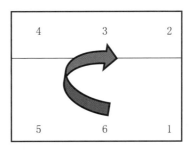

图 4-20　各号位基本站位

下面介绍排球比赛中三种常用的阵容配备方法。

(1)"四二"配备。即场上四个攻手(主攻、副攻各两人)、两个二传手,安排在对称的位置上,使每一轮次前排都有一个二传手和两名进攻队员,便于组织前排二传手传球的两点进攻和后排二传队员插上传球的三点进攻。但"四二"配备要求每一个进攻队员必须熟悉两个二传队员的传球特点,达到这一点比较困难。

(2)"五一"配备。即场上五个进攻队员、一个二传队员。为了逆转有时主要二传队员来不及传球所出现的被动局面,通常在二传队员的对角位置上,配备一名有进攻能力的队员接应二传队员。二传队员在前排时采用两点进攻,在后排时突出进攻和拦网的力量。"五一"配备中,全队进攻队员只须适应一名二传队员传球的习惯与特点,容易建立相互间的默契;但防反时,一传队员如果在后排,要插上传球,难度较大。

(3)"三三"配备。即三名能攻的队员与三名能传的队员间隔站位,每一轮次都有传有扣,这是初学者常用的阵容配备。

表 4-4 为排球比赛中,各位置球员的职责及技术要求。

表 4-4　排球运动的位置、职责及技术要求

位置	职　责	应具备的条件	需要提高的方面
主攻手	1. 扣杀得分 2. 接一传 3. 拦网	1. 较强的弹跳能力 2. 扣球协调性 3. 良好的综合球感	1. 进攻能力 2. 进攻速度 3. 后排强攻能力 4. 发球的攻击性
副攻手	1. 拦网 2. 前排进攻	1. 较强的身高优势 2. 较好的拦网技术 3. 后排保护能力	1. 拦网意识 2. 拦网默契度 3. 跑动进攻能力 4. 发球稳定性

位置	职　责	应具备的条件	需要提高的方面
二传手	1. 组织全队的进攻 2. 自身进攻 3. 拦网	1. 稳定的传球能力 2. 较好的观察能力 3. 快速运动能力	1. 拦网能力 2. 分配球的思路 3. 临场沟通能力 4. 发球的多变性
自由人	1. 负责接发球 2. 救球 3. 保护	1. 较快的移动能力 2. 较好的垫球能力 3. 保护能力	1. 防守能力 2. 应变能力 3. 小球串联能力

四、主要练习方法

排球运动技术的构成比较简单,只须掌握上手传和下手垫两个基本动作就能参与活动;对场地设备的要求也很低,一块空地、一个球即可;参加活动的人数、性别、年龄也都没有特别的要求,大家围成一圈就可进行。为了降低技术难度,大学生体育协会曾推广软式排球,如今又流行"气排球",这些都为排球运动的普及开展起到了积极的推动作用。

(一)上手传球练习

(1)固定球练习。两人一球,一人将球举过头顶并固定,另一人以传球手形做击球练习。着重体会击球部位、击球点、用力顺序等技术环节。做10～15次后交换练习。

(2)上手颠球练习。一人一球进行,将球置于头顶,以传球手形,做连续不间断托传,传球的高度先保持在20厘米左右,随后可进行高低结合的托传练习,即托传若干次低球后传一次高球(高度须达到2米)。

(3)抛传球练习。两人一球,近距离一抛一传,抛球者由下向上连续抛10次为一组,两人交替进行,每人完成两组。而后,将距离加大进行同样的练习。

(4)对墙传球练习。一人一球,对墙进行上手传球,距离由近到远,要求脚下不能"站死"。

(5)对传练习。两人一球,间距4米进行上手对传练习。

(二)下手垫球练习

(1)固定球练习。两人一球,一人将球安放固定于下腹部,另一人以垫球手形做击球练习。着重体会击球部位、击球点、用力顺序等技术环节。做10～15次后交换练习。

(2)垫球练习。一人一球进行,以垫球手型,做连续不间断垫球,球的垫起高度保持在20厘米左右,随后可进行高低结合的垫传练习。

(3)抛垫球练习。两人一球,近距离一抛一垫,抛球者由下向上连续抛10次为一组,两人交替进行,各完成两组。而后,将距离加大进行同样的练习。

(4)对墙传球练习。一人一球,对墙进行上垫球,距离由近到远,要求脚下不能"站死",重点体会击球部位、用力的时机、顺序和大小。

(5)对垫练习。两人一球,间距4米左右进行下手对垫球练习。

练习园地——传垫综合练习游戏

1. 器材设备：标准排球一个、空地一块。

2. 人数：五人以上。

3. 方法：围站一圈，开始传垫球，失误者蹲于圈中。圈外人继续传球，待球传到 5 次以上，可将球扣向圈中失误者，打中则进行传 5 次打 1 次的循环；若未打中，则不中者将圈内失误者换出，游戏继续进行。如在传球过程中出现新的失误者，则将圈内蹲着的之前的失误者换出，游戏继续进行。

4. 要求：①蹲在圈中的人要双手护头，静止，不得闪躲；②圈外的 5 次传球必须经过三人以上；③只要传球 5 次以上，任何时候击打均可。

五、 排球运动欣赏

（一）运动员的身体美

凡能站在世界排球运动舞台上的运动员，都是经过层层选拔出来的该项运动的佼佼者，他们发达的肌肉充满活力，修长匀称的身体带给人舒适愉悦的审美体验，超常的速度、力量、灵敏、柔韧等身体素质使人振奋激昂。当然，运动员的身体美也包括仪表、风度、肤色、发型等美的元素。此外，每个运动员根据自身的特点和条件，创造出的与众不同的球风，也成为排球比赛中的亮点。

（二）技战术的运用

排球运动的技术不是很复杂，但将其运用自如却并不容易。如传跳时机的把握、动静状态的交替、场上位置的互换等，都须经过长期的训练配合。我们不仅要从技术的高、难、新等角度来进行观赏，更要从技术运用符合专项特点的角度来评判，才能真正地提高欣赏水平。如，将球发过网初级水平就能做到，但在许多高水平比赛中，却常常出现发球下网，这正是排球运动的特点要求必须拼发球的缘故。

（三）思想及意志品质

排球运动没有直接的身体接触，因此心理的较量往往起到至关重要的作用。20 世纪 80 年代，中国女排依靠拼搏精神成就了"五连冠"的壮举。顽强意志品质的展示，正是排球运动引人入胜之处，尤其是最后比分交替上升，比赛到了生死攸关的阶段，任何的失误或者埋怨都将输掉比赛，而相互的鼓励或一次明知无望的扑救，却能激发全队斗志以赢取最后胜利。

知识窗——"鹰眼系统"和"鹰眼挑战"

鹰眼系统是一种利用高速摄像机和计算图像处理技术，通过分析球的路径和速度来计算球的落点的技术系统。鹰眼系统可以帮助裁判员做出更准确的判决，也能为观众和球员提供实时反馈，增加了比赛的观赏性。

鹰眼挑战是参赛队员对裁判的判罚不满意，要求回放鹰眼系统的内容以明确判罚结果。

排球的鹰眼挑战规则规定每局只能挑战 2 次。允许挑战的内容具体包括：球是否出界、运动员脚是否踩线、球是否打到标志杆、球员是否触网及球是否打手等。据国际排联的相关规则，如果球队挑战成功则不计入挑战次数。

第三节 足 球

一、足球运动简述及比赛规则介绍

（一）简述

足球是一项古老的运动，早在公元前，世界上很多地方就出现了足球运动的雏形，我国的蹴鞠运动就是其中之一。目前，足球已成为体育界最有影响力的运动，据不完全统计，现在世界上经常参加比赛的足球球队约 80 万支，登记注册的运动员约 4 000 万人，其中职业运动员约 10 万人。

足球运动限制了人体最灵活的器官——手的功能，给参与者提供了巨大的创造和想象空间；足球比赛场地大、人数多，不确定性大，使比赛结果难以预计；攻防对峙是足球的灵魂，使竞争贯穿于球场的每一个角落。这一切构成了足球运动的独特性，也是其引人入胜的魅力所在。

（二）比赛规则介绍

1. 场地简介

足球场地是由两条长度在 90～120 米的边线，和两条宽度在 60～90 米的端线构成的长方形，要求地面平整、富有弹性。国际比赛要求在草皮或人工草皮场地进行。构成场地的还有球门区、罚球区、角球区、中圈弧等（图 4-21）。

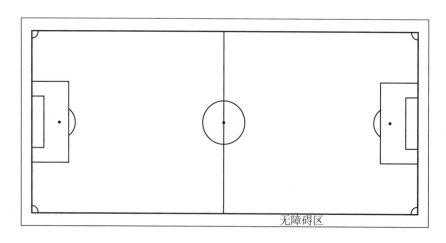

图 4-21 足球场地图

2. 比赛人数和时间

双方各由 11 人组成球队阵容。比赛人数不能少于 7 人,否则作弃权处理。比赛每场 90 分钟,上下半场各 45 分钟。在一些晋级赛中如果双方打平,则举行 30 分钟加时赛,如果 30 分钟内仍为平局,就采用点球决胜负。

3. 规则简介

(1) 越位。凡进攻队员在对方半场内,在其与对方球门线之间防守队员不足两名,该队员在球前面,即被视为处于越位位置。此时,处于越位位置的球员若再干扰比赛和对手,或者企图从越位位置获得利益,应判罚越位,由对方队员在越位地点踢间接任意球。如果进攻队员仅仅是处在越位位置而没有干扰比赛,或是在越位位置直接获得球门球、角球或界外掷球,则为"越位不判罚"。

(2) 直接任意球。故意违反以下任何一项,可判由对方在犯规地点踢直接任意球:①踢或企图踢对方队员;②在对方身体前后屈体、伸腿绊摔或企图绊摔对方;③跳向对方队员;④猛烈地或带有危险性地冲撞对方队员;⑤除对方有意阻挡外,从背后冲撞对方队员;⑥打或企图打对方队员或向对方吐唾沫;⑦拉扯对方队员;⑧推对方队员;⑨故意用手触球。如果是在对方球门区内犯规,该任意球可以在球门区内任何地点执行;假如是在本方罚球区内违反了上述九条中的任何一项,则应判罚点球。

(3) 间接任意球。所有越位均判罚间接任意球。队员犯有以下五项犯规中的任何一项者,由对方在犯规地点踢间接任意球:①危险动作;②故意阻挡对方;③守门员违例;④冲撞守门员;⑤故意拖延比赛时间。

(4) 球门球。当球的整体从地面或空中越过球门线,而最后由攻方队员触及,并且未出现进球,则判为球门球。①当球被踢且明显移动,即恢复比赛;②球门球可以直接射入对方球门而得分,如果球离开罚球区后直接进入踢球队员本方球门,则判给对方角球;③球必须放定,由守方球队中的一名场上队员在球门区内任意位置踢球;④如果比赛已经恢复,踢球队员在其他队员触及球前再次触球,则判罚间接任意球;⑤对方队员必须在罚球区外直到比赛恢复。

(5) 掷界外球。掷界外球的规则要求有:①当球的整体不论在地面或空中越出边线时,应由出界前最后触球队员的对方,在球出界处向场内任何方向掷球;②掷球时,必须面向球场,两脚均不得全部离地,也不能跪地,需部分站立在边线外,用双手将球从头后经头顶掷入场内,球一进场,比赛立即恢复;③掷球队员在球被其他队员踢或触及前,不得再次触球,否则由对方踢直接任意球;④掷界外球不能直接掷入球门得分;⑤界外球没能直接掷入场地时需重掷,如不按规定的方法掷入场内,则被判掷球违例,改由对方队员在原处掷界外球。

(6) 角球。防守方将球碰出本方端线时,由进攻方发角球。角球区为一侧边线与断线构成的、半径 1 米的直角弧区,发角球时球必须置于此区域内。角球的飞行弧线不能在空中越出端线。

(7) 点球。防守队员在罚球区内有意手触球、严重干扰撞倒进攻队员,在罚球区内犯直接任意球错误和犯规，都有被吹罚点球的可能。

（三）锻炼价值

足球是一项全面锻炼体魄的运动，由于其紧张激烈，且持续时间较长，因此，首先遭受考验的是人们的体能素质。此外，足球运动对提高运动员身体的力量、速度及灵敏度，提高弹跳能力、柔韧性等素质，特别是对增强心血管系统、呼吸系统和消化系统等人体器官的功能非常有益，能使人体的高级神经活动得到改善。

经常参加足球运动，可以培养人们勇敢顽强、机智果断、克服困难的优良品质，还可激发人们敢于斗争、敢于胜利的作风和团结协作、密切配合的集体主义精神。从足球比赛中，我们能够学到很多哲理，这对我们形成良好的品性和心态，积极应对生活中出现的矛盾，营造健康和谐的人际关系，均具有十分重要的作用与价值。

二、 足球运动的基本技术

（一）踢球

踢球是足球运动中应用最广的技术环节，即有目的地将球踢到预定目标的过程。无论是短传渗透还是长传配合，无论是下底传中还是外围远射，都涉及踢球的技术。由于发力方式、触球部位、击球点等不同，踢球的方式很多，但总体上看不外乎助跑、立足、摆腿、击球等技术环节。

1. 脚内侧踢球

（1）技术要求：直线助跑，支撑脚立于球侧方约 15 厘米处，膝关节微屈，在支撑脚着地的同时，踢球腿后摆，在向前回摆的过程中，膝关节外展，使内踝以下的部位与球体后中部做正碰撞。此时，小腿加速前摆，脚踝锁紧，脚尖微翘，脚底与地面保持平行(图 4-22)。

脚内侧
踢球

图 4-22 脚内侧踢球

（2）技术特点：准确性高、发力快、应变性强。

（3）技术应用：向任何方向处理各种来球、中短距离传球、近距离推射、罚点球等。

2. 脚背内侧踢球

（1）技术要求：45°斜线助跑，支撑脚立于球侧后约 25 厘米处，屈膝，脚尖指向出球方向，上体向支撑脚侧倾斜，在支撑脚着地的同时，踢球腿折叠以髋为轴，大腿带动小腿由后向前摆动，当摆至球体内侧正上方时，小腿加速前摆，脚趾扣紧，脚面绷直，脚尖略微外展，用脚背内侧击球的后中部,击球后随球前摆(图 4-23)。

脚背内侧
踢球

图 4-23　脚背内侧踢球

(2)技术特点:击球力量大、球的落点控制强、出球变化幅度大。

(3)技术应用:过顶长传球、弧线传球、平直传球、远射等。

(二)停接球

停接球技术是足球运动中一个重要的衔接技术环节,即用除手之外的身体任意部位,有目的地将球接停在可控范围内,以有利于完成后续动作的过程。停接技术运用的好坏,将直接影响到后面技术动作完成的质量。接停球的部位和方法很多,如脚内侧停接、脚底停接、脚背停接、脚外侧停接、胸部停接、大腿停接等。其技术组成大致为:根据来球移位判断、选择接停部位和方法、泄力缓冲等。

1. 脚内侧接停球

(1)内侧接停地滚球。支撑脚正对来球,膝关节微屈,重心落于支撑脚,停接脚膝关节外展,以脚踝内侧对准来球,当球与脚接触的瞬间,踝关节放松后撤,缓冲来球并控于体前(图 4-24)。

图 4-24　脚内侧接停球　　　　　图 4-25　内侧接停反弹球

(2)内侧接停反弹球。判断来球落点,身体迅速移动,使支撑脚准确踏在来球落地点的侧前方,上体前倾,略微屈膝,接停脚屈膝上提,令脚内侧对准球的反弹方向,在球刚刚落地反弹的时候,脚内侧积极前压球的上方,将球控于体前(图 4-25)。

(3)脚内侧接停空中球。准确判断来球落点,身体重心置于支撑脚,接停脚上提,膝关节微屈,脚踝内侧对准来球,在球与脚相触的一刹那,快速后撤,在后撤过程中触球泄力缓冲后,将球控于身前。

2.脚底接停球

（1）脚底接停地滚球。支撑脚正对来球方向,重心置于支撑腿上,膝关节微屈,接停脚上提,勾脚尖,当球行至支撑脚前时,脚踝松弛,用前脚掌踩踏来球上方,将其控于身前（图4-26）。

（2）脚底接停反弹球。准确判断来球,身体移动使支撑脚踏于来球落点的侧后方,在球落地的一刹那,用前脚掌对准球的反弹路线,触球后上方,将球控于身前。

3.胸部接停球

胸部平坦、面积大而富有弹性,特别适合停接中远距离的空中来球,主要有挺胸式和收胸式两种停接方法,前者用于接停较高的来球,后者用于接半高的直平球。

图4-26　脚底接停地滚球　　　　　　图4-27　挺胸式接停球

（1）挺胸式接停球。正对来球,双臂自然张开,双腿前后开立,屈膝含颌,挺胸接球。在球与胸接触的一刹那,双腿屈蹲,上体后撤缓冲,将来球控于身前（图4-27）。

图4-28　大腿接停球

（2）收胸式接停球。正对来球,双臂自然张开,双腿前后开立,身体重心稍前倾,当球行至胸前时,屏气上步,以胸腹挡压来球,缓冲后,将球控于身前。

4.大腿接停球

大腿的股四头肌十分发达,对于高低来球缓冲泄力非常有利,是足球运动中一项有效的接停球技术。面对来球,提腿屈膝,以大腿中后部迎接来球,在相触的一刹那,股四头肌松弛后撤,缓冲后将球控于身前（图4-28）。

（三）控运球

控运球是足球运动得以顺利实施的重要技术保证之一,即运动中将球始终置于自己可控范围内。随着足球运动的不断发展,控运球技术也在不断地创新,许多国际球星在球场上相继展现出了匪夷所思的控球才能,在此我们只介绍传统的基本控运球技术。

1. 脚背正面控运球

这是以脚背正面推球运行的方法,适用于前方无人盯防且纵深开阔的高速直线推进,是快速摆脱对手的运球方法。

2. 脚背内侧控运球

以脚内侧触推球前行,可随时任意改变球的运行方向,在变向的同时,身体中心及时跟进。由于变向的主动权在控球方手中,占有随行跟进时间上的优势,因此,脚背内侧控运球技术是突破摆脱对手的有效手段(图 4-29)。

3. 脚背外侧控运球

以脚背外侧推拨球行进,运球过程中身体常处于侧位,便于观察场上形式,有加速变向的隐蔽性和突然性,是中场球员必须熟练掌握的技术动作(图 4-30)。

图 4-29　脚背内侧控运球　　　　图 4-30　脚背外侧控运球

(四)头顶球

足球运动中,头球是除脚踢之外的重要进攻手段,在各种比赛的统计中,头球得分的比率都相当高,尤其是在对高空球的处理上,头的作用得天独厚,无论是传球、攻门、破坏、抢断,均能体现出头球的威力。

1. 原地正面头顶球

正对来球,双目睁开,以前额较宽平处扣击来球中后部。触球前,上体后仰,收腹含颌,当球至身体平面时,迎球挺颈,将球击出。

2. 跳起正面头顶球

准确判断来球落点,正确选择起跳点和把握起跳时机,在跳起的上升过程中挺胸展腹成"背弓"状,在接近最高点时,收腹挺颈击球,其用力方法同上(图 4-31)。

3. 鱼跃式头球

针对正、侧前方快速的低平来球,准确选择击球时机,单脚或双脚蹬地,身体做鱼跃前冲,以头击球,出球后按双掌、双肘、前胸的顺序依

图 4-31　跳起正面头顶球

次着地缓冲。

（五）抢断球

抢断是足球运动中重要的防守技术，是转守为攻的有力武器，随着现代足球运动水平的不断提高，抢断球成为各个位置球员均需掌握的技术。抢断技术包括抢截球和铲断球，前者指将球的控制权从对方那里抢夺过来，是策动防守反击的主要手段；后者主要指"破坏"，即利用规则，及时消除对本方不利的局势。有时铲断也可能达到抢截的效果，但却是可遇而不可求的。无论哪种方法，都须做到：选位准确、行动果断、技术合理。

1. 抢截球

（1）正面跨步抢截。当对方刚刚触球，重心未稳的瞬间，一脚用力向后蹬地，同时另一脚向球跨出，身体重心迅速落于抢截脚，通过重心的快速转移，占据有利于球向自己运行的位置。正面抢截时，双方容易发生"对脚"，此时切忌松懈，一定要发力，否则易受伤。

（2）侧面合理冲撞抢截。运动中，与对手处于平行位置时，主动以一侧肩膀（不能用肘），撞击对方相应部位，令其失却重心，乘机控球。

2. 铲断球

铲断球形式多样、运用广泛，在此我们仅介绍正面铲断球技术。运动中，双腿前后开立，微屈膝，重心下降置于两脚间，当对方运球接近时，一脚猛力后蹬，在其刚刚推拨球的一刻，另一腿贴着地面（不能抬起）向球滑铲，与此同时重心舍出，积极后仰，以一侧肩背着地，解放出来的支撑腿迅速沿地面向前弧形扫踢。

（六）掷界外球

掷界外球是足球比赛中，除守门员外唯一的用手来完成的技术动作。尤其是前场界外球，因不受越位的限制，又距对手禁区较近，使其成为了进攻的有效手段。

图 4-32　原地掷界外球

1. 原地掷界外球

面向出球方向，双手持球，屈臂上举，利用腰腹及挥臂的力量将球掷出，球需经过头顶，双脚可平行站立，亦可前后开立，但均不得离开地面（图 4-32）。

2. 助跑掷界外球

双手持球，直臂尽量后举，使球远离身体，加大用力半径，利用助跑急停、展腹挥臂的力量将球掷出，要求同上。

三、足球比赛的基本战术

攻与防是足球运动永恒的话题，因为，每有一个进攻动作就会迎来一个相应的防守动作。这种对抗，贯穿于球场的每一个角落。整个世界足球运动的发展史，都证明攻与防是引领足球技术革命的原动力。因此，攻守平衡始终是足球运动不懈的追求。

进攻与防守构成了足球的基本战术,而要实现战术思想,则与球员的个体能力、心理品质及全队协调配合等诸多因素紧密相关。下文将从位置技术、战术构成、基本进攻战术等方面介绍足球比赛的基本战术。

(一)位置技术

位置技术是指场上每一个队员根据不同位置分工完成具体职责的能力。表 4-5 为足球运动主要的位置技术及要求。

表 4-5　足球运动的位置、职责及技术要求

位置	职　责	应具备的条件	需要提高的能力
守门员	1. 守住球门 2. 发动快攻	1. 身材高大 2. 反应迅速 3. 判断准确	1. 对各种来球的应急判断 2. 出击时机的选择与把握 3. 与后卫队员的默契配合 4. 手抛球和大脚开球能力
中后卫	1. 封锁正向进攻通道 2. 保护门前危险区域 3. 弥补边后卫的漏洞 4. 快速插上参与进攻	1. 技术全面,对抗能力强 2. 机智果断善于观察 3. 组织指挥才能较强	1. 跳起争顶空中球能力 2. 处理身后球能力 3. 卡位、封堵、铲断等能力 4. 协防补位能力
边后卫	1. 防止对方边线区域的进攻配合或切入 2. 弥补中后卫的漏洞 3. 快速插上参与进攻	1. 出色的绝对速度 2. 极强的拼抢能力 3. 勇猛顽强的作风	1. 封堵、铲断等能力 2. 以少防多的能力 3. 转身处理球的能力 4. 快速插上助攻能力
前卫	1. 控制中场 2. 起到锋卫间的桥梁和攻守枢纽作用 3. 既要参与进攻又要弥补后卫留下的空当	1. 具有极强的控球能力 2. 大范围穿插换位,频繁插上进攻射门能力	1. 连续不停顿传球能力 2. 禁区附近的远射能力 3. 中远距离准确传球能力
中前锋	1. 突破射门争顶得分 2. 为边锋和前卫做"墙"制造得分机会 3. 牵扯对方的防守力量	1. 身材高大对抗力强 2. 争顶高空球能力强 3. 具有快速转身摆脱对方纠缠的能力	1. 抢点攻门能力 2. 各个方向的头球摆渡能力 3. 停球转身或传球反切能力
边锋	1. 依靠个人或集体配合,从边路打开突破口 2. 为同伴创造得分机会 3. 直接或包抄破门得分	1. 熟练的运球过人技术 2. 灵活起动和快速奔跑 3. 准确传中和有力射门	1. 下底传中和包抄射门能力 2. 快速停、传、起动能力,运球突破过人能力

(二)战术构成

如上所述,攻与防组成了足球运动的基本战术,个体又是构成攻防的基本单位,表 4-6 为足球运动主要战术构成。

表 4-6　足球战术构成

分　类	进攻战术	防守战术
个　人	1. 传球 2. 射门 3. 摆脱 4. 跑位	1. 盯人 2. 卡位
局　部	1. 两人点线传切配合 2. 三人立体传切配合	1. 保护、补位、协防 2. 封堵、围抢
整　体	1. 定位球进攻战术 2. 中路进攻战术 3. 边路进攻战术 4. 反越位战术	1. 人盯人防守 2. 区域防守 3. 造越位战术 4. 定位球防守

（三）基本进攻战术

足球运动是一项集体项目，由于场地大、人数多，因而战术变化丰富多彩，有与比赛阵型相匹配的整体进攻战术和局部的基本进攻战术，在此我们仅介绍基本进攻战术。

1. 踢墙式二过一

在一定区域内，当一名进攻队员运球接近防守方时，迅速将球传给一侧的接应同伴后，继续快速向前接控同伴如"墙"一般反弹回来的球，以达到局部突破防守的目的（图 4-33a）。

2. 直传斜插二过一

在一定区域内，当一名进攻队员运球接近防守方时，突然将球传给一侧的接应同伴，然后沿防守队员身后斜线前插，以接控同伴垂直方向的传球，达到局部突破防守的目的（图 4-33b）。

3. 斜传直插二过一

在一定区域内，当一名进攻队员运球接近防守方时，将球斜传给接应同伴，然后继续前插，以接控同伴的斜传球，达到局部突破防守的目的（图 4-33c）。

4. 回传反切二过一

区域内，当控球队员进攻受阻时，在将球回传给身后接应的同伴后，迅速返身跑向防守者身后的空当，以接控同伴传向此间的来球，达到局部突破防守的目的（图 4-33d）。

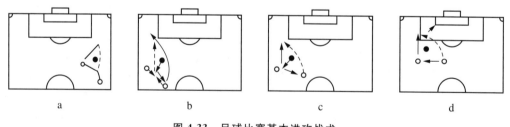

a　　　　　　b　　　　　　c　　　　　　d

图 4-33　足球比赛基本进攻战术

（四）基本防守战术

防守战术亦有整体和局部之分，在此介绍基本防守战术。

1. 选位

选位也称"卡位",指在不同的区域预先占据有利的防守位置,其基本原则是:以对手同本方球门中心的连线为依据来选择站位,使对方始终处于自己视野和铲断范围之内。

2. 盯人

盯人指通过积极的跟随跑动、紧贴逼抢,以干扰和限制对方无球队员的接应、跑位,使其作用不能得以发挥。

3. 补位

补位指相邻区域同伴间通过合理站位,而形成的积极有效的相互保护、协助、换位、补漏等。

四、 主要练习方法

(一) 球性练习

1. 脚背正面颠球

(1) 脚背正面踢用网兜装着的球,体会击球的部位和时间。

(2) 颠落地反弹球,体会颠球节奏。

(3) 连续颠球,体会触球的时间、触球的部位、触球的力量和整个动作的协调配合。

(4) 两人一球颠球,用脚背、大腿、头部及身体其他部位触球,掌握好触球的力量,可多次触球,尽量不让球落地。

(5) 多人一组,围圈颠球。

2. 颠球练习易犯的错误

(1) 脚击球时踝关节松弛,使球不能弹起。

(2) 击球时脚尖向下或向上勾,使球受力后向前或向后触碰身体,难以控制。

(3) 颠球时身体其他部位不够放松,以至于动作僵硬。

(二) 各种踢球练习

1. 踢球练习方法

(1) 两人一球,一人用脚踩踏住球,另一人助跑踢静止球练习。

(2) 踢实心球练习,可用于初学脚内侧或脚背内侧踢球时。

(3) 两人一球,间距 15 米,以脚内侧推球穿过中间放置的跨栏架。

(4) 两路纵队相向而立,间隔 15 米,排头队员将球推传给对方后,立刻跑向排尾,依次循环。

(5) 踢远练习:在角球区向罚球区内大力踢球;在罚球区线上向站在中线附近的同伴大力踢球;在罚球区线上向中圈踢高球给同伴等。

(6) 在移动中练习踢来自不同方向、不同性质的球,逐渐加大动作难度,提高动作质量。

(7) 当学生初步掌握一只脚踢球之后,须强调使用较差的一只脚踢球练习。

(8) 将踢球与停球、运球、假动作结合起来练习,以便在实战中动作运用自如。

2. 各种踢球易犯的错误

(1) 脚内侧踢球易犯的错误:①踢球腿屈膝外展不充分,脚尖没有翘起;②摆腿动作过分紧张,使摆速受到限制;③在踢球腿前摆时膝关节伸直,形成直腿扫踢;④踢球时上体向踢球腿一侧倾斜,脚掌内翻。

（2）脚背内侧踢定位球易犯的错误:①助跑的斜线角度过小,击球点偏外,出球不准;②支撑脚的位置偏后,踢球时上体后仰,出球过高;③踢球脚的脚背外转不够,脚与球的接触部位不正确;④没有直向出球方向摆腿,形成划弧动作,击球点偏外,出球不准。

（3）正脚背踢球易犯的错误:①支撑脚的位置靠后,造成踢球时身体后仰,脚背击在球的后下部,出球偏高;②踢球腿前摆时,小腿过早地做爆发式前摆,造成直腿击球,出球无力;③摆腿方向不正,造成腿触球部位不准;④因怕脚尖触地,脚背没有充分跖屈,造成脚趾背面触球。

（三）控球能力练习

1. 控球练习方法

（1）将脚前掌放在球的上部或侧上部,另一只脚在球的侧后方支撑,触球脚向后或侧后方将球拉动。两脚交替进行,使球向后直线或折线运行。

（2）用右脚的脚尖将球从右向左拉至左脚内侧,然后用左脚外脚背将球向左侧前方推送出去;接着,用左脚脚尖将球从左向右拉至右脚内侧,再用右脚外脚背将球向右侧前方推送出去。

（3）原地用左或右脚前脚掌将滚动中的球拉回体前,接着转体90°用拉球脚内侧将球向外推出。换脚做同样的动作,两脚交替,反复练习。

（4）原地用右或左脚前脚掌将向前滚动的球向后拉球至支撑脚后面时,用拉球脚脚背内侧将球横拨推出,迅速用原支撑脚运控几次球,控制住球后,再换另一只脚重复上述动作,两脚交替反复练习。

（5）用左脚的前脚掌将正在向左侧滚动的球停住,停球的左脚接着向球的左侧迈出一步,身体重心移至左脚上。接着用右脚的脚背外侧将球向右侧前方推出,再用右脚的前脚掌将正向右侧滚动的球停住,停球的右脚向球的右侧迈出一步,身体重心移至右脚上,用左脚的脚背外侧将球向左侧前方推出。两脚交替反复练习。

2. 控球练习易犯的错误

（1）支撑不稳,身体重心控制不好,影响了动作的衔接和连贯性。

（2）身体僵硬,影响了动作的协调性和准确性。

练习园地——抢截球技术练习

1. 两人并肩走步练习冲撞,慢跑和快跑练习冲撞,体会合理冲撞的方式。

2. 一人在慢跑中运球,另一人练习侧面并肩冲撞抢球。

3. 一对一抢截,正面抢截后相互交换,以抢到球为准。

4. 一对一抢截,正面、侧面抢截,以触到球为准,相互交换练习。

5. 原地练习铲球,一人站在固定球的后面伴做停球,一人从侧后方跑上来练习铲球和倒地动作。

6. 助跑练习铲球,一人带球前进,一人在带球人身后,待球推出时铲球。

五、足球运动欣赏

顾名思义,足球就是以脚支配球的运动。两个队在同一场地里,限定了最灵活的手的自由,来进行相互攻守,这种独特的运动形式,成为了世界上最受人们喜爱、开展最广泛、影响最大的体育运动项目。

(一)目前世界主要足球赛事

1. 国际足球联合会世界杯赛(简称"世界杯"足球赛)

由于奥运会的"非职业性"要求,许多发达的足球职业化国家的真实水平得不到体现。1928 年的国际足联会议通过了时任主席雷米特先生的提议,决定每四年举行一次国际足球锦标赛,比赛安排在两届奥运会中间,1930 年于乌拉圭举行了首届"世界杯"足球赛,目前已成为世界上影响最大的单项体育赛事。

2. 欧洲足球锦标赛(简称欧洲杯赛)

为填补两届世界杯赛之间四年的空隙,由欧洲足联首任秘书长法国人亨利·德洛内于 1954 年最先倡议,于 1960 年举办了首届欧洲足球锦标赛。

3. 世界青年足球锦标赛

由前国际足联主席阿维兰热博士于 1975 年倡议后,最先得到美国可口可乐公司资助,所以头两届也称为"可口可乐杯赛",直到第三届才得到国际足联正式承认。因此,第三届世界青年足球赛,又叫第一届世界青年足球锦标赛。我国曾在此赛事上取得过较好成绩。

4. 各足球发达国家联赛

欧美许多国家都有超过百年的足球职业化历史、成熟完备的与足球有关的各种制度和体系,使他们一直引领着世界足球运动的发展方向,他们的国内联赛自然也就成为世界各国球迷关注的对象,例如意大利甲级联赛、西班牙甲级联赛、德国甲级联赛、英国超级联赛等。

(二)足球比赛主要看点

足球比赛对抗激烈、集体性强、场地大、时间长、运动负荷高、技术难度大、战术复杂多变,这一切使足球比赛具有极高的观赏价值。欣赏足球比赛主要有以下几个看点。

(1)比赛阵型。这是一个球队攻守力量的配备,体现了整个比赛的主导思想,能否读懂"阵型"也是足球比赛欣赏水平高低的标志。

(2)球星风采。球星直接决定着比赛的层次,他们具有高超的技巧和各自不同的特点。世界杯之所以成为全球瞩目的赛事,就是因为球星云集,正是高手之间碰撞出的火花,才使得比赛精彩纷呈。

(3)战术水平。足球是参与人数最多的体育比赛项目,除了技术高超的球星,更主要的是全队战术思想的清晰统一、运用合理,这才是比赛最终取胜的保证。

足球运动既能全面促进身体素质发展,提高人体各器官系统功能,增强体质,又能改善人的心理素质,培养人的优良品质。况且足球运动趣味性强,规则简单易懂,不受季节和气候变化的影响,场地可大可小,人数可多可少,极易普及开展,因此,足球运动有着很高的参与价值。

第五章 小球类运动

小球类运动包括羽毛球、乒乓球、网球、保龄球等,在国内外都有着广泛的群众基础和爱好者。本章主要介绍羽毛球、乒乓球、网球的基本技术、比赛的基本战术、练习方法及运动项目欣赏等。

第一节 羽 毛 球

一、羽毛球运动简述及比赛规则介绍

(一)简述

14 世纪末叶,日本出现了把樱桃核插上美丽的羽毛当球,两人用木板来回对打的运动,据说这便是羽毛球运动最早的雏形。18 世纪印度的浦那城也出现过类似今日羽毛球活动的游戏:以绒线编织成球形,上插羽毛,人手持木拍,隔网将球在空中来回对击。现代羽毛球运动诞生于英国,19 世纪末叶,几位英国退伍军人在一次宴会上,将香槟酒的软木塞插上鹅的羽毛,隔着餐桌对击。自此,这种游戏慢慢流传开来。因游戏的宴会地点在 BAD-MINTON 庄园,"BADMINTON"就成了这项活动的英文名称。

1877 年,英国制定了统一的比赛规则。至 1893 年,英国已建立了由 14 个羽毛球俱乐部组成的羽毛球协会。而直到 20 世纪 30 年代,才由加拿大、丹麦、英格兰、法国、爱尔兰、荷兰、新西兰、苏格兰和威尔士等国家和地区,创立了国际羽毛球联合会。国际羽毛球联合会于 2006 年正式更名为羽毛球世界联合会,简称世界羽联。

羽毛球运动是隔网运动,比赛在室内进行,对参与者耐力和柔韧性有一定的要求,较适合东方人的生理特点,自 1992 年起,羽毛球成为奥运会的正式比赛项目,设有男、女单打和双打及混合双打 5 项比赛。

羽毛球运动大概于 1920 年传入我国,在中华人民共和国成立后得到迅速发展。此项运动在我国具有雄厚的群众基础,目前我国的羽毛球运动已达到世界领先水平。

(二)比赛规则介绍

1.场地、器材要求

(1)球场要求(图 5-1、图 5-2)。

场地:是一个长 13.40 米、宽 5.18 米(单打)和 6.10 米(双打)的长方形,用宽 40 毫米的线画出。场地线的颜色最好是白色、黄色或其他容易辨别的颜色,所有场地线都是它所确定区

域的组成部分。如面积不够画出双打球场,可画一单打球场,端线亦为后发球线,网柱或代表网柱的条状物应放置在边线上。

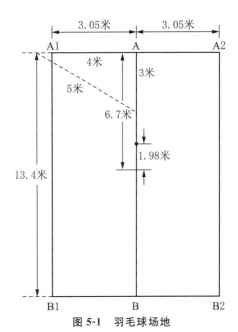

网柱:高 1.55 米,置于双打边线上,必须稳固地同地面垂直,并使球网保持紧拉状态。如不能设置网柱,必须采用其他办法标出边线通过的位置。

球网:应由深色、优质的细绳织成,网孔方形,各边长均在 15~20 毫米,网上下宽 760 毫米,顶端用 75 毫米宽的白布对折而成,用绳索或钢丝从夹层穿过。球场中央网高1.524 米,双打边线处网高 1.55 米。

(2) 场地画法。

端线:用中轴线配合勾股定理的方法确立两侧端线,具体方法同前。

单打边线:将两边线分别向内平移 0.46 米即可。

边线(双打):分别连接两边端线顶点既得,其长度为 13.40 米。

打后发球线:将两端线向场内平移 0.76 米即得。

中线:连接两端线中点,由其向中心各取4.72 米。

前发球线:在场内分别做距两端线 4.72 米的平行线即得,中线端点与此相连。

(3) 器材要求。球是由 16 根 64~70 毫米长的羽毛围成圆形固定在球托上,重量为 4.74~5.50 克。球拍总长不超过 680 毫米、宽不超过 230 毫米,拍弦面长不超过 280 毫米、宽不超过 220 毫米,不允许改变球拍规格。

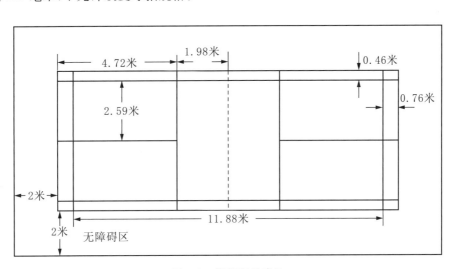

图 5-2　标准羽毛球场

2. 比赛方法及主要规则

(1) 比赛方法。羽毛球比赛共设有男子单打、女子单打、男子双打、女子双打、混合双打、男子团体、女子团体、混合团体等项目。比赛一般采用 3 局 2 胜制（团体赛多采用 5 局 3 胜制）。比赛实行每球得分制，率先得到 21 分的一方赢得当局比赛。如果双方为 20 平，获胜一方须超过对手 2 分才算获胜。如果双方比分为 29 平，则率先得到 30 分的一方获胜。

（2）发球与接发球。单打时，发球员分数为 0 或双数，双方在各自右发球区接发球；若为单数，则在左发球区接发球。球一旦发出则不再受限制。一方发球队员只能在连续得分时，才可连续发球。双打双方采用轮换发球，失分方同时失去发球权，由对方发球。

（3）休息时间。一方在比赛中得到 11 分后，双方队员将休息 1 分钟。两局比赛之间休息时间为 2 分钟。

知识窗——羽毛球的违例

1. 发球过手：发球击球瞬间拍框不能明显低于发球者整个握拍手部，发平射球。

2. 发球和接发球均须在斜对角球区内，双脚不能离地或触及界线，亦不得移动，直至将球发出。

3. 连击：单、双打中任何违背一拍过网之原则。

4. 短球：发球落在网与前发球线之间，而未落入规定区域。

5. 过网击球：对方来球尚未过网便触及球。

6. 触网：比赛进行中，球拍及身体任何部位不得触及球网和其支撑物。

7. 重发：遇特殊情况比赛中断后，由裁判员宣判"重发球"恢复比赛。

8. 间歇：每场比赛，第一、二局间歇不得超过 90 秒；第二、三局间歇不得超过 5 分钟。

（三）锻炼价值

无论何种程度的羽毛球运动，均要求参与者不停地进行脚步移动、跳跃、转体、挥拍，这对增大上肢、下肢和腰部肌肉的力量，加快锻炼者全身血液循环，增强心血管系统和呼吸系统功能都会起到积极的作用。长期进行羽毛球锻炼，可使心跳强而有力，肺活量加大，耐久力提高。此外，羽毛球运动要求练习者在短时间对瞬息万变的球路做出判断，果断地进行反击，因而还可提高人体神经系统的灵敏性和协调性。

羽毛球运动可根据个人的年龄、体质、运动水平及场地环境特点来确定合理的运动量。适量的羽毛球运动能促进青少年增长身高，能培养青少年自信、勇敢、果断等优良的心理素质。

羽毛球作为常见的健身手段，其要求不高，简单易行，公园、社区到处可以开展，且可以作为人们相互间加深了解的媒介。在阳光灿烂的户外，伴着清新的空气，在以球会友的互动中，球友们可以建立起深厚的友谊。

二、羽毛球运动的基本技术

（一）握拍法

和所有球拍运动一样，羽毛球拍的握持也有正反之分，且搓球与勾对角线时的握法略有不同，但无论是哪种握法，最终目的都是使自己的手腕能更加灵活转动，手指能最大限度地发挥力量。其基本要求是:握法不能限制或影响手腕的活动,不能影响手指发力,否则,就应界定为错误的握持法,须尽快改正,切忌错误定型。

1. 正手握拍法

握拍之前,先用左手拿住球拍,使拍面与地面垂直。再张开右手,使手掌下部靠在球拍的握柄底托部位,虎口对着球拍框。小指、无名指、中指自然并拢,食指与中指稍稍分开,自然弯曲并贴在拍柄上(图 5-3a)。

2. 反手握拍法

反手握拍是由正手握拍法把球拍框往外转(即往左方向转),拇指前内侧部位贴在拍柄的窄面部位,食指往中指、无名指、小指并拢。通常反手握拍的时候,手心与拍柄之间有一定的空隙,这样的握拍法有利于手腕力量和手指力量的灵活运用(图 5-3b)。

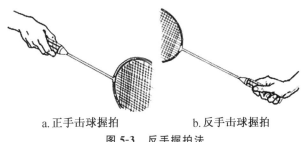

a.正手击球握拍　　　　b.反手击球握拍

图 5-3　反手握拍法

(二) 发球法

发球是羽毛球技术的重要环节,虽说无法发出乒乓球那样变化多端的旋转球,但通过落点和弧度的变化,能有效地创造各种得分机会,从而很好地把握比赛节奏。完成发球技术环节,必须做到灵活多变、合乎规则、保质保量。

1. 正手发球

发球人一般站在靠近中线距发球线 1 米左右的位置,双打时可更靠近前发球线。双脚前后开立(左前右后),与肩同宽,重心落于右(后)脚上,上体取侧位,以左肩斜对球网,持球手用拇指、食指和中指将球持于体前,击发时,重心由后脚移至前脚(图 5-4)。

羽毛球
发球

图 5-4　正手发球

(1) 正手发高远球。所谓高远球是把球发得又高又远,使球向对方后场上方飞去,球的飞行路线与地面形成的角度要大于 45°,使球在对方场区底线附近垂直下落。着重注意大臂带动小臂的挥拍击球动作,以及击球后的顺势缓冲。

(2) 正手发平高球。球运行的抛物线不大,能迅速地越过对方场区而落到底线附近,球在空中的路线和地面形成的仰角在 45°左右。着重注意小臂及手腕的加速动作,以及把握出球弧度不被对手截击。

（3）正手发网前球。发网前球就是把球发到对方发球区内的前发球线附近，球拍触球时，拍面从右向左斜切击球，使球刚好越网而过，落在对方前发球线附近（图5-5）。

图 5-5　正手发网前球　　　　　　　图 5-6　反手发网前球

2. 反手发球

其特点是动作幅度小，出球速度快，意图不易为对方所察觉，在双打比赛中运用得尤其广泛。基本姿势：面对球网，前后开立，上体稍前倾，拇指和食指捏住球体羽毛，反手握拍对准球。

（1）反手发网前球。这是运用反手发球技术把球发至对方发球区内前发球线附近，击球时球拍由后向前推送击球，使球运行的弧线最高点略高于网顶，球拍触球时，拍面呈切削式击球，使球落到对方场区的前发球线附近（图5-6）。

（2）反手发平快球。反手发平快球与发正手球的球路、角度、落点一样。发球时，球拍的挥动方向也与反手发网前球一样，只是用力要突然，在击球的一刹那，手腕有弹性地击球，拍面与地面的角度接近垂直，将球击到双打后发球线以内的区域。

（三）羽毛球基本步法

羽毛球
步法

1. 起动

接发球时左脚在前，右脚在后，侧对球网，重心在前脚，右脚跟离地，双膝微屈，收腹含胸，放松提拍屈肘举在胸前，两眼注视对方发球动作。

对攻时右脚在前，左脚在后，前脚掌着地，脚跟提起，膝关节微屈，上体稍前倾，重心落在两脚之间，持拍于腹前，整个姿势要协调放松，保持一触即发的起动姿态。

2. 垫步

垫步一般作为调整步距用。一脚向前或后迈出一步，另一脚跟进，紧接着以同一脚向同一方向再迈一步。

3. 交叉步

左、右脚交替向前、向侧或向后移动为交叉步。经另一脚前面超越的为前交叉步，经另一脚后面超越的为后交叉步。交叉步一般在后退打后场球时用得较多。

4. 小碎步

以小的交叉步移动的称为小碎步。由于步幅小，步频快，小碎步一般在起动或回动起始时用。

5. 并步

右脚向前(或向后)移动一步时,左脚即刻向右脚跟并一步,紧接着右脚再向前(向后)移动一步,称为并步。

6. 蹬跨步与蹬转步

在移动的最后一步,左脚用力向后蹬的同时,右脚向来球的方向跨出一大步,称为蹬跨步。多用于上网击球,在后场底线两角移动抽球时也常采用。以一脚为轴,另一脚向后或向前蹬转称为蹬转步。

7. 腾跳步

起跳腾空击球的步法为腾跳步。它可分为两种,一种是上网扑球或向两侧移动突击杀球时,以领先的脚(或双脚)起跳,做扑球或突击杀球动作;另一种是对方击来高远球时,用右脚(或双脚)起跳到最高点时杀球。

(四) 击球技术

1. 后场击球技术

这主要是击高球的技术。高球可分为高远球和平高球,击高远球就是把球打得又高又远,球飞至对方底线;平高球是从高远球发展而来,它飞行的速度比高远球快,弧线比高远球低,是后场进攻的有效技术之一。击高球可分为正手击球技术、头顶击球技术、反手击球技术、吊球技术和扣球技术(图 5-7)。

图 5-7 后场击球技术

(1) 正手击球。至后场区,稍侧身,重心下降,起跳后手腕控制球拍对准来球路线,于额前上方快速挥拍击球后部,球即沿着直线飞行;若手腕控制拍面击球托的右下方,球则沿着对角线方向飞行。击球后,手臂随惯性自然回收至胸前(图 5-8)。

图 5-8 正手击球

(2) 头顶击球。

① 头顶击直线高球:面对飞往后场区的来球,击球点选择在头顶上前方部位,身体稍后

仰,用力挥拍鞭击球托后部,使球沿直线高飞过网。

② 头顶击对角线高球:握拍手法与直线高球略有不同,用拇指和食指向左捻动拍柄,使虎口对准拍靠外的小棱边,球拍仍由右后绕过头顶,小臂向前方内旋带动手腕发力,形成鞭打动作,击球托的左后部。击球后,小臂内旋较为明显,惯性作用较大,手臂自然往前摆动。

(3)反手击高远球。当对方来球飞向左后场区时,身体要迅速转向后方,并移动到适合的击球位置,背对球网,反手握拍,沿半弧形击球,把球击向后上方。

反手击
高远球

(4)吊球。面对较高的来球,于后场以轻击、轻切、轻劈的方法,将球打回至对方近网附近,被称为吊球。

(5)扣球。

① 头顶扣球:准备姿势同头顶击高球。挥拍击球时,以腰腹带动大臂,协调小臂、手腕的综合力量形成鞭击动作,全力往下方击球,拍面与水平面的夹角小于90°(图5-9)。

图5-9 头顶扣球

② 反手扣球:准备动作与反手击高球相同。击球前的挥拍力度要大,跳起后身体反弓加上手臂、手腕的延伸、外展的鞭打用力,可向对方的直线或对角线的下方用力,击球瞬间球拍与扣杀球方向的水平夹角应小于90°。

③ 腾空突击扣杀:当对手击出弧度较低的平高球时,身体腾空,上体后仰成反弓形,肩尽量后拉,击球时,小臂快速举起,手腕从后伸到旋内、小臂跟着屈收压腕鞭打,高速向前下击球。

2. 中场击球技术

(1)挡网前球技术。用接杀球的步法移至球场的边线,身体右倾,手臂右伸,前臂外旋,手腕外展,精力集中,持拍准备接球。右侧来球用正手挡,左侧来球用反手挡。一种方式是:击球时,前臂内旋稍外翻,带动球拍由内右下向前上方推送击球,把球推向直线网前。另一种方式是:击球时前臂从外旋到内收,带动球拍由右向前切送挡向直线网前。击球后,身体左转成正面对网,然后右脚上前一步,球拍随身体向左转收至体前。

(2)抽球技术。抽球是一种积极的接杀方法,回球速度快,把握好回球路线,往往能达到较好的效果。正手平抽球时,平行站立于右场区中部,微屈膝收腹,击球时前臂内旋,手腕伸直闪动,手指抓紧拍柄,球拍由右后往右前方高速平扫盖击来球。反手平抽球时,右脚前交叉在左侧前,右手反手握拍在左侧前,击球时,在髋的右转带动下,前臂外旋,手腕由外展到伸直闪动,挥拍击球托的底部。此外,还有正反手的平抽快打,也可用回抽高球的方法接杀,将球控制在对方后场,伺机反攻。

3. 前场击球技术

前场技术包括网前的放、搓、推、勾、扑、挑球等。因球飞行距离较短,落地快,常使对手措手不及而直接得分。即使不能直接得分,也能迫使对方被动回球,创造下一拍的得分机会。一般要求握拍要活,动作细腻,手腕手指要灵巧,于击球刹那间产生突变。

(1)网前球。面对网前来球,用球拍轻轻切、托,将球向上弹起恰好一过网就朝下坠落。①正手放网前球:侧向球方向移动,上体稍前倾,正握拍于体前,最后移步为大弓箭步,前臂伸向来球,稍仰,上举,斜对网,取高点击球。松握拍,稍收腕,向球托斜侧击或搓切。挥拍的力量、速度和拍面角度的大小,取决于来球离网的远近和速度的快慢。离网远,则力量大些、速度快些,反之则小些、慢些(图 5-10)。②反手放网前球:反手握拍,反面迎击为反手放网前球。

图 5-10　接网前球

(2)网前搓球。①正手网前搓球:击球前,小臂稍外旋,手腕由后伸至稍内收闪动;击球时在正手放网前球动作的基础上,加快挥拍速度,搓切来球的右下部,使球旋转滚过网。②反手网前搓球:击球前,小臂前伸外旋,手腕由内收至外展状;搓击球的右侧后底部,使球侧旋滚动过网。另外,还可以小臂稍伸直,手腕由外展到内收,带动球拍向前切送,击球托的后底部,使球下旋滚动过网。

(3)网前推球。①正手推球:站在网前,当球飞过来,球拍向右侧前上举,在肘关节微屈回收时,小臂稍外旋,手腕稍后伸,球拍也随之往右稍下后摆,拍面正对来球。小指和无名指稍松开,使拍柄稍离开手掌鱼际肌。拇指和食指稍向外捻动拍柄,拍面后仰,推击球托的后部,使球沿直线方向飞去,为正手推直线球。若击球点在右肩前,推击球托的右侧后部,使球沿对角线方向飞去,则为正手推对角线球。②反手推球:反手握拍,在网前较高的击球点上,臂前伸外旋,腕外展伸直,中指、无名指和小指突然握紧拍柄,拇指顶压球拍,挥拍推击球托的左侧面,使球向对方底线平弧快速飞去,此为反手推直线球。若在击球一刹那急速向右前方挥拍,推击球的左侧后部,使球沿对角线方向飞行,则为反手推对角线。

(4)网前勾对角线球。一般采用并步加蹬跨步上网,同时臂前伸,稍外旋,使拇指贴在拍柄的宽面上,食指的第二指节贴在与其相对的另一个宽面上,拍柄不触及掌心。靠前臂内旋拉收及手腕后伸内收之力,拨击球托的右侧下部,令回球沿对角线运行,为正手网前勾对角线球(图 5-11)。若移步向左侧前方伸臂,拨击球托的左侧后部,使球沿对角线飞越过网,则称为反手网前勾对角线球。

图 5-11　网前勾对角线球

（5）网前扑球。当来球于网顶上方时,以最快的速度上网扑压称为网前扑球。扑球是一种威胁较大的进攻技术,有正手扑球与反手扑球之分,其核心在于一个"快"字,即判断快、上网快、出手快。

正手网前扑球时,在身体腾空跃起或右脚蹬跨的同时,前臂握拍上举正对来球,借伸臂抖腕、手指顶压之力将球扑下(图 5-12)。强大的爆发力要求挥拍距离短、动作幅度小,其中,手腕是控制力量的关键。反手持拍上网扑击,则为反手网前扑球。

图 5-12　正手网前扑球

图 5-13　网前挑球

（6）网前挑球。准备动作与正手放网前球相同。正手挑时，前臂充分外旋，手腕尽量后伸，从右下向右前方至左上方挥拍击球。在此基础上，若球拍向右前上方挥动，挑出的是直线高球；若球拍向左前方挥动，挑出的则是对角高球。反手挑时，右臂往后抬肘引拍，击球时前臂充分内旋，手腕由屈至后伸闪动挥拍击球。若球拍由左下向左前上方挥动，则球向直线方向飞行（图5-13）；若球拍由左下向右前上方挥动，则球向对角线方向飞行。

三、 羽毛球比赛的常用战术

实战中，战术是根据对方的打法和场上的具体情况而定的，原则是"以己之长，攻彼之短"，常用战术主要有以下几种。

（一）单打战术

1. 发球抢攻战术

高质量的发球是其保证。一般发网前低球结合平快球、平高球，争取第三拍的主动进攻。此战术对付应变能力较差的对手，或实施于比赛的关键时刻，往往效果显著。

2. 攻后场战术

通过击高球、重复压对方底线两角，使其处于被动地位，继而寻找机会进攻。以此对付后场还击能力较差、后退步伐慢、急于上网的对手，十分有效。

3. 攻前场战术

对网前技术较差的对手，可运用此战术先将其吸引到网前，然后再攻击其后场。采用此战术，自己首先要有较好的网前击球技术。

4. 打四方球战术

若对手步子较慢、体力较差、技术不全面，可以快速准确的落点攻击对方场区的四个角落，寻找机会向空当进攻。此战术的主要目的是通过打落点，逼迫对方前后奔跑、被动应付，并在其回球质量下降或露出破绽时乘虚而攻之。

5. 杀、吊上网战术

应对后场高球，先以杀球配合吊球把球下压，落点选在场区的两条边线附近，致使对手被动回球。若对手回网前球，本方迅速上网搓球、勾对角球或平推球，创造在中场大力扣杀的机会。这种战术必须能很好地控制杀、吊球的落点，只有造成对方被动回球，才有主动上网的机会。

6. 打对角线战术

对付身体灵活性差、转体较慢的对手，不论是进攻还是防守，均应以打对角线球为主。这可使对方移动困难而造成被动，为本方创造进攻机会。

7. 防守反击战术

在对方主动进攻、本方被动防守时，本方可高质量地接杀挡网；抓住对方攻杀力量减弱或落点不好的机会，以平抽底线球还击对方后场，扭转被动局面，并进行反击。

（二）双打战术

羽毛球双打除了比个人技术，更主要靠同伴的战术配合。一般情况下有两种站位方法：

一前一后站位和两人左右站位。前者以前后划分场区,利攻而不利防;后者以左右划分场区,利守而不利攻。因此,站位并非固定不变,而是随着进攻与防守间转换而不断变化。

1. 攻人战术

集中力量攻击对方相对较弱者,迫使其心理压力加大,伺机攻击另一人因疏忽而露出的破绽,或对此人进行偷袭。

2. 攻中路战术

当对方分边站位防守时,将球打向对方两人的中间;当对方前后站位时,可将球下压或平推向两边半场。这样可使对方防守时互相争让而出现失误。

3. 攻后场战术

如对方扣杀能力差,本方可采用平高球、推平球、接杀挑底线等,把对方一人控制在底线两角移动。当对方被动还击时,则抓住机会大力扣杀。若另一对手后退支援,则可攻网前空当。

4. 后攻前封战术

当本方处于主动进攻前后站位时,站在后场的队员见高球就杀或吊网前球,迫使对方接球挡网前,这为本方前场队员创造了封网扑杀的机会。前场队员要积极封锁网前,迫使对方被动挑高球。一旦对手挑高球达不到后场,就又为后场同伴创造了二次进攻的机会。

5. 防守反攻战术

防守反攻指在防守中寻找反攻的机会,以便摆脱困境,转被动为主动。如挑底线高球,不论对方从哪里进攻,本方都应设法把球挑到进攻者的另一边的底线。如对方正手后场攻直线就挑对角线,如对方攻对角就挑直线。这便是一种较容易争得主动的防守战术,在女子双打中运用更为有效。

四、 主要练习方法

(一)专项素质练习

1. 专项力量

上肢力量包括肩部、大臂、小臂、手腕;下肢力量包括骨盆部、大腿、小腿及踝关节。

练习方法:各种击球动作的快速挥拍模仿练习(可用网球拍或小哑铃替代羽毛球拍);各个方向的蹬跨步或跳跃练习(可负重在沙坑中进行)。

2. 专项速度

专项速度指比赛中的步法移动和挥拍击球速度。

练习方法:往返跑、交叉跑、快速拉橡皮条、多球的各种快速击球练习等。

3. 专项耐力

专项耐力是羽毛球比赛的体能保证。

练习方法:长时间的各种步法练习和多球练习。

4. 灵敏度、柔韧性和协调性

羽毛球运动对灵敏度的要求很高,要在激烈的比赛中,迅速判断对方意图并准确做出回应。而许多难度较大的击球动作，又对运动员的柔韧性和协调性提出了较高要求。

常用练习方法：听口令或看手势进行各种变向、变速的反应练习；综合跑、高抬腿转髋等各种灵敏性练习；速度较快、难度较大的以击球动作为主的多球练习；压腿、拉肩等各部位柔韧练习。

（二）移动步法练习

移动步法包括各种上网击球步法、各种击球的后退步法、左右移动步法等。不论是单打还是双打，移动前都需选择有利的站位，以便于各个方向的迎球击球，且令对方不易找到攻击空当。初练步法时，应先徒手按照各种步法的动作要领，分解练习，此阶段主要是体会出脚步的顺序及击球前最后的姿势。熟练掌握各单个步法要领之后，再将几个单个步法组合起来进行全场的综合步法练习。

（三）综合技术练习

进行综合练习时，最初应将移动路线和击球落点固定下来，以便于掌握综合技术，然后再过渡到不固定移动路线和击球落点的练习。

1. 吊上网练习

甲方在右半场（左半场）底线将球直（或斜）线吊至对方网前，乙方将来球回到甲方的前场区，甲方移动上网把对方回来的网前球搓回对方网前，然后乙方再将球挑到甲方的后场底线，甲方再退至后场吊球后上网搓球，如此循环练习。在较熟练地掌握固定落点和路线的练习后，可进行不固定落点和路线的吊上网练习。

2. 杀上网练习

方法同上，只需将吊球改为杀球。

3. 吊、杀上网练习

甲方在右半场（左半场或全场）将对方击（发）来的后场高球用吊球或杀球还击到乙方前场区，乙方将球回放到甲方的网前，甲方上网扑或搓、推、勾球；乙方再把球回至甲方的后场底线附近，甲方再接着吊球或杀球上网，如此循环练习。

4. 攻守综合练习

利用场地的半边，甲方以高远球、平高球、杀球或吊球来进攻乙方，乙方则主要以高远球和挡球、放网前球来防守。这样，乙方为甲方提供了进攻的机会，而乙方也能在对方的进攻下，进行各种防守的练习。此练习也可在全场用二打一的形式进行。

练习园地——吊球

根据动作方法、出手位置、飞行弧线以及落点的不同，吊球一般有以下几种。

1. 正手吊直线球和对角线球：击球瞬间，小臂突然减速，用手腕的闪动向下轻轻切击球托的右侧后下方，使球越网后即下落。吊直线球时，击球用力的方向是朝前下方；吊对角线球时，击球用力的方向是对角线斜下方。

2.头顶吊直线球和对角线球：击球动作和头顶直线高远球相似，只是击球的瞬间，小臂突然内旋并往前下方挥拍，手腕的外伸后展带动球拍轻点球托的左侧后下部，使球沿直线或对角线飞行(图 5-14)。

3.反手吊直线球和反手吊对角线球：击球前的动作同反手击高球类似，不同的是小臂要上摆，用拇指内侧顶住拍柄，手腕向后"甩腕"轻击球托的后下部位，使球的飞行方向朝着直线和对角线方向落到对方网前(图 5-15)。

图 5-14　头顶吊直线球和对角线球

图 5-15　反手吊直线球和反手吊对角线球

五、　羽毛球运动欣赏

羽毛球运动娱乐性强，能够全面锻炼身体，增强体质，场地器材要求较低，易于开展，老少皆宜，因而得到人们的广泛喜爱。随着人们健康意识的不断增强，这项运动更是得到了空前的普及，各类场馆纷纷爆满，人们乐此不疲。参与者在来回对击中，身体得到充分伸展；洁白的羽毛球四处纷飞，给人以愉悦兴奋的感觉。专业的羽毛球比赛更能给人美的享受，比赛过程中,前后场的快速移动击球、中后场的大力扣杀、网前轻吊、上网扑球等,显示出速度力量、灵活柔韧的人体之美,多回合紧张激烈的搏杀,又给人以顽强的意志之美。目前,世界范围内主要的羽毛球大赛有以下几个。

(一)汤姆斯杯世界羽毛球男子团体赛

1939年,国际羽联第一任主席汤姆斯爵士,捐赠此奖杯供世界羽毛球男子团体赛用。然而受第二次世界大战影响,直至1948年才举行了第一届比赛,以后每两年举行一次,每场团体赛由五场单打和四场双打组成,九场比赛分两天进行。从1984年起,该项赛事改为每逢双数年举行,并由九场制改为五场制(三场单打、两场双打),在一天时间里打完。

(二)尤伯杯世界羽毛球女子团体赛

奖杯由著名女子羽毛球推广者尤伯夫人捐赠,供世界羽毛球女子团体赛用。首届比赛于1956年举行。从1984年第十届比赛开始与汤姆斯杯同时、同地举行。

(三)苏迪曼杯世界羽毛球男女混合团体赛

1989年在印度尼西亚举行了第一届苏迪曼杯比赛,此杯是印尼羽协捐赠给国际羽联的以苏迪曼命名的奖杯。苏迪曼是印尼羽协创始人,担任印尼羽协主席长达22年,并长期担任国际羽联理事和副主席。苏迪曼杯赛每逢单数年与世界羽毛球锦标赛同时、同地举行,每场团体赛由男单、女单、男双、女双和男女混合双打共五场比赛组成。

(四)世界羽毛球锦标赛单项比赛

首届比赛于1977年在瑞典的马尔摩举行,第二至第四届分别于1980年、1983年和1985年举行。从1987年起每逢单数年与苏迪曼杯赛同时、同地举行。2006年起每年举办一次,但在奥运会举办的年份暂停举办。每个会员国每个项目报名不超过4名(对),但世界排名前16位者不受此限制。比赛采用单淘汰制,不设附加赛。

(五)世界杯赛单项比赛

首届比赛于1981年在马来西亚的吉隆坡举行,以后每年举行一次,自1983年起增设为5个项目。参加比赛的选手由国际羽联和竞赛组委会根据世界排名邀请,实际是一项世界精英赛,参赛人数为:男单16名、女单12名、男双8对、女双6对、混双6对。比赛第一阶段,单打各分四组、双打各分两组进行单循环赛,然后由单打小组第1名、双打小组前两名进入半决赛。

(六)奥林匹克运动会羽毛球比赛

羽毛球曾作为奥运会的表演项目,1992年巴塞罗那第二十五届奥运会被列入正式比赛项目。奥运会羽毛球比赛设男单、女单、男双、女双四枚金牌,1996年亚特兰大奥运会又增设男女混合双打比赛。

(七)世界羽联超级系列赛总决赛

世界羽联每年组织羽毛球世界大奖系列赛,由赞助商提供比赛经费和优胜者的奖金,根据奖金的数量,比赛分为一星级至六星级不同的等级。全英锦标赛和中国公开赛等都属于系列赛中的一站。世界羽联设立积分制,定期公布世界大奖赛积分排名,年末排名最前的男子单打前16名和女子单打前12名选手,有资格直接参加下一年度比赛。

知识窗——发球限高器

2018年,世界羽联做出决定,对羽毛球赛事的发球高度进行改变,从原来的击球点不得过腰,变为击球点不能超过1.15米,通过发球限高器来判定。

第二节 乒 乓 球

一、乒乓球运动简述及比赛规则介绍

(一) 简述

乒乓球运动源于英国,具体起因说法不一,但都与网球运动有关,这从"桌上网球（table tennis）"的名称就能得到佐证。最早的乒乓球是用象牙制作的,因其昂贵,所以只在豪门贵族间流行。19世纪末,美国商人用新材料赛璐珞来制造乒乓球,并用其发出的声响"Ping-Pong"来注册商标。20世纪初传到我国时,很自然地便被音译成了"乒乓"。

世界首届乒乓球锦标赛于1926年在英国伦敦举行。同年,国际乒联成立。1988年汉城奥运会上,乒乓球运动首次被列为正式比赛项目,共设男女单双打4枚金牌。

乒乓运动进入亚洲最先传入日本,据说握拍方法与吃饭习惯密切相关。欧洲人善用刀叉,因而横握球拍,日本以从中国学习来的竹筷使用方法,创造了直握球拍。日本对乒乓球的最大贡献是发明了海绵球拍,使进攻的速度大大加快。日本的乒乓球运动员远台正手攻球力量大、速度快,配合威胁性大的反手发急球抢攻,从此打破了欧洲运动员的垄断地位。

20世纪50年代,当日本称霸世界乒坛的时候,中国才刚刚开始登上乒坛。通过第一代国手的潜心钻研和大胆革新,中国只用了短短的几年时间,就形成了以"快、准、狠、变"为技术风格的独特的直拍快攻打法。此后,一代代国手前赴后继,不断锐意创新,使我国的乒乓球运动,自1959年容国团赢得第一个世界冠军开始,便雄踞世界乒坛。

(二) 比赛规则介绍

1. 比赛场地

比赛的场地不小于14米长、7米宽、4米高;球台不反光,为2.74米长、1.525米宽、0.76米高;球网长1.83米,距球台高0.1525米。

2. 器材

乒乓球直径为40毫米;球拍形状、大小、轻重不受限制,但两面须以红黑区别,且不能反光,厚度分别不超过2毫米和4毫米。

(三) 基本规则

1. 合法发球

合法发球的规则包括:球静止于端线后、台面上;抛球明显,高度不低于16厘米,且无旋转;在球体的下降阶段方可击球,整个发球过程须在比赛台面的水平面之上完成;击球时,球应在端线外,但不能超过身体离端线最远部分;发球动作须让人看清,不得隐蔽。

2. 重新发球

重新发球的情况包括:接发方尚未准备就绪;发球擦网;意外干扰造成的发球或回击失误;恢复裁判中断的比赛。

3. 分、局、场

比赛中,发球和击球违例、连击、两跳、挪动球台、触网、双打时击球顺序错误等,均应判对方得一分。先得 11 分为胜一局,但 10 平后须多得两分才能判胜。一场比赛可采用 5 局 3 胜制或 7 局 5 胜制。

4. 接、发球方位秩序

方位及先发球权由抽签决定;发球权 2 分一交换,直至比赛结束,10 平后改为 1 分一交换;先发球权一局一交换;方位一局一交换,决胜局一方先得 5 分时交换位置。

5. 竞赛组织

单打采用循环赛和淘汰赛。团体赛由 3～5 名队员组成,双方抽签决定 A、B、C(主队)和 X、Y、Z(客队)的人员定位,比赛对阵是:A-X、B-Y、C-Z、A-Y、B-X,每场比赛五局三胜,先赢三场的队获得比赛胜利。

(四)锻炼价值

乒乓球是一项全身运动,集健身、竞技和娱乐于一体,虽说场地不大,但其快速多变的特点,使参与者能从中获得极大的锻炼价值。首先,乒乓球运动使人体全身肌肉得到锻炼,尤其是各关节的活动能力得到充分的提高;其次,乒乓球运动对动作速度的追求,使人的协调性、灵敏度和思维反应能力得到锻炼;最后,作为调节神经的有效运动,乒乓球运动对促进大脑思维、培养人们勇敢顽强、机智果断的品质均具有积极作用。

因此,经常从事乒乓球运动的人,常常表现出机敏过人,动作灵活、协调等特征。许多喜好乒乓球运动的学生抗干扰能力很强,且情绪稳定,自信心、自制力、独立性、思维敏捷度等也处于较高水平。乒乓球运动越来越多地被作为增强智力、提高工作效率以及保健、医疗和康复的重要手段。

二、 乒乓球运动的基本技战术

(一)球拍握持法

乒乓球是手持球拍进行竞争的运动,因而球拍的握法就显得很重要,具体采用什么方式来握持球拍因人而异。一般说来,握拍的方式分两大类:直拍握法与横拍握法,都是将拍柄握在虎口处。

1. 直拍握法

拇指、食指自然弯曲,以拇指第一关节和食指握住拍柄两边,中指、无名指、小指自然弯曲并拢,以中指第一关节偏左侧部托于球拍背面上 1/3 处,同时压住拍面(图 5-16)。

乒乓球
握拍方法

此种握法手腕的活动角度大,尤其在发球时,较大的球板转动角度可以制造出更加强烈的旋转,便于对球进行更加精细的控制调节。但是,反手位击球时的活动范围受到很大限制,使这个体位的攻击力大大减弱。

图 5-16　直拍握法　　　　　　　　　　　图 5-17　横拍握法

2.横拍握法

虎口压住球拍右上肩,拇指和食指分别置于拍身前、后两面,中指、无名指弯曲握住拍柄(图 5-17)。横拍握法因每个人的习惯、特点不同,又分为深握和浅握两种。

横握与直握正好相反,其手腕的活动受到一定限制,显得较僵硬,靠腕力难以制造强的旋转;但在反手位的进攻,却可以大范围挥臂,其威力可与正手位的搏杀相媲美,能两面开攻,制造更多得分机会。

（二）准备姿势与基本站位

1.准备姿势

准备姿势是指接发球或进攻前身体各部位的姿势。其目的是便于腿、脚蹬地用力,迅速起动,使腰及躯干各部位配合更加协调,控制良好的击球姿势,获取最大的击球力,提高击球的命中率。

动作要求:两脚左右开立,约与肩同宽,面对球台略向右侧,自然屈膝,提踵,重心置于两腿之间,落于前脚掌内侧。含胸收腹,上体略前倾,下颚微收,目视来球。持拍手和非持拍手均应自然弯曲置于身体前侧方,保持相对的平衡态(图 5-18)。

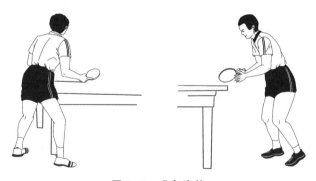

图 5-18　准备姿势

2.基本站位

由于类型打法不同,涉控范围的大小也不同,因此,练习者需根据不同的打法类型、结合个人的技术特点,来选择不同的攻防站位。选择正确的站位,有利于合理的移动和稳定的击球姿势。

知识窗——站位

　　站位的范围指运动员离球台端线的远近距离和左右距离,运动员须根据不同的打法来选择相应的站位(图5-19):

　　1. 左推右攻:基本站位在近台中偏左。

　　2. 两面攻:基本站位在近台中间。

　　3. 弧圈球:基本站位在中台偏左。

　　4. 横拍攻削结合:基本站位在中台附近。

　　5. 削球打法:基本站位在中远台附近。

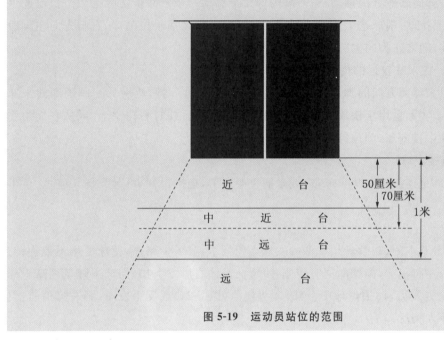

图5-19　运动员站位的范围

　　3. 基本移动步法

　　步法是为了选择合适的击球位置所采用的脚步移动方法(图5-20)。它是乒乓球运动的灵魂,没有快速灵活的步法,就不能第一时间有效回击,即使勉强回击,回球质量也会大打折扣,直接影响后续的攻防,阻碍自己的水平正常发挥。所有的移动都须做到轻松自如、富有节奏感、重心保持平稳、贴近地面移动。

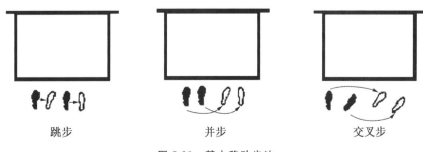

图5-20　基本移动步法

（1）单步。适用于处理台内球、距身体一步以内较小范围的来球、角度不大的来球、还击追身球等。动作要点：以一脚前脚掌内侧为轴稍转动、蹬地用力，另一脚向来球方向做前、后、左、右一步移动。

（2）跳步。以来球异侧脚用力蹬地，两脚同时离地向来球方向跳动。快攻选手左右移动击球，常与跨步结合起来使用；弧圈类打法由中台向左、右移动时常用；跳步侧身攻或拉，但在空中需完成转腰动作。

（3）并步（滑步或换步）。从基本站位向左右移动时多采用"换步"，常见于两面攻打法。

动作要点：一脚向来球方向移动，另一脚随即跟上移动一步。并步实际运用于快攻选手在左右移动中攻或拉球；削球选手正反手削球；并步侧身攻，多用于拉削球，右脚先向左脚后并一步，以便转体，随之左脚向侧跨一步。

（4）交叉步。在来球较远的情况下多采用"交叉步"。

动作要点：以来球反方向的脚向来球方向交叉，并超过另一脚，然后另一脚随即向来球方向移动。交叉步实际运用于快攻或弧圈打法在侧身攻、拉后扑打右角空当，或从右大角变反手击球，在走动中拉削球，削球打法接短球等。

（三）发球与接发球

发球与接发球是连接整个乒乓球技、战术的重要环节，把握得好，可起到扬长避短、事半功倍的作用。

1. 平击发球

平击发球是最基本的、初学者须掌握的发球入门技术，要求少摩擦，使球尽量不带旋转。正手平击发球时，左脚稍前，抛球的同时转体，手臂向身体右后方引拍，当球下降至稍高于球网时，手臂向左前方发力，挥拍击球中上部，顺势还原（图 5-21）。反手发时，则右脚稍前，引拍、发力恰与正手发相反。

乒乓球
发球技术

图 5-21　平击发球

2. 发侧上、下旋球

正手位由右向左挥拍，在摩擦球的一瞬间，以小臂带动手腕发力为主，以增强球的旋转。对方平接回球，从接发者右侧上方飞出的，称为正手发左侧上旋球；若球在接发者右侧下方下网，则称之为正手发左侧下旋球。

反手位由左向右挥拍摩擦，球速较慢，但右侧上（下）旋转力较强。当对方平挡回接时，球向发球员的右侧上方飞出，称为反手发右侧上旋球；若球向发球员的右侧下方下网，叫作反手发右侧下旋球(图 5-22)。

图 5-22　反手发右侧上、下旋球

3. 正手发转与不转球

正手用相似的动作发出下旋强弱差异较大、落点长短不同的球。发加转球时,抛球的同时持拍手向后上方引拍,手臂由后上方向前下方挥摆,前臂做旋外转动使拍面后仰,手腕用力使球拍下部靠左的一侧去摩擦球的底部。发不转球时,前臂做旋外转动动作,此时动作应稍慢,使拍面的后仰角度小些,用球拍下部偏右的一侧碰击球的中下部,故球的旋转较弱。

4. 接发球

在比赛中,接球与发球机会各占一半,若接球技术环节不过硬,就会给后续水平的发挥造成障碍,使得心理失衡,技术动作变形,从而导致全局甚至整个队伍的失败。反之,如果接发球环节掌握得好,就能控制对方的进攻,破坏对手的发球抢攻战术,从而赢取主动权。一般而言,接球比发球难度更大,必须根据自身特点和场上对手来球的具体情况,来决定自己的回接打法。

(四) 攻球与推挡

1. 攻球技术

攻球是乒乓球技术中的重要内容。从技术特点来看,攻球由于速度快、力量大,很容易掌握比赛的主动权,但也有许多以柔克刚的削球手赢得最终胜利,因此,必须合理运用全面、正确的攻球技术。

(1) 正手攻球。面对右半区来球,持拍于身体右侧,左脚前右脚后,身体略右转挥拍,以拍的正面,在球的上升期击其中或中上部(图 5-23)。正手位(包括侧身位)的攻球技术繁复,有近台和中远台之分,有拉球与扣杀之别,但大抵在球台右半区的攻球就都称为正手攻球,

乒乓球
攻球技术

图 5-23　正手攻球

而在左半区里进行的正手攻球,称之为侧身攻球。

（2）反手攻球。面对左半区来球,右脚在前左脚稍后,持拍于身体左前方,向左微转体,横拍握持者以球拍反面击球,直拍握法则须扭腕以球拍正面击球,击球点为球体正中或中偏上（图5-24）。

图 5-24　反手攻球

2. 推挡球技术

推挡球技术属近台技术,动作幅度小,出球速度快、力量大,是左推右攻打法的重要组成部分。

（1）挡球。挡球的技术要点为前臂前伸近球,手腕手指调节拍形,食指用力,拇指放松。挡球动作较简单,力量轻,球速慢,可帮助初学者熟悉球性,提高控制球的能力。

（2）快推。快推是指在前臂向前推送的过程中,把握时机,适宜地完成外旋转腕击球动作。其特点是站位近、动作小、借力还击、速度快、线路变化多。适用于回击一般的拉球、推挡球和中等力量的攻球;在相持中能发挥回球速度快的优势,推压两大角或袭击对方空当,为自己的进攻创造条件。

（3）加力推与减力挡。这个动作是指在推挡基础上适当后撤引拍,选择恰当时机,集中力量于击球的一瞬间,击球点离身体较远。其特点是回球力量大,速度快,击球点较高,能充分发挥手臂的推压力量。如果在触球瞬间,有意识地做手臂和手腕后收的动作,则为减力挡。上述两动作搭配使用,常常能迷惑对手,起到意想不到的作用（图5-25）。

图 5-25　推挡球

（五）搓球

搓球是近台还击下旋球的一种基本技术,回球多在台内进行,是一种过渡球技术,也是初学削球必须掌握的入门技术。

1. 慢搓

近台站位,右脚稍前,持拍臂自然弯曲,根据来球情况,调整好拍面的后仰角度,以前臂和手腕向前下方用力,在球下降期击其中下部。特点是动作幅度大,回球速度慢,适用于回接旋转较强、线路稍长的来球。

2. 快搓

站位及击球方法与慢搓相同,只是臂的前伸插更为主动,击球时拍面稍横立,避免出界或回球过高。特点是动作幅度小,回球速度快,借来球之力将球搓回,常用于接发球或削过来的近网下旋球。

(六) 削球

削球是我国乒乓球传统手法之一,也是乒乓球重要的防守技术,削球技术正在向转、稳、低、攻方向发展。

1. 正手削球(图 5-26)

图 5-26　正手削球

站位中台,左脚稍前,上体稍向右转,重心落于右脚,持拍手臂于腹前自然弯曲。顺来球方向向右上方引拍与肩同高,拍面后仰。当球从台上弹起时,持拍手上臂带动前臂由右上向左前下方加速切削,手腕向下转动用力,在右侧离身体40厘米处摩擦下降期击球的中上部,并顺势前送。

2. 反手削球(图 5-27)

图 5-27　反手削球

中台站位,右脚稍前,上体左转重心落于左脚,持拍手自然弯曲放松置于胸前。顺来球路线向左上方引拍约与肩高,拍柄向下。当球弹起时持拍手从左上方向右前下方挥动,拍面后仰,臂、腰、腹、腿协调用力,前臂和手腕加速切削,球拍在胸前偏左 30 厘米处摩擦下降期击球的中下部,并顺势挥至右侧下。

（七）弧圈球

弧圈球是加转的上旋球,上旋力量大,因在飞行中以较慢的速度画出圈样的弧线而得名。球运行到对方台前,便会加速下落,使对手的回球产生较大的向上的反弹力,以至击球出界或回球过高。

1. 加转弧圈球(图 5-28)

加转弧圈球也称高吊弧圈球,由于弧线高、速度慢,多用于对付削球手。左脚前右脚后,双膝微屈,重心落于右脚,持拍臂自然下垂。在来球的下降期,小臂带动大臂由下往上用力提拉,拍面与地面几乎垂直,臂、腰、腹、腿协调用力,摩擦球体中上部,出球后手臂顺势上挥。

图 5-28　加转弧圈球

2. 前冲弧圈球

前冲弧圈球运行速度较快,弹起弧度较小,向前、向下冲力大,是转守为攻、变被动为主动的有力手段。基本姿势与加转弧圈球同,但击球时机要选在来球弹起的高点,用力方向为从后向前,触球时前臂需向左前方急剧收缩。

三、 主要练习方法

（1）握拍的体会练习。无论直握还是横握,都应松紧自如,深浅合度,在变换击球的拍面、调节拍面角度时,能充分发挥手指的作用。

（2）引拍击球徒手模仿练习。球拍从准备姿势的右腰位置开始,右腿微曲,腰髋开始向右后方转动,重心右移并且稍微向下,右肩稍沉,左肩稍起,手臂带动球拍自然向右后方引出。击球发力不是靠手臂,首先是腿部和腰部开始发力,使重心前移从而带动肩部、大臂向前运动。击球时小臂迅速收缩发力,击球后球拍惯性挥向左上方,在重心逐渐移到左脚的同时,顺势将球拍拉回,准备下一次的击球。反复进行此练习,直到熟练为止。

（3）步法练习。步法练习包括握拍进行基本的单步、跨步、并步等练习,要求达到运用自如。

（4）挡球练习。挡球练习能帮助初学者熟悉球性,认识击球规律,建立正确概念,提高控球能力。动作手法正确,引拍时上臂应靠近身体,前臂前伸近球,手腕手指调节拍形,食指用力,拇指放松。

（5）快推练习。快推练习能够利用回球速度快的优势,推压两大角或袭击对方空当,为自己的进攻创造条件。快推适用于回击一般的拉球、推挡球和中等力量的攻球。击球前小臂适当后撤引拍,在前臂向前推送的过程中,完成外旋动作。注意时机把握恰当,转腕不宜过大。

练习园地——推挡练习

1. 加力推练习:充分发挥手臂的推压力量,迫使对方离台,陷于被动局面。球拍后撤上引以增大用力距离,击球点离身体稍远些,将身体各部分力量集中于击球的瞬间。

2. 减力挡练习:与加力推结合运用,可以前后调动对方,是对付中台两面拉或两面攻打法的有效战术,常用于接加转弧圈球。击球前重心略微升高,球拍保持合适的前倾角度;击球瞬间,有意识地做臂、腕后收动作;在削弱来球反弹力的同时,借来球的力量将球挡过去,回球速度要快。

四、 乒乓球运动欣赏

自乒乓球运动被列入奥运会比赛项目以来,多数国家均给予较高程度的重视,各种赛事逐年增多。我国乒乓球所取得的骄人战绩,使其当之无愧地成为我们的国球。

乒乓球体积小、重量轻,要使自己打过去的球更具威力,必须要调动对方前后、左右的移动或奔跑,因此要讲究落点。力量作用于球,是通过球的前进速度和旋转强度表现出来的。如果在进攻当中猛力扣杀,使对方接不好,那么就要打得有力量。如果是提升旋转的强度,无论是制造上旋或下旋,一定要用力摩擦球。为了尽量减少对方的准备时间,必须抓紧时间,争取在最短、最快的时间内把球回击到对方的台面上,使对方措手不及,这就是速度。为了增加对方还击的难度,还可以制造各种旋转球,迫使对方回球失误后出"机会"球,这就是旋转。所以说,落点、力量、速度、旋转是乒乓球技术的基本因素。

近些年来,世界超一流选手频繁流动,训练方法、手段、技战术特点再无秘密可言,彼此之间相互了解、熟悉、知己知彼。比赛也愈发紧张激烈、悬念迭起、冷门时现,不断刺激着越来越多的人去关心、观看各种不同规格的比赛。"乒乓球热"再次掀起,并呈现出久违的"欣欣向荣"的喜人景象。为了更好地欣赏比赛,我们应该从以下几方面着手。

（一）熟悉竞赛规则,了解有关赛制

众所周知,近年来乒乓球竞赛规则发生了根本性的变化。如男子团体比赛由过去的9盘5胜制,改为现在的5盘3胜制;每盘3局2胜制改为5局3胜制;每局21分制改为11分制;单打由过去的5局3胜制改为现在的7局4胜制;发球由五个轮换制改为两个轮换制及比赛中的暂停制等。了解了竞赛规则的变化,观看比赛时便可做到"心中有数",同时又可跟着比赛的节奏张弛有度。

（二）由看热闹变为看门道，由外行变成内行

观看乒乓球比赛，不仅看比赛结果，更应注重整个比赛过程。观看前可先比较双方参赛队员的技术实力，预测一下比赛结果，哪方的胜率更高。观看时注意观察运动员们采取或运用了哪些技战术，在比赛中如何进行调整，效果怎样。如结果与预测相同，说明自己分析理智、判断合理；如果比赛结果与自己预测相悖，应分析预测错误的原因。但无论结果如何，均可从中获得意想不到的乐趣。

（三）了解运动员的打法类型，欣赏不同风格

赛前，可以利用报纸、杂志、评论等多种渠道，了解参赛运动员的打法类型及比赛风格，通过欣赏比赛来进行验证。当然，对于诸如快攻打法、弧圈球打法、削攻相结合打法等，自己首先就得有所了解。此外，对运动员在比赛中所表现出的急躁情绪、求稳心理、顽强斗志、拼搏精神等不同风格，进行独特的评价。只有这样才能使观赏融入比赛，使欣赏比赛的水平不断提高。

（四）遵守赛场秩序，营造良好氛围

在现场观看比赛时，每一个回合尚未结束，不能发出声响，以免影响场上运动员的正常发挥，干扰比赛的正常进行。回合结束，可给予鼓掌、呐喊、敲锣、打鼓等不同形式的鼓励、加油。只有遵守赛场要求，营造一个良好的竞赛氛围，才能使双方运动员的高水平得到发挥，观众也才能欣赏到精彩激烈的比赛。

知识窗——乒乓球三大赛

1. 世界乒乓球锦标赛（简称世乒赛）

世界乒乓球锦标赛是由国际乒联主办的，历史最悠久、影响最大的比赛。国际乒联所属协会均可选派选手参加任何项目的比赛。

2. 乒乓球世界杯

国际乒联从 1980 年起每年举办一届乒乓球世界杯赛（埃文斯杯）。它是国际乒联委托有关国家和地区主办的另一项重要比赛。

自 1990 年开始，增设男女团体赛。1996 年起，女子单打项目也加入了乒乓球世界杯的赛场。

3. 奥运会乒乓球赛

1983 年 10 月 1 日，国际奥林匹克委员会在德国巴登举行的第 84 次会议上决定，从 1988 年在韩国汉城举行夏季奥运会开始，乒乓球列为奥运会的正式比赛项目。经国际乒联与国际奥委会多次协商决定：奥运会的乒乓球比赛设男子单打、女子单打和男子团体、女子团体和混合双打 5 个项目。

容国团为中国乒乓球乃至中国体育界第一个世界冠军。截至 2024 年 5 月，我国共有 117 名乒乓球世界冠军。

第三节 网 球

一、网球运动简述及比赛规则介绍

(一)简述

网球(tennis)运动起源于法国民间流传的一种游戏,用布卷成圆球,以绳为网,双掌作拍,将球从绳上丢来丢去。因之,法语将此游戏唤作"tenez",意即"抓住!丢过去",而今的"tennis"即源于此。后来木拍替代了手掌,球也更加耐用,为了便于判定球是否从绳下穿过,先是在绳子上增加许多垂线,随之改绳为网。

1873 年英国人沃尔特·克洛普顿·温菲德将早期的网球打法加以改良,使之成为夏天在草坪上进行的一种运动,并冠名"草地网球",还出版了一本名为《草地网球》的小册子来大力推广这种运动。1875 年英国各地开始建立网球俱乐部,制定了很多规则,并于 1877 年举办了全英网球男子单打锦标赛,即现在的温布尔登网球公开赛。

网球运动的真正兴盛是在传入美国之后,最初在美国东部各学校中开展,很快便以燎原之势传遍全美。此时,网球运动已不限于仅在草地上开展,而是在沙土地上、水泥地上、柏油路上都可举行比赛,"草地网球(lawn tennis)"也逐渐被"网球(tennis)"代替。

在我国,网球最早出现在上海。1876 年,上海网球总会建了两片草地网球场,成为全中国最早的标准网球场。1924 年到 1946 年,中国选手共参加了 6 次戴维斯杯网球赛。

中华人民共和国成立后,党和国家十分重视体育工作,网球运动在起点低、基础差、交往少的情况下逐渐发展,并于 1953 年成立了中国网球协会。改革开放以来,网球运动在中国蓬勃发展。1998年,喜力网球公开赛首次落户中国上海,第一次把张德培、伊万尼塞维奇等网球巨星带到了上海以及全国网球迷面前。目前,在中国大地上,网球已成为一项老少皆宜的运动项目,中国网球尤其是女子网球在全球拥有越来越大的影响力。

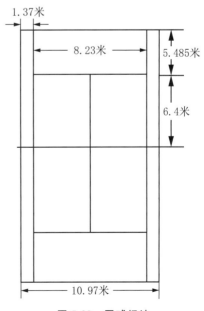

图 5-29 网球场地

(二)比赛规则介绍

1.场地要求

(1)网球场地标准尺寸及说明要求(图 5-29)。

球场:是一个以球网将其横隔为二等区的长方形,长度为 23.77 米,宽度为 10.97 米。

球网:悬挂在直径不超过 0.8 厘米(1/3 英寸)的绳或钢丝绳上,网的两端应悬挂不超过网绳顶部 2.5 厘米、直径不超过 15 厘米的圆形或正方形网柱。球网要充分展开，完全填满两柱间之空隙，网孔大小以不让球穿过为准。网柱顶端距离地面 0.914 米，并用不超过 5 厘米宽的白色网边布包缝。

球场两端的界线叫端线，球场两边的界线叫边线。全场除端线可宽至 10 厘米外，其他各线的宽度均不得超过 5 厘米，也不得少于 2.5 厘米。全场各区的丈量，除中线外都从各线的外沿计算，所有的线应是同一颜色。

场地可用土质、水泥、沥青、草皮（自然或人造）、塑胶等材料铺设，要求地面平整。

（2）场地画法（图 5-30）。

端线：用中轴线配合勾股定律的方法确立两侧端线，具体方法同前。

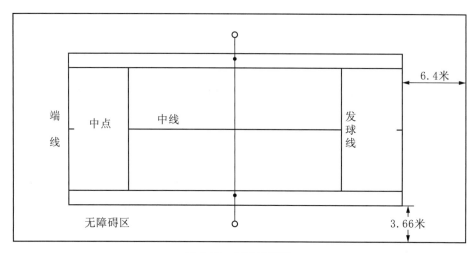

图 5-30　标准网球场

边线：分别连接两边端线顶点。

中线：连接两端线中点，由其中心向两端各取 6.4 米。

中点线：在端线中点连线上，由两端线中点向场内各取 10 厘米。

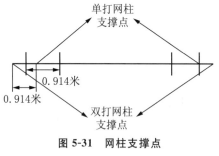

图 5-31　网柱支撑点

单打边线：将两边线分别向内平移 1.37 米。

发球线：在场中、顶点与单打边线相交、平行于端线且相距 5.485 米。

轴线：连接两边线中点且分别向场外延长 0.914 米。

网柱支撑点：沿横轴线分别从单打线和双打线与其的交点，向场外量 0.914 米，然后取其为圆心，分别做一个半径为 3 厘米的圆点即得（图 5-31）。

2. 胜负判定

网球比赛分单打和双打。比赛设有男、女团体，男、女单打，男、女双打及混合双打七项。比赛时双方隔网各占半场，发球方先于右区端线将抛起的球击入对方右发球区。双方可在球反弹一次后击球，也可直接将球击回（接发球除外）。

（1）胜一局。赢得第一球记 15 分,第二球记 30 分,第三球记 40 分,赢得第四球为胜一局。如双方各赢三球,则为平分。平分后,一方需连赢两球方可取胜该局。

（2）胜一盘。一方先胜六局为胜一盘。如双方各得五局时,一方必须净胜两局才算胜一盘。为了控制比赛时间,近十年普遍采用“抢 7”决胜制,即当局数 6∶6 时,在接下来的一局里每胜一球得 1 分,先得 7 分者获胜该盘。

（3）胜一场。男子比赛一般采用五盘三胜制,即先赢三盘者为该场比赛获胜。女子采用三盘两胜制,即先赢两盘者为该场比赛获胜。

3. 发球规则

（1）发球前。发球员应站在端线后、中点和边线的假定延长线之间的区域里。每局先从右边发球区发球,比分之和为单数时在左边发球,双数时在右边发球。

（2）发球时。队员不得通过行走或跑动改变站位,必须用手将球向上抛起,在球落地前挥拍击出,发出球须从网上越过,落在对角的对方发球区或周围线上。

（3）发球失误。违反上述规定,或未击中球、发出的球落地前触及固定物（球网、中心带、网边白布除外）。一发失误后,进行二发。

（4）发球无效。发球触网后仍落在对方发球区内,或接发球队员未做好接发球准备,发球无效,应重新发球。

（5）发球次序。第一局比赛结束,接球员成为发球员,发球员成为接球员。以后每局终了,均依次交换,直至比赛结束。双打比赛中,每盘第一局开始时,由发球方决定由何人先发球,对方则同样在第二局开始时决定何人先发球。第三、四局由第一、二局未发球的队员发球,该盘比赛以下各局均按此次序发球。在完成接、发球后的比赛中,可由任何一名队员进行回击。

4. 其他规则

（1）交换场地。双方应在每盘第一、三、五等单数局结束后,以及每盘结束双方局数之和为单数时交换场地。

（2）失分。在球第二次着地前未能还击过网;还击的球触及对方场区界线外的地面、固定物或其他物件;还击空中球失败;在比赛进行中,运动员故意用球拍拖带或接住球,或故意用球拍触球超过一次;“活球”期间队员的身体、球拍或穿戴的其他物件触及球网、网柱等,或对方场区以内地面;过网击球;抛拍击球;比赛中,队员故意改变其球拍形状。

（3）有效击球。球触及网、柱、带等,且从其上方越过落入对方球场;当落到有效区的来球反弹或被风吹过网时,该轮击球员可越过网在对方场区击球;回球从网外绕过,只要落入有效场区内;击球后球拍随球过网;球击在场地内另一个球时。

（4）压线球。比赛中,落在线上的球都算界内球。

（三）锻炼价值

网球作为一项室外运动,一直以来深受人们的喜爱。它既是一种极富乐趣的消遣,更是一种促进健康的方法,同时还是一种追求艺术享受、扣人心弦的竞赛。打网球除了可以保持并提高人们动作的敏捷性、判断的准确性、反应的速度、身体的协调能力等,还可以帮助人们养成文明举止和高雅气质。网球项目运动量可控度高，没有身体接触，安全文雅，能增进友谊、加强团结、促进交流，是一项老少皆宜的运动。

长期坚持网球运动，可以缓解人体关节的老化速度、增进血液循环系统的健康、消耗多余热量、提高心肺功能、增强人体免疫能力、提高抗病能力和病后康复速度。网球除了达到一般体育项目增进健康、增强体质、强化身心的目的，还具有调理身心、丰富精神文化生活、增强自信心和提高综合素质等方面的价值。

二、网球运动的基本技术

（一）握拍法（图 5-32）

1. 东方式正手握拍法

右手掌根与拍柄右上斜面紧贴，拇指垫握住拍柄的左垂直面，五指紧握拍柄，食指下关节压住拍柄垂直面（图 5-32a）。东方式正手握拍也被称为"握手"式握拍或"万能握拍法"。这种拍型易于转换成其他握法，可通过拍面摩擦球体后部击出上旋球，也可以打出力量和穿透性很强的平击球。但它不太适用于打高球，稳定性稍差，不利于多回合的打法。

网球握拍法

2. 东方式反手握拍法

从东方式正手握拍把右手向左转动四分之一，手掌根贴在拍柄左上斜面，拇指贴在拍柄左垂直面上，食指关节压住拍柄右上斜面（图 5-32b）。这种拍型稳定性好，可打出略带旋转、穿透力很强的球。

3. 大陆式握拍法

虎口放在拍柄上平面与左上斜面交界线上，使拇指底部贴住并整个包卷拍柄，食指第一指节贴在拍柄的右斜面上（图 5-32c）。此握法也称"榔头"式握拍法，仿佛在用拍框的侧面钉钉子一样，适于击打任何类型的球，在发球、打截击球、打过顶球、削球及防守球时采用这种握拍效果更好，但不宜处理高速的落地球。

4. 西方式握拍法

握拍时，大拇指伸直压住拍上平面，食指下关节握住右上平面，与拍底平面对齐，大拇指与食指几乎成直角（图 5-32d）。这种拍型适于打出强烈的上旋球，易于对高球的控制，但不易对低球进行处理。

图 5-32　握拍法

（二）发球

（1）站位。站在端线后，身体自然放松，两脚开立与肩同宽，前脚与端线成45°角，左肩侧对发球方向。拿起球和球拍，放在与胸同高的位置上，眼睛看对方是否做好接球准备。

网球发球

（2）抛球与引臂。抛球手沿垂直于地面的直线上举抛球，同时，持拍臂大弧度地环绕向后引拍，抬肘外展，双膝微屈，腰呈弓形，重心移到右脚，两臂动作协调而有节奏。

（3）挥拍击球。挥拍时，使球拍向后引足，当球拍在背后时肘关节收缩。发球时，屈膝屈体，转动球拍，加速挥拍。击球点在最高点刚开始下落瞬间，握拍臂充分伸直击球。

（4）随球跟进。击球后，球拍继续做弧形运动，交叉经过身体的左侧，并且脚步随惯性自然跟进，完成发球的随挥动作（图5-33）。

图5-33 发球

（三）击球

（1）正手接落地球。判定来球在正手方向，转肩侧身向球网，两脚前后开立，重心落于右脚，随转体快速平稳向后摆动球拍。挥拍击球时让球反弹到齐腰高度，手腕绷紧，击球后，持拍手惯性做随球运动（图5-34）。

图5-34 正手接落地球

（2）反手接落地球。判定来球在反手方向，反手握拍向后转肩，并平稳摆动球拍。右脚向网前迈出一步挥拍，借助转体力量击球，随球动作结束于侧前方高处，此时重心落在前脚，后脚跟踮起（图5-35）。

（3）截击空中球。在来球落地前便将其回至对方场区。亦有正、反手之分，要求摆动幅度小，在体前完成击球。

（4）高压球。同截击球一样，属于上网击球技术，即在头部上空以迅猛的动作扣击来球。

（5）挑高球。攻防兼备。防守时，挑球的弧线很高，常从一端挑放到另一端；进攻时，挑

图 5-35　反手接落地球

球需有突然性,且挑球的落点使对方难以回位。

（6）放短球。以手腕削击动作为主,把球刚好"吊"过网,迫使对手从底线上网,或够不到,疲于奔波。

（7）落地反弹球。后摆稍短,身体重心要压低,注意力集中在击球时机上,将刚落地弹起的球回击过去。

三、网球比赛的基本战术

（一）发球战术

发球不受对方支配,可通过力量、速度和准确性达到得分目的;运用相似的手法,发不同性能的球,使对方不易捉摸;利用外界自然条件,如风向、阳光、硬地、草地等,给对方接发球制造困难;寻找弱点,攻其薄弱环节,降低其回球质量。

双打时因另一边由同伴防守,所以发球站位可稍靠边线。

（二）接发球战术

站于对方发球角度的角分线上。当对方发内、外旋球时,须略靠近旋转方向。一般采用平击抽球回到对方底线两角,也可将球旋向两边,或以切削球打到近网两角。双打时,同伴应站在发球线附近。

（三）上网战术

上网是指接发球或发球后,快速上网,对来球进行空中截击或高压。发球或回击球要为随后的上网截击创造条件,尽可能上到距网约 2 米处,以获得最大的封网角度和防守面积,扩大进攻威胁。上网截击是双打比赛的重要战术,须两人默契配合。

（四）底线战术

该战术以进攻型打法为前提,利用快速、大力、准确、凶狠的底线回球,变被动为主动,进而取胜对方。常用的有逼右攻左、逼左攻右、专攻对方弱点或与对方拼险球。双打时应争取机会上网,一旦被压在底线,就只能考虑防守反攻。可运用挑高球、回击短而低的球、打平直线球快速穿过对方中央场区、运用侧旋直线球打对方两侧等。

四、 主要练习方法

（一）徒手模仿挥拍练习

假装有球，保持正确的位置和击球点，按照动作的要求，由慢到快地反复做徒手挥拍动作练习，直到动作定型。

（二）抛球练习

在靠近建筑物或其他参照物的地方，确定一个点或线与参照物的关系，然后反复练习抛球，使球总能抛到该点或线上。每次抛球到位时，都挥动球拍，但并不真击球，只是感觉发球节奏，可让球直接落地，以检查球是否抛在身体的前侧方。

（三）对墙练习

将墙作为理想的陪练，是提高网球基本功的最好方法。练习时，应站在离墙9米处，球拍充分后扬，击球不要太用力，要注意掌握节奏，逐渐提高准确率。此练习也可作为两人同时进行的模拟比赛。

（四）连续拍球练习

用球拍对空中或地面拍球来提高手眼配合和球感。若将球抛向空中，再用球拍接住，尽量不让球弹起，则可提高网前放小球的手感。

（五）"影子"练习

同伴喊出击球动作，自己照着做带拍不带球的相应的挥拍和步法练习。例如，可以从发球开始，跟随发球上网，稍停一停，准备第一次截击，再向前移动，做第二次截击，后退打高压球，最后向前截击得分。此练习可熟练步法衔接，提高移动速度，并使重心始终保持向前。

（六）截击球练习

因挥拍过长，后摆太多，往往会造成截击失误。做背靠墙的截击动作，利用墙体能阻止球拍后摆超过肩膀，然后以一个短促的动作，截击想象中的来球。反复此练习，可使截击动作达到正确定型。

网球截击球

（七）发球练习

（1）挥拍模仿发球动作练习。

（2）两人一组隔网进行发球练习。

（3）打向对方后场目标圆圈的发球练习。

（八）击球练习

（1）反复进行模仿挥拍击球动作的练习。

（2）两人一组隔网做击球练习。

（3）一人发球一人击球的多球练习（适时交换）。

（九）挑高球练习

（1）教师喂球，学生将球挑过网，可一正一反练习。

（2）一人挑高球，另一人平击球，适时交换练习。

(十) 高压球练习

(1) 模仿高压球动作反复练习。

(2) 一人连续发高球,一人进行高压球练习。

(3) 两人一组对练,同时注重对挑高球、放短球等技术的练习。

练习园地——个人常用网球练习方法

1. 提高速度练习

速度练习应在体力充沛、精神饱满、运动欲望强烈的情况下进行。

(1) 向前跑与后退跑。利用网球场地,练习者站在底线后,向网前快跑,到网前重心稍低,用手触网或触球场中线后,立即后退跑。

(2) 折返跑。在网球场地做见线折返跑,变向跑,侧前、后跑或整场八点跑及五点位折返跑(图 5-36)。

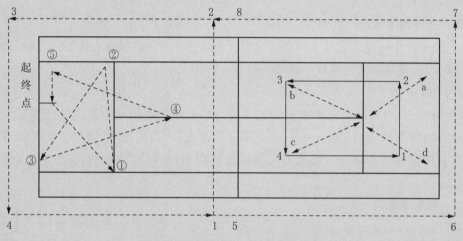

图 5-36 网球场地见线折返跑练习

(3) 移步。集体与个人做徒手和挥拍的步法移动,如前、后、左、右等。

2. 提高力量练习

力量锻炼要全面,注意力要集中,重量由轻到重,速度由慢到快。

(1) 哑铃练习。①做手腕内旋、外旋;②做直臂前后绕环,扩胸;③做屈肘内旋与旋臂外举。特点是哑铃重量较轻,练习次数相对较多(约 20 个),组数适当少些(3～5 组),也可根据自身情况而定。上述练习用于发展手臂的旋力,对改变球的线路有重要作用。

(2) 杠铃练习。如体侧屈,俯身提拉,仰卧推举,提踵、蹲起、蹲跳等。用于发展背阔肌和三角肌后束肌肉及下肢的爆发力和弹跳力,提高肌肉能力,加大击球力量。

(3) 腰腹肌练习。在垫子或斜板上做仰卧起坐、收腹举腿、两头起等,用于发展腰背部肌肉。练习组数适当少些,次数适当多些。也可在一定时间内完成。

3. 灵敏度练习

（1）手臂与腕关节练习。①拍球练习，单手或双手交替进行练习；②利用球拍做持拍操练习。

（2）髋关节练习。原地转髋练习和迈步转髋练习。后者是髋向左转动，右腿高抬向左前方迈出，右脚落地时，髋部立即向右转，然后抬左腿向右前方迈步，反复进行。

（3）下肢灵敏度练习。做前、后、左、右跳跃练习，时间为 15 秒左右。灵敏度练习可多种多样，利用游戏活动也是发展灵敏度的有效手段。

4. 耐力练习

（1）多球练习。让练习者在规定的时间内完成规定的传球数。

（2）速度耐力练习。100 米或 150 米反复跑，距离可缩短，也可延长。

五、网球运动欣赏

长期的职业训练造就了运动员完美的身姿和各种素质，通过激烈对决展示于赛场上。速度惊人的发球、和谐的正手发力、优美的反手挥击、智慧的高挑球等，这一切给人以力与美的动感享受。每当你坐在球场或电视机前，欣赏着激动人心的世界网球大赛，看到球星高超的球艺表演时，一天的疲劳顿觉缓解，精神得到放松，烦恼也被忘却。目前，世界主要网球赛事有以下几项。

（一）戴维斯杯网球赛

戴维斯杯网球赛因由美国人戴维斯倡议并捐赠银质奖杯而得名。首届比赛于 1900 年在美国波士顿举办，目前成为一年一度由国际网球联合会主办的、世界网坛层次最高的男子网球团体赛。戴维斯杯比赛采用 4 单 1 双、5 场 3 胜制。无论哪一级的团体赛，比赛时间都是三天。第一天两场单打，第二天一场双打，第三天又是两场单打。第一天和第二天为 5 场 3 胜制，第三天为 3 场 2 胜制。获得戴维斯杯次数最多的国家有美国、澳大利亚、英国和法国等。

（二）比利·简·金杯网球赛

比利·简·金杯网球赛于 1963 年为庆祝国际网联成立 50 周年而创办，原名联合会杯，是一年一度的世界最高水平女子网球团体赛。首届比赛于伦敦举行，共有 16 支代表队参加，至 2024 年已进行了 61 届。随着女子网球运动的不断普及，参加比利·简·金杯网球赛的国家也慢慢地增加起来。从 1995 年起仿效戴维斯杯赛的比赛办法，由上年四分之一决赛的 8 个队组成世界组，其余 8 个队成为 A 组，采用 5 场 3 胜制进行比赛，而各大洲的预选赛则采取 3 场 2 胜制。

（三）温布尔登网球锦标赛

温布尔登网球锦标赛由全英俱乐部和英国草地网球协会于 1877 年创办，是现代网球史上最早的比赛，因首次正式比赛在伦敦西南郊的温布尔登举行，故而得名。1884 年起增加女子单打，1901 年才接受国外选手参赛。高额奖金使温布尔登网球锦标赛具有极强的吸引力，但想夺冠也极其不易，男子必须从第 1 轮打起，连胜 7 场比赛，女子必须连胜 8 场比赛。该赛事于每年 6 月最后一周至 7 月初定期举行，已经形成传统，到 2024 年为止，温布尔登网球锦标赛已举办了 137 届。

（四）法国网球公开赛

法国网球公开赛创始于 1891 年，开始仅限本国人参加，1925 年以后才成为公开赛，每年的 5 月至 6 月举行，是每年继澳大利亚网球公开赛后，世界网坛的第二个大满贯赛事。法国公开赛规定男子每场比赛采用 5 场 3 胜淘汰制，女子采用 3 场 2 胜淘汰制，而且球场属于慢速红土场地，利于底线对抗，所以，一场比赛打上 4 个小时是司空见惯的。在这样的球场上，花这么长的时间去打一场比赛，球员要有超群的技术和惊人的毅力才行，很具有挑战性。法国网球公开赛是在世界网坛上享有盛名的传统比赛，获得这个公开赛桂冠的选手能够像获得温布尔登赛冠军一样名震世界。

（五）美国网球公开赛

美国网球公开赛也是具有世界影响力的网球赛事，每年一届，通常在 8～9 月间举行。其前身可追溯到 1881 年首届美国男子网球锦标赛，后为"全美冠军赛"，那时只是由业余选手参赛的一项锦标赛。经过组委会不懈地努力，美网才从业余赛事发展到现在，成为世界上奖金最丰厚的大满贯赛事。该赛事一共包含了五个单项，即男子单打、女子单打、女子双打、男子双打和混合双打，值得一提的是混合双打是本世纪初叶时由男子单打表演项目演变而来的。现在每年的夏天在美国国家网球中心进行的美国网球公开赛都能吸引超过 50 万的球迷到现场观看。

（六）澳大利亚网球公开赛

澳网公开赛为每年最先登场的大满贯赛事，自 1905 年创办以来，至今已经走过了一百多年的历史。澳网公开赛通常于每年 1 月的最后两个星期在澳大利亚墨尔本举行，由澳大利亚网球协会（Tennis Australia）主办。1972 年后，澳网一直是在墨尔本库扬草地网球俱乐部的场地上举办的。1988 年澳大利亚政府斥巨资在墨尔本扩建网球中心，观众人数大幅攀升，使澳网成为最受人关注的世界赛事之一。

知识窗——网球名将李娜

李娜，我国女子职业网球运动员，2011 年法国网球公开赛、2014 年澳大利亚网球公开赛女子单打冠军，亚洲第一位大满贯女子单打冠军。在 15 年的职业生涯里，李娜 21 次打入 WTA（国际女子网球协会）女单赛事决赛，并共获得了 9 个 WTA 和 19 个 ITF 单打冠军，职业生涯总战绩为 503 胜 188 负，并以排名世界第六的身份退役。2019 年 7 月 21 日，李娜成为首个入选国际网球名人堂的亚洲球员。

思考题

1. 你最喜欢哪项球类运动？请简述其起源和发展。

2. 请选择一个球类项目，简述其基本技术和战术。

3. 你关注的球类比赛有哪些？请与同学们讨论分享。

第三篇
休闲健身篇

第六章　休闲户外运动

休闲户外运动能够帮助我们放松身体、愉悦心情,常见的项目包括健身走、健身跑、飞盘、垂钓、露营等,本章主要介绍健身走与健身跑的基本方法、锻炼方法和注意事项,以及飞盘的基本技术、比赛的基本战术与练习方法等内容。

第一节　健　身　走

一、健身走简述

(一)健身走简介

走步是人类最基本和最常用的活动形式。

健身走是任何人,在任何时间和任何地点都可以进行的运动。它的特点是动作柔和,不容易出现伤害事故,特别适合超重的人群。健身走不同于一般的行走,而是一种有氧运动,对时间和强度有明确要求,从而对提高心肺功能、调节免疫系统等各种机体功能非常有益。

(二)健身走的锻炼价值

(1)健身走是一项有氧运动,对循环系统、呼吸系统都有很好的锻炼价值。特别是较长时间、较快速度的健身走,能使胸部的肋间肌和膈肌得到锻炼,增大肺活量,提高呼吸系统的功能,促进血液循环,提高机体免疫力。

(2)经常进行较长时间的健身走,心脏的体积会逐渐增大,心脏每搏输出量会增多。安静时,心脏跳动的次数会明显下降,从而减轻心脏的负担。

(3)健身走时,全身的毛细血管扩张,能够使人体输送更多的营养和排泄更多的废料,促进人体的新陈代谢,提升肌体活力。

(4)经常进行健身走,能够逐步提高人体血氧运输能力,满足人体各器官系统对营养的需求。

(5)在健身走过程中,肢体的活动能转移神经的兴奋点,对消除神经疲劳较为有利。

(6)长期坚持健身走,可以消耗人体的大量的热量,达到减肥的目的。

(7)人在健身走时,上肢、下肢有规律地摆动和腿部和腰部的扭动,可使身体各部位的肌肉和关节得到不同程度的锻炼,对增强肌肉力量、发展身体协调性,都有明显的作用。

二、健身走的基本方法

(1)在走的过程中头部正直,两眼前视,挺胸、收腹,保持躯干正直,这将会使你走得更轻松、更舒适。

（2）两臂以肩关节为轴，弯臂摆手，前后摆动，手臂与身体的夹角为 80°～100°。适当扭动胯部，增加步幅。

（3）步幅和步频应根据个人的具体身高和腿长合理搭配，步幅自然，步频可根据个人的身体状况而定，动作应舒展大方。

三、 健身走的锻炼方法

常见的健身走方法很多，锻炼者应根据自身的运动目的和个人的具体情况选择合适的锻炼方法。

（一）快速走步法

用较快的速度行走，每分钟 120～140 步。每次锻炼 30～60 分钟。走时身体向前倾，加快行走步伐，但最好心率控制在每分钟 120 次以下。快速走步法适用于增强心肺功能和减轻体重。

（二）普通走步法

用中等速度行走，每分钟 90～120 步，每次锻炼 30～60 分钟。走步时，身体稍向前倾，匀速而有节奏地前行。此方法适用于以散步为主要锻炼形式的老年人。

（三）摆臂散步法

在自然走法的基础上，两臂用力向前后摆动，可增进肩部和胸廓的活动，适用于有呼吸系统慢性病的患者。

（四）摩腹、收腹散步法

轻松地散步时，两手柔和地按摩腹部，这是传统中医保健疗法。此法可促进胃液分泌和胃内食物排空，用于防治消化不良和胃肠道慢性疾病。在散步时收腹，对消除腹部脂肪、保持优美体型效果良好。

（五）倒退走步法

倒退走时要有参照物，注意安全。上身挺直，腿自然下落，由前脚掌着地再过渡到全脚掌着地，手臂自然摆动，保持身体平衡，重心稍前倾。用此法进行健身走锻炼最好选择运动场或无车辆及行人的平坦场地。此方法可加强腰肌的力量，对防治腰背疾患有较好的作用。

（六）蹬腿走法

向前迈步时，腿先用力蹬地迈出，然后落地，左右脚交替进行，其他均与自然步法无异。此法可使腿部肌肉得到适度拉伸，有利于腿部的血液循环。

（七）十点十分走法

两臂向斜上方侧平举，两臂的夹角成 120°。手心朝下，手臂举在身体两侧略靠后一点，手指头绷直，挺胸、抬头，然后正常行走。此法适合久坐人群，可以预防颈椎病、肩周炎、腰背痛。

四、 健身走的注意事项

（1）了解身体状况，准备健身走锻炼之前最好检查一下身体（体检和简单的运动心肺功能测试)。各种慢性疾病患者应遵医嘱,健身走时最好结伴同行,以免发生意外。

(2) 身体不适时及天气恶劣时,健身走要注意安全。

(3) 运动的鞋要舒适合脚,柔软且有弹性,不要穿凉鞋或皮鞋。

(4) 健身走的地点应选择在运动场、林间小路等环境清静、空气新鲜的地域。

(5) 健身走要在饮食1小时之后进行。

(6) 每次锻炼时在快步走之前应先用慢步走热身,快步走之后要放慢行进节奏(每分钟90～100步)做好整理运动。

(7) 健身走要循序渐进,持之以恒,运动强度应由小到大,运动时间应由短到长。在锻炼过程中要保证一定的频率、强度和持续时间。健身走不能等同于平常的走路、散步或逛街,每周锻炼至少3次,并且每次不能少于30分钟。

第二节　健　身　跑

一、 健身跑简介

健身跑是以增进身体健康为目的的跑步运动,又称慢跑,它采用的是较长时间、较慢速度、较长距离的有氧锻炼方法。其技术特点简单、易掌握,男女老少均可。该项运动不受场地、器材限制,可在操场、公路、树林、公园及田间小路等地练习,是我国群众性体育活动中普遍开展的项目之一。

二、 健身跑的锻炼价值

(一) 对心血管系统的作用

健身跑可以使心脏心腔增大,每搏输出量增加,心动舒缓,心脏的舒张期延长,心肌可以得到更多的休息,工作能力更加持久;随着心血管系统功能的增强,人体外周的血液通道增多,从而增加供血量,为机体的氧运输提供便利条件,这可以提高骨骼肌的耐力,使人不易疲劳。另外,有氧耐力运动对降低血脂、稳定血压,治疗、预防冠心病也具有重要作用。

(二) 对呼吸系统的作用

长期进行健身跑练习,可以使呼吸肌在跑步中得到锻炼,增大呼吸肌的力量,加大呼吸的深度;可以增大肺活量,扩大肺通气量,减少呼吸次数,最终提升呼吸功能。

(三) 对神经系统的影响

长期进行健身跑锻炼,能使神经的兴奋与抑制、传导与反应等机能得到明显的改善,使人体对外界的适应能力有明显的提高。

(四) 对肌肉和骨骼的影响

经常从事健身跑锻炼,可以提高肌肉的充实度,提高线粒体中氧化酶的活性,提高骨骼肌持久工作的能力;改良骨骼结构,促进青少年的骨骼发育,减缓老年人的骨质疏松症状。

（五）对肝功能的影响

人跑步时，由于体内糖的消耗增加，会促使肝脏的供糖能力加强，改善肝脏的工作能力。长期从事健身跑锻炼的人的肝脏机能水平比一般人高，对疾病的抵抗能力更强，运用肝糖原的效能比一般人更好。

（六）对心理的影响

长期有氧锻炼可以改善个体焦虑、抑郁等不良心理状态，有效地降低抑郁水平。

三、 健身跑的基本方法

（一）脚步动作

（1）着地：用脚跟或脚外侧柔和着地，并很快过渡到前脚掌，着地点距离身体重心投影点20～30厘米处为宜。脚落地时身体重心不要过多下降。

（2）后蹬与前摆：后蹬腿向前摆动不要过高，髋部要有明显的向前送的动作。

（3）腾空：身体重心不要过高。大腿向前摆出时，大小腿应顺惯性自然折叠。

（二）上体姿势与摆臂

上体正直稍前倾，头部自然，目平视，两手半握拳，以肩为轴双臂前后摆动。

（三）呼吸

健身跑的呼吸方法要自然而有节律，最好用鼻和半张嘴吸气。这样有利于对空气进行加温和加湿，同时，鼻毛和分泌物也可以把灰尘和细菌阻挡住，对呼吸道起到保护作用。用鼻吸气，用嘴呼气，呼吸要和跑步的节奏相结合，一般是两步一呼、两步一吸，也可三步一呼、三步一吸。

四、 健身跑的锻炼方法

（一）慢速放松跑

走跑交替锻炼一段时间后可采用慢速放松跑。在跑的过程中心率以每分钟不超过180减去自己的年龄数为宜。跑步时一定要注意呼吸的"深、长、细、缓"，有节奏。长年坚持，持之以恒。

（二）走、跑、跳交替

采用走一阵、跑一阵再加上跳几次交替进行的方法。这样可使肌肉关节在长时间连续活动中得到休息，缓解疲劳，同时又能提高弹跳力，还可以增加跑的乐趣。

（三）限定跑

限定跑分为三种，一种是不限跑的速度和距离，只规定跑的时间，如20分钟、30分钟、1小时定时；另一种是只规定一次跑的距离，如3 000米、5 000米；还有一种是既规定时间又规定距离，如用30分钟跑完5 000米，这种方法可提高体力和耐力，培养意志，但要求较高。

（四）变速跑

变速跑就是在跑的过程中快跑一段距离后，再慢跑一段距离，快跑和慢跑交替进行的一种跑法,适合体质较好的长跑爱好者。变速跑能提高机体的耐力素质,对提高人体机能大有益处。变速跑可以根据自己的情况随时改变速度,在身体状况允许时可逐步提高变速跑的速度,增加运动负荷。

(五) 迂回跑

在跑道或地面上放置许多障碍物,障碍物与障碍物之间有一定距离,跑步时交替从障碍物的左、右侧跑过。跑过之后,还可以原路再跑回来。这种跑步方法非常适合于青少年,是一种游戏式的跑步,可增加跑步的趣味性,还可以锻炼身体的灵活性。

(六) 滑步跑

跑步时,采用向左跑或向右跑的方式进行。向左跑时,右脚先从左脚之前向左移动一步,左脚则从右脚之后向左移动一步,如此反复,侧向前进。这种跑步方式适用不同年龄的人群,多在其他跑步方式之间进行,可增加机体的灵活性、敏捷性、协调性及平衡能力。

(七) 越野跑

凡是在公路、田野、山地、森林等地进行健身跑锻炼,均称为越野跑。越野跑很好地将运动与心理调节结合在一起,使健身、健心的效果更佳。

(八) 室内健身跑

(1) 赤足原地跑:地上放一块洗衣板或用旧塑料澡盆,铺上一些小鹅卵石,光脚在上面慢速原地跑。天冷可穿软底鞋或厚袜子。

(2) 原地高抬腿跑:原地站立,双手半握拳,双脚轮流提起,双臂随之自然摆动,可根据身体状况,选择提足的高度和跑步的速度。

(3) 转身慢步跑:先在原地练习顺时针和逆时针旋转,不求快速只求匀速。一般能习惯于顺逆时针各转三圈即可在跑步过程中不时旋转,并逐步增加旋转的频率、速度及圈数。旋转慢跑可产生一种离心力,可明显改善全身血液循环。

(4) 踮脚退步跑:先测量来回的步数,然后背向目标,目视前方,头正身直,双手半握拳置于腰间,踮起双脚,小跑步向后退步跑,同时摆动双臂,默数步数。此法对腰肌劳损,腰椎病,腰、腿、脚骨质增生患者有好处。

(5) 登楼跑:以力所能及的速度不用扶手跑步上下楼(下楼时亦可退行,但每次只能跨一节台阶)。此法可增强人的肺活量,可增大髋关节的活动幅度,使下肢肌肉得到锻炼,且能加强腰腹的肌肉活动,有消除赘肉、强筋壮骨之功效。

五、 健身跑的注意事项

(1) 做好充分的准备活动,多做些跑的专门练习(如小步跑、高抬腿跑、后蹬跑等)。

(2) 在每次快跑之后,切不可马上停下,要进行放松减速跑,以培养放松跑的能力。

(3) 每次锻炼结束后要注重肌肉的放松和整理活动。

(4) 在饮食中,应增加蛋白质的摄入量。

(5) 跑步时尽量按照自己的身体情况和安排进行,不要与他人竞争。

（6）健身跑的运动负荷不可太大，也不可太小，一切都要以自己的体力为基准来调整。

（7）空腹时和饭后不要即刻跑步，要在用餐后休息 1 小时后再去跑步。

（8）慢跑时最好穿运动鞋和宽松的衣裤。运动鞋鞋底以厚而有弹性最为理想，这样能减轻脚和膝关节的负担。

第三节 飞 盘

一、飞盘运动简述及比赛规则介绍

（一）飞盘运动简述

飞盘运动创始于 20 世纪 40 年代，由于该运动本身的新奇、活泼、多变、挑战性、无场地限制、无年龄限制等诸多特点，吸引了各年龄层的爱好者。历经数十年的发展与创新，飞盘运动目前已衍生出十余种正式的国际竞赛，其中最受运动者欢迎的有自由花式、飞盘高尔夫、飞盘争夺赛（极限飞盘）、勇气赛等四大项目。

除比赛规则与运动方式简单易懂、容易上手外，飞盘运动具有的独特社交属性是促使其迅速在我国落地生根的原因之一。在我国，开展飞盘运动、参与飞盘运动的群体主要集中在各大城市及高校，常出现于学校活动、亲子活动、团队建设中，比赛项目丰富多样，包括飞盘掷准、投准接力、飞盘越野赛等。2022 年教育部发布了《义务教育课程方案和课程标准》，极限飞盘作为"时尚运动类项目"入选"体育与健康课程标准"板块，飞盘运动被正式列入义务教育阶段课程。飞盘运动对参与者运动习惯的养成、个人品行的磨炼、团队合作意识的培养等方面都有较大帮助，是一项能够推动全民健身的新兴运动项目。

（二）比赛规则介绍

1. 掷准飞盘的竞赛规则

掷准飞盘运动的比赛目的是用最少的飞盘投掷次数完成场地上所有目标筐的掷准，每一个目标筐为一个单独的记分单元。

每一个投掷点的比赛，从开盘区开始，到目标所在处结束。在选手开盘投掷后，后续的每次投掷从上次投掷形成的投掷点开始。选手完成一个投掷目标后，便去下一个投掷目标的开盘区继续投掷，直到完成所有的投掷目标。

掷准飞盘场地通常设在具有各种不同地势的林区，比赛场地本身会对飞盘的飞行形成自然障碍。选手不可以用任何方法改变场地，以降低某个投掷目标的难度。除规则中的另行规定外，选手须在保持场地原貌的前提下进行比赛，并在飞盘的投掷点投掷。

2. 飞盘掷远的竞赛规则

比赛选手须在两分半钟内投掷五盘，取最远的成绩。飞盘要想掷得远，除了要使用专用掷远盘，还要善用风力，大部分选手都采用反手投掷法，也可助跑加旋转投掷技巧将飞盘掷出。

3. 飞盘争夺赛的竞赛规则

（1）飞盘争夺赛是一种团队飞盘项目，也是一项禁止身体接触、通过自我监管来开展的飞盘运动项目，正式比赛所用飞盘重量为 175 克。

（2）正式比赛的场地为长方形草地，长 100 米，宽 37 米；每边各有一个 37 米宽、18 米长的得分区（图 6-1）。

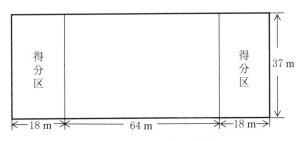

图 6-1　飞盘比赛场地图

（3）运动员分为两支队伍进行对抗比赛，每队上场队员为 7 名，开盘时在各自防守区内排成一排。分为公开组、女子组和混合组，其中，混合组场上必须至少有 3 名女队员在场。

（4）得分。每一方队伍防守一个得分区。如果一名已方队员在对方防守的得分区中成功接住飞盘，就算得一分。目标分通常是 15 分。

（5）传盘。持盘者可以将飞盘传给任何方向上的队友。不允许持盘跑动。持有飞盘的选手，有十秒钟时间用来掷盘，防守掷盘者的选手应大声地数出这十秒钟。

（6）失误。如果进攻一方传盘没有成功（例如：出界、掉地、被对方断下、截获）则视为失误。此时，防守方获得盘权，立刻进行攻防转换。

（7）换人。只有在得分之后或运动员受伤的情况下才允许替换比赛队员。

（8）犯规。若一方队员和对方队员发生身体接触，视为犯规。被接触的队员要立刻喊出"犯规"，此时，场上所有队员要停在当前位置，不得移动，直到比赛重新开始。如果犯规没有影响进攻方的盘权，比赛继续；如果犯规影响进攻方的盘权，飞盘要交给进攻方，并继续比赛。如果防守方队员不认可犯规，飞盘要交至前一位持盘者，并重新开始比赛。

（9）防守犯规。

① 两脚横跨掷盘者的轴心脚。

② 与掷盘者保持的距离不足一个飞盘的宽度。

③ 触碰掷盘者的任何部位。

④ 在某一方队员进攻选手尝试接盘时撞击他。

⑤ 在尝试阻断或者截获飞盘时，碰撞到某一位已经确立好稳固站位的进攻队员。

无争议的掷盘犯规。延迟计数重回到"0"开始。如果传盘已经成功，持盘选手保持盘权，比赛继续。如果传盘失败，飞盘返回到掷盘者手中，重新掷盘。

无争议的接盘犯规。进攻方保持盘权；如果犯规行为发生在得分区，飞盘要被带到得分线上最近的一点，然后继续比赛。

（10）进攻犯规。

① 掷盘或做假动作的过程中，轴转动作撞击到防盘者。

② 用飞盘或身体推开防盘者。

③ 推开防守者去跑位。

④ 在尝试接盘时撞击到某位已经确立好稳定站位的防守选手。

如果犯规是在掷盘或传盘不成功（也就是失误）的情况下发生，比赛继续；如果传盘成功回到握盘者手中，继续进行原来的计数，在接盘过程中或者接盘后经常不可避免地发生非故意的身体接触，这种情况不算犯规。在盘出手后的跟进动作中发生的身体接触，不足以构成犯规行为。但是，这两种情况都应尽可能地避免。

（11）走步。

① 掷盘者在出盘前跳起或者移动重心。

② 接盘者接盘后没有按照要求立刻止步，而是加速、改变方向或者明显地走更多的步子。

③ 接盘者在跑动中掷盘（有一种情况例外，这就是接盘者可以在接盘后的三步之内将盘掷出）。

（12）剥盘。

① 如果防守者拍打进攻选手手中已经控制住的飞盘并使其掉落，视为剥盘。

② 进攻方重新获得盘权后，计数回到"0"重新开始。

③ 剥盘行为如有争议，飞盘回给控盘者。

④ 得分区内的剥盘如无争议，视为得分。

（13）阻挡。

如果防守队员防守一名进攻队员，而另一名队员阻止了该防守队员向他防守的对象移动，则该防守队员可以示意"阻挡"，但是如果被防守的队员和被阻挡的队员都在尝试接盘，则不视为阻挡；在进行"阻挡"示意之前，防守队员有两秒时间来确定该次阻挡是否会影响比赛。

二、飞盘运动的基本技术

（一）飞盘的投掷方法

飞盘运动的投掷技术主要分为两种，即反手投掷与正手投掷。

1. 反手投掷

（1）握盘方法。拇指置于盘面，四指置于盘内，所有手指都紧紧地握住盘边缘。不需要用任何手指来支撑飞盘（图6-2、6-3）。

（2）投掷方法。右手投者以右肩正对目标，与身体呈90度角站立，手臂在身前挥动，运用手臂挥动带动手腕投掷出盘。

2. 正手投掷

（1）握盘方法。拇指置于盘面,盘缘贴紧手掌虎口,食指中指置于盘内并以中指抵住盘内缘,无名指小指贴靠盘外缘(图 6-4、6-5)。

图 6-2　反手握法（正面）

图 6-3　反手握法（背面）

图 6-4　正手握法（侧面）

图 6-5　正手握法（背面）

（2）投掷方法。挥动手臂,震动手腕发力投出飞盘。

（二）飞盘运动的基本接法

当盘高于胸部时,采用手掌向下、四指在上、拇指在下的方法接盘;当盘低于胸部以下时,采用手掌向上四指在下,拇指在上法接盘,这两种方法为基本接盘法。还有其他一些接盘方法,如衣捕、抬腿接、背后接、追接、指接等。

三、飞盘比赛的基本战术

（一）站位

在比赛中,要提醒自己:"是否存在两个以上自己可以接住传盘的方向?"换句话说,如果在自己所站的位置上,可接住传盘的方向有两个以上,那么这可称为"好的站位"。然后,要做好应对对手的策略,与掷盘手保持协作。如果掷盘手没法将盘准确传出,即便是"好的站位",也没有任何意义。最重要的是,需要根据己方能力寻找最合适的位置。

（二）跑位

由于与飞盘技巧没有直接关系，跑位通常不被看作一项技能。但它实际上与控盘一样，在比赛中非常重要。拥有出色跑位技巧的接盘者，会对对手构成极大威胁。掌握熟练的跑位技巧，可以打破对方的防守信心。跑位基础包括站位和假动作。

在跑位时，必须时刻思考"对方想跑到哪里去防守""获得理想站位的对手究竟会往哪里跑""接盘还是跑纵深""跑空位还是内侧"，这些都需要不断地预测。多思考赛场上的形势变化与对手的行动策略，有助于提高跑位技巧。

进行跑位时，还可以使用一两次假动作。假动作不仅适用于跑位，有时强行冲向对手也可以给对方造成压力，使对方措手不及。并且在以下情况中他们自然会感到困惑："下次会冲过来吗？还是会进行跑位？"迷惑对方正是假动作的目的。但是过多的假动作会让掷盘者失去正确的判断，容易失误，因此需要合理使用。

（三）传盘

接到盘后，不要急着把它传给第一个跑向你的跑锋，牢记下面四项原则，有助于制造更多优势：

（1）预判跑锋跑位。

（2）传出好接的盘。

（3）传向无法被防守的方向。

（4）避免高风险的传盘。

每一次传盘都可以使用这四项原则，虽然看起来很简单，但是只有勤于反思与练习才能自始至终地坚持这些细节。

假设一个跑锋水平地跑向了边线，防守他的队员在他身后，附近也没有其他防守队员（图 6-6a）。作为传盘人，你需要把盘传到他的身前，也就是靠近边线的一侧。

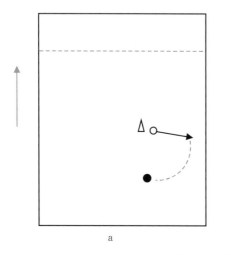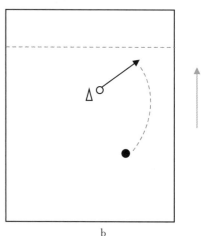

图 6-6 跑锋示意图

我们假设另外一种情形，跑锋跑向了前场边线方向，此时防守队员不会超过跑锋，而是去阻挡直线低盘的路线(图 6-6b),这时传直线低盘是违背前述的第三条原则的。如果使用过肩的高盘通常也是有风险的,因为盘在空中的时间越长,就越可能被抄截,这违背了前述的第四条原则。此时选择外侧曲线盘(盘从边线一侧飞向跑锋身前)是比较好的,但是仍然存在一定风险。

(四) 控盘

有好的控盘才有好的比赛,但是优秀的控盘并不是让队友在得分区扑盘得分。控制着盘的队员需要保持好自己的平衡,若传盘人精神紧张,可能会慌乱之中导致攻守互换,例如,在慌乱之中,不知道把盘传给谁时,就做几个夸张的假动作。假动作的任务非常明确,那就是把防盘人带到另一个方向去。队员应该在心中有明确的思路,应该做什么,而不是避免什么。无论水平高低,持盘的队员都要尽力控制好自己,保持平衡,在压力中也不急于出手。队员不仅仅需要通过大量的技术练习提高控制自己的能力,也要培养危机意识。

四、 主要练习方法

(一) 掷接盘练习

1. 原地练习

两人一组,相距 10～15 米,做原地掷接盘练习,两腿跨出适当的距离,重心移至身体一侧,伸腿呈弓步低位出盘。采用重复练习法,进行多组多次练习。

2. 跑动中练习

两人一组,相距 15～20 米,一人在原地向同伴身体的一侧掷盘,同伴在跑动中完成接盘动作,反复练习,然后进行交换,进行多组多次练习。

(二) 素质练习

1. 速度练习

进行距离较短的往返跑练习,快速启动练习,主要提高反应速度和快速移动能力,采用加速跑训练方法,提高短距离跑能力。

2. 力量训练

定期开展力量训练,主要包括上肢力量训练、下肢力量训练、核心力量训练、专项力量训练,上肢力量训练的目的是提高手指、手腕、前臂的力量,采用小肌肉群的练习方法,下肢力量训练可采用负重的练习方法。

五、 飞盘运动欣赏

飞盘运动容易上手、对场地要求低、身体接触少等特点使得这项运动从小众走向大众,成为中国当前休闲体育领域最受关注的项目之一。同时,它也是一项十分独特的运动,因为在飞盘赛场上出现争议时,将由运动员们互相讨论并自行裁决,这在其他运动项目中是十分少见的。要实现这种裁判方式,飞盘运动员们必须做到心平气和、友好沟通、相互尊重,这也是世界飞盘联合会(WFDF)所提倡的飞盘精神之一。

随着飞盘运动参与人群规模的不断扩大,由飞盘爱好者或俱乐部自发组织的友谊赛、对抗赛层出不穷,世界飞盘锦标赛、世界青年飞盘锦标赛、世界沙滩飞盘锦标赛等国际性赛事也受到了人们越来越多的关注。

思考题

1. 请简述健身走的锻炼方法。
2. 健身跑有哪些需要注意的事项?
3. 飞盘的投、接方法有哪些?

第七章　游泳运动

游泳是一项深受人们喜爱的体育运动。它不受年龄限制,不受大的地域限制,健身与娱乐性兼备,尤其是它与水浴、日光浴、空气浴融为一体,更有其得天独厚的优势。人们在大自然中活动,能有效地增强人体各部分器官功能,促进身心健康。因此,越来越多的人把游泳作为他们健身与娱乐的重要内容。本章着重介绍游泳运动的比赛规则、基本技术、练习方法等,还简要介绍了游泳的安全卫生知识和急救常识。

第一节　游泳运动概述

一、游泳运动简述

地球上布满了江、河、湖、海,为了生存,人们不得不捕捉水中的鱼虾和采捞可供食用的植物,也经常因追猎动物或躲避洪水、猛兽的侵袭而与水打交道。可以说,游泳是人类在长期生产劳动及与大自然的斗争中产生、形成和发展起来的。大量的史料证明,游泳(泅水或泅渡)与人类的生活和生产密切相关。

游泳运动能得以不断发展,除生产劳动和军事原因外,游泳本身的娱乐功能也是重要的原因。游泳是所有运动项目中唯一凭借水的浮力和自身肢体运动,使身体在水上漂浮前进或在水中潜游的特殊技能,同时游泳也是人类所需掌握的一项基本生存技能。

我国古代的游泳可概括为三种形式,即涉——在浅水中行走、浮——在水中漂浮、没——在水下潜泳。经过长期的实践,人们创造和发展了不少的泅水方法和游泳技术,如狗爬式、寒鸦浮水、扎猛子(潜水)、大爬式、扁担浮(踩水)等,至今仍在民间流传。现代游泳竞技主要采用蛙泳、自由泳、仰泳和蝶泳四种泳姿,其技术特点各不相同,与上述实用游泳有较大区别。

二、比赛规则介绍

(一)项目及裁判设置

自 2020 年东京奥运会起,男子和女子游泳比赛各有 18 个项目,如果加上"铁人三项"的 10 千米越野游泳,共有 38 个小项,分别如下:

(1)自由泳(男、女):50 米、100 米、200 米、400 米、800 米、1 500 米。

(2)仰泳(男、女):100 米、200 米。

（3）蛙泳（男、女）：100 米、200 米。

（4）蝶泳（男、女）：100 米、200 米。

（5）个人混合泳（男、女）：200 米、400 米。

（6）自由泳接力（男、女）：4×100、4×200 米。

（7）混合泳接力（男、女）：4×100 米。

（8）男女混合泳接力：4×100 米。

（9）男、女 10 千米马拉松游泳。

正式游泳比赛设总裁判 1～3 人、技术检查员 4 人、发令员 2 人、转身检查长和计时长各 2 人、每条泳道各设检查员和计时员 2 人（其中一名检查员需同时兼任计时员工作），其他还有终点裁判长（员）、记录长（员）、检查长（员）、报告员、司线员等。

（二）出发和结束

在奥运会游泳比赛中，任何一个运动员在出发时抢跳犯规都会被取消比赛资格。自由泳、蛙泳、蝶泳及个人混合泳的各项比赛必须从出发台起跳出发，仰泳及混合泳接力项目在水中出发。总裁判员发出长哨音信号后，运动员应站到出发台上（仰泳及混合泳接力项目运动员下水，在总裁判员发出第二声长哨时迅速游回池端，在水中做好出发准备），发令员发出"各就位"的口令后，运动员应至少有一只脚在出发台的前缘做好出发准备，手臂位置不限。当所有运动员都处于静止状态时，发令员发出"出发信号"（鸣枪、电笛、鸣哨或口令）。运动员在听到"出发信号"后才能做出发动作。在自由泳和仰泳比赛中，到达终点时运动员可以只用一只手触壁，而在蛙泳和蝶泳比赛中，则必须双手同时触壁。在接力赛中，任何一个运动员在他的队友触壁 0.03 秒之前离开出发台的话，整个队将被自动取消比赛资格，除非犯规队员回到起点重新开始。

（三）转身

奥运会游泳比赛使用的是 50 米长的标准池，所有距离在 50 米以上的比赛都必须在途中折返。转身时，自由泳和仰泳允许运动员使用身体的任何部分来触及池壁。而在个人混合泳中，从仰泳转换到蛙泳时，必须保持仰泳的姿势直到触及池壁。

（四）泳姿

（1）自由泳。自由泳其实并不是规定一种泳姿，而是由参赛者自由选择的一种游泳姿势。由于爬泳的姿势结构合理，阻力小，速度均匀且快速、省力，在对泳姿几乎没有限制的比赛项目中，大多数选手都选择了爬泳，把自由泳和爬泳等同看待。爬泳时，人在水中呈俯卧姿势，两腿交替上下打水，两臂轮流划水。在混合泳中，对自由泳则有着严格的规定：在自由泳阶段，运动员必须使用爬泳。涉及自由泳的主要规则是在整个比赛过程中，身体的一部分必须一直保持在水面以上——运动员不能在水下游，也就是说，除了比赛开始和转身阶段他们可以在水下游 15 米，其他阶段必须一直遵守这条规则。

（2）仰泳。仰泳运动员在开始的位置必须保持整个脚在水面以下，保持背部朝下、面部朝上的姿势。在开始阶段和转身时，运动员还可以在水下游最多 15 米。

（3）蛙泳。蛙泳运动员必须面朝下，使用水平的划水动作，脚和手在一个水平面内一起运动。在开始和转身阶段,运动员在水下游动时,手和脚分别只能做一次划水和踢腿动作。除此之外,每一次完整的划水动作之后,运动员的头部都必须露出水面。在比赛结束以及转身时,运动员必须双手触及池壁。

（4）蝶泳。蝶泳是从蛙泳的规则中发展出来的,划水和踢腿动作在垂直平面上进行(蛙泳是在水平面上进行)。蝶泳运动员除了开始阶段和每次转身后可以在水下潜行 15 米,必须面部朝下在水面游。运动员在转身和结束的时候也必须使用双手触壁。在蝶泳中,两臂必须一起向前摆动,脚必须一起向下打水(大多数蝶泳运动员都采用海豚踢)。出发及转身后,运动员在浮上水面前,腿部可做一或多次的向下打水动作,但双手却只可以做一次划水动作。

（五）泳池

泳池要求长 50 米,宽 25 米,深 2.5～3 米。整个泳池分 10 道,最外面的两道在比赛中不使用。泳道之间使用泳道线来标记,从结束端看,从右向左依次标记 1 到 8 道。在正式比赛期间,泳池的水温必须保持在 25 ℃～27 ℃。

三、 游泳的锻炼价值

游泳是老少皆宜的健身项目,劳损和损伤率极低。长期坚持游泳运动,主要有以下益处:

(一) 改善心血管系统的功能

由于克服水的阻力和热交换均需消耗较大能量,每搏输出量的增加使心肌力量得到发展,从而提高心血管系统的功能。

(二) 提高呼吸系统的机能

由于水密度为空气的 800 倍,因而人体在水中受到的压力要远大于自然环境,有利于提高人体呼吸肌的机能。

(三) 改善肌肉系统的能力

游泳是全身运动,参与者必须使用更多的肌肉群参与运动,因此可有效提高肌肉力量和协调性,此外,还能促进肌肉的速度、耐力,以及关节灵活度、柔韧性的提升。

(四) 塑造健美的体形

由于人体在水中运动,游泳对参与者的身材有较好的塑造作用,能帮助其练就宽阔的肩膀、灵活的腰肢、匀称的身形。

(五) 预防疾病与康复治疗

冷水能增强机体抵御寒冷和适应环境的能力,因此,游泳者预防和抵御疾病的能力也得到提升,对于脊柱疾患、慢性肠胃病或慢性支气管哮喘等,亦有一定的康复作用。

(六) 磨炼意志品质

学习游泳需克服恐惧、寒冷和疲劳,这对人的意志品质是很好的磨炼。

四、 游泳运动欣赏

在奥运会比赛中,游泳作为和田径一样的基础大项,是产出金牌的"大户"。游泳是一种纯粹的身体运动,不借助任何器械,完全是人体机能的竞赛。因此,游泳比赛通常是上座率最高的比赛之一,关注度很高。

游泳比赛多在室内进行,五颜六色的座椅围绕一池碧水,阳光明媚,温度适宜,赛场环境令人心情舒畅。当运动员伴着音乐入场时,只见他们一个个身材高大、四肢修长、肩宽背阔、肌肉丰润,给人以赏心悦目的感觉。的确,对运动者体态的欣赏是游泳观赏的一大内容。长期进行游泳训练的人,均呈现出典型的"倒三角"的健美体型。当然,从事的项目不同体型也存在着一定的差异,如自由泳、仰泳优秀选手大都臂腿长、手脚大、个子高;蝶泳选手就相对矮壮结实些;蛙泳运动员的上下肢比例显得更为匀称。如此好的身材再经五花八门的各色贴身泳装的衬托,给人以极大的身体美的享受。

当运动员站上出发台时,全场屏气无声。随着一声清脆的枪响,运动员们像离弦之箭射入水中,出发、转身、冲刺,他们身姿舒展,动作合理,在水中飞速穿行,给人以极大的动作美的享受。

为了各自代表的国家或民族的荣誉,他们劈波斩浪,奋力拼搏,只要有一分希望,就爆发出自己最大的力量,精疲力竭地冲刺,胜负往往只在百分之一秒的差距间。比赛的激烈体验,给人以极大的精神美的享受。

为了更好地欣赏游泳运动,我们必须了解游泳比赛的一些规则和技术规范,只有这样才能真正地看懂比赛,欣赏游泳运动的美。如果没有过水下的体验,或者根本就不会水,那就很难真正理解运动员在比赛中的艰辛,也就阻碍了游泳欣赏水平的提高。因此,我们应该积极地投入到游泳健身运动中,在提高实践技能的同时,也使自己的欣赏水平不断提升。

第二节　游泳运动的基本技术及练习方法

一、 游泳运动的基本技术

(一)蛙泳技术

蛙泳是模仿青蛙游泳动作的一种姿势,也是最古老的一种泳姿,在我国古代和古埃及、古罗马时期就已出现。它要求身体几乎呈水平姿势俯卧在水中,头微抬起,腿臂动作对称,并且始终是在水下进行。

1. 蛙泳身体姿势

蛙泳在游进过程中,身体不是固定在一个位置上,而是随着手、腿的动作在不断地变化。一个动作周期结束后,身体应展胸、稍收腹、微塌腰,两腿并拢,两臂尽量伸直,颈部稍紧张,头置于两臂之间,眼睛注视前下方。整个身体应以身体的横轴为轴做上下起伏的动作。

2. 蛙泳腿部技术

蛙泳的腿部动作是推动身体前进的主要动力，它是主要由收腿、翻脚、蹬夹水和滑行四个环节组成的紧密相连的完整动作。

（1）收腿。收腿是为翻脚、蹬水创造有利的位置，同时既要减少阻力，又要考虑到手腿配合因素的需要。小腿回收时，两膝自然逐渐分开，边收边分，收腿速度要慢，力量要小，两脚保持放松，脚跟向臀部靠拢。两脚和小腿回收时要收在大腿的投影截面内，以减少回收时的阻力（图 7-1）。

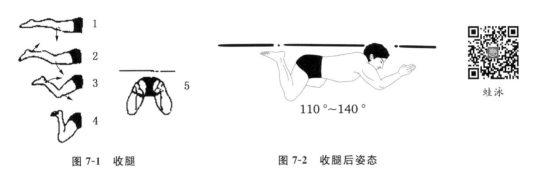

图 7-1 收腿　　　　　　　图 7-2 收腿后姿态

收腿结束后，大腿与躯干成 110°～140°角，两膝内侧大约与髋关节同宽（图 7-2）。大腿与小腿之间的角度为 40°～45°，这样能为翻脚、蹬水做好有利的准备。

（2）翻脚。翻脚动作直接影响到蹬水的效果。一般是在收腿即将结束、脚接近臀部时开始，这时大腿稍内旋，小腿外展，两脚勾脚尖外翻，使脚掌和小腿内侧对准蹬水方向，以便获取最大的蹬腿力量，为蹬夹水做好积极准备（图 7-3）。

（3）蹬夹水。蹬夹水动作实际上是一个连续的完整动作，蹬水在先，夹水在后。蹬水应由大腿发力，其蹬伸顺序是髋关节、膝关节、踝关节。实际上此前两膝向内，两脚向外的翻脚动作，已为蹬夹水确立了唯一的方向。

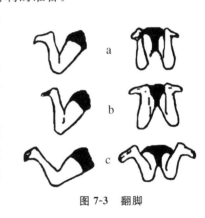

图 7-3 翻脚

蹬夹水效果的好坏不但取决于腿部关节移动的路线、方向及蹬夹水面积的大小，而且最主要的是取决于两腿蹬夹水的速度和力量的变化，蹬夹水的速度是从慢到快，力量是从小到大的。

（4）滑行。蹬夹水结束后，脚处于水平面的最低点，这时身体随着蹬夹水的动力向前滑行，腰部下压，双脚接近水面，准备做下一个循环动作。

3. 蛙泳手臂技术

手臂的划水动作是蛙泳前行推力的另一来源。它主要由开始姿势、滑下（也可叫做"抱水"或"抓水"）、划水、收手和向前伸臂等五个环节，组成紧密相连的完整动作。

（1）开始姿势。当蹬水动作结束时，两臂应保持一定的紧张度，自然向前伸直，并与水面平行，掌心向下，手指自然并拢，使身体成一条直线，形成较好的流线型。

（2）滑下（抓水）。从开始姿势起，手臂先前伸，并使重心向前，同时肩关节略内旋，两手掌心略转向外斜下方，并稍屈手腕，两手分开向侧斜下方压水。当手掌和前臂感到有压力时，就开始划水动作，一方面能给划水创造有利条件，另一方面还能帮助身体上浮和前进。滑下速度根据个人的水平不同而不同，水平较高者抓水较快，反之则慢。

（3）划水。当两手做好滑下动作、两臂分成 40°～45°角时，手腕开始逐渐弯曲，此时双臂双手逐渐积极做向侧、下、后方的屈臂划水动作。划水时，手的运动应该分为两个部分，前一部分为手向外—向下—向后运动，水流从大拇指流向小拇指一边；后一部分为手向内—向下—向后运动，水流从小拇指流向大拇指一边。在划水中，前臂和上臂弯曲的角度在不断地变化，其标准是以能发挥出最好的力量为准则。手运动的路线，不应到肩的下后方，而应在肩的前下方，划水结束时，肘不超过两臂肩的垂直面，整个划水过程中肘关节的位置都比手高。划水路线是呈桃心形（图7-4），其速度从慢到快，至收手时达到最快速度。

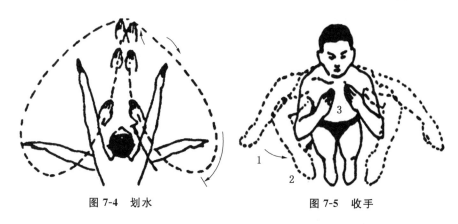

图 7-4　划水　　　　　　　　　　图 7-5　收手

（4）收手。收手是由向后划水转到向前伸臂的过渡动作，也是划水动作的继续。当划水阶段结束时，两手靠近，手的运动方向为向内、向上、向前。手的迎角大致为45°。由于前臂外旋，掌心逐渐转向内（图7-5）。

收手动作应有利于做快速向前的伸手动作，并且肘关节要有意识地做向内夹的动作。当手收至头前下方时，两手掌心是由后转向内、向上的姿势，这时大臂不应超过两肩的横向延长线。在整个收手动作过程中，手的动作应积极、快速、圆滑，收手结束时，肘关节应低于手，大、小臂的角度应小于90°。

（5）向前伸臂。向前伸臂是由伸直肘关节、肩关节来完成的，掌心由开始的向上逐渐转向内，双掌合在一起向前伸出，在最后结束前逐渐转向下方。蛙泳整个臂部的动作路线无论是俯视或仰视都是椭圆形的，并且是一个连贯、力量从小到大、速度从慢到快的完整过程。

4. 蛙泳配合技术

手臂滑下（抓水）的同时，开始逐渐抬头，这时腿保持自然放松、伸直的姿势。手臂划水时，头抬至眼睛出水面，腿还是不动。只有收手时才开始收腿，并稍向前挺髋，这时头抬至口出水面，并进行快速、有力地吸气。伸手臂的同时低头，用鼻或口鼻进行呼气，并且在手臂伸至将近二分之一处时，进行蹬夹水的动作，之后，让身体伸展滑行一段距离，等速度降低时进行第二个周期的动作(图7-6)。

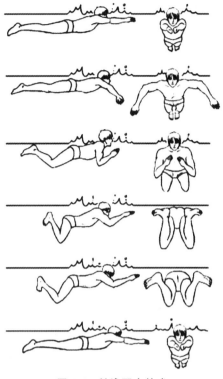

图 7-6　蛙泳配合技术

在蛙泳的游进过程中,一般都是一个周期一次呼吸,这样有利于机体的有氧供应,从而降低疲劳速度。需要注意的是,在抬头吸气前,必须要将体内的废气全部吐完,这样才能吸进新鲜氧气。

(二)爬泳技术

由于爬泳的动作很像爬行,因而人们把这样的泳姿称为"爬泳"。爬泳是四种竞技游泳技术中速度最快的一种姿势,在游泳比赛的自由泳项目中(不规定泳姿的比赛),运动员都采用这种姿势,所以通常人们也称之为"自由泳"。

1. 爬泳身体姿势

游爬泳时,身体要尽量保持俯卧的水平姿势,但是为了取得更好的动作效果,头部应自然稍抬,与身体纵轴成 $20°\sim30°$ 角,两眼注视前下方,头的三分之一露出水面,水平面接近发际,双腿处于最低点,身体纵轴与水平面成 $3°\sim5°$ 的仰角(图7-7)。

爬泳
(自由泳)

图 7-7　爬泳身体姿势

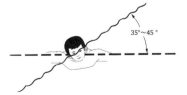

图 7-8　爬泳游进中身体角度

爬泳游进中,身体可以围绕纵轴做有节奏的转动,转动的角度一般在35°～45°(图7-8)。如果速度加快,角度就会相对减少。这种转动是由于划臂、转头和吸气而形成的自然转动,并不是有意识地做转动。转动所带来的好处有:便于手臂的出水和空中移臂,并缩短移臂的转动半径;有助于手臂在水中抱水和划水,使手臂划水的最有力部分更接近于身体中心的垂直投影面;由于臀部随身体轻度转动,腿打水时,产生部分侧向打水动作,可以抵消移臂时造成身体侧向偏离的影响,维持身体平衡,便于呼吸。

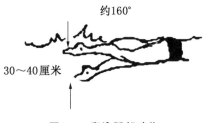

约160°

30～40厘米

图7-9　爬泳腿部动作

2. 爬泳腿部技术

爬泳腿部的动作除了提供推动力,还起着维持身体平衡、协调配合双臂划水的作用。爬泳腿打水动作的方向,几乎与水平面垂直,从垂直面看,两腿分开的距离为30～40厘米,膝关节弯曲的角度约为160°(图7-9)。

爬泳腿部的动作是以髋、膝、踝为支点的多关节运动。打水时,主要是以髋关节为轴,大腿发力,大腿带动小腿和脚,做上下鞭状打水动作。正确的打水动作是脚稍向内旋,踝关节自然放松,此时向下打水的效果最大,因此应用较大的力量和较快的速度进行;而向上则要求放松、自然,尽量少用力,并且速度相对要慢。游进中,腿向上打水时,脚应接近水平;向下打水时,不应超过身体在水中的最低部位。

从腿向上动作开始,当大腿带动小腿,从下直腿向上移至踝关节、膝关节、髋关节与水平面平行时,大腿稍向上而终止移动,并开始向下打水。当大腿开始向下打水时,由于惯性的作用,小腿和脚仍继续向上移动,而使膝关节弯曲形成一个大约160°的角。这时小腿和脚达到了最高点,由于大腿继续向下移动,而带动小腿和脚完成向下打水动作。当大腿向下打水到最低点并向上抬起时,小腿和脚与大腿仍保持一个角度,并继续向下移动打水,直至完全伸直,才随大腿向上移动,开始第二个循环动作(图7-10)。鞭状打水的上鞭和下鞭动作之间不能停顿,而是有机的连续动作,两腿配合要连贯、协调而有节奏。

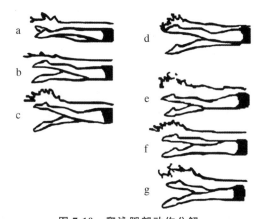

图7-10　爬泳腿部动作分解

3. 爬泳手臂技术

爬泳的臂部动作是推动身体前进的主要动力,它是由入水、抱水、划推水、出水和空中移臂等五个环节组成的一个紧密相连的完整技术动作。

(1)入水。臂入水时,肘关节略屈,并高于手臂,手指自然伸直并拢,向前斜下方插入水。注意手掌向外,动作自然放松。手入水的位置应在肩的延长线上,或在身体的中线和肩的延长线之间(图 7-11)。

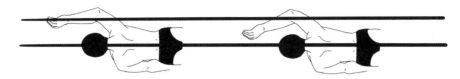

图 7-11　入水

入水的顺序为手—小臂—大臂。手切入水后,手和小臂继续向前下方伸展,并由向前—向下—稍有向内的运动变为向前—向下—稍向外的运动。

(2)抱水。臂入水后,应积极插向前下方,此时小臂和大臂应积极外旋,并屈腕、屈肘。在形成抱水的动作中,开始手臂是直的,当手臂划下至与水平面成 15°～20°角时,应逐渐屈肘,使肘关节高于手。在划水开始前,也就是手臂约与水面成 40°角时,肘关节屈至 150°左右(图 7-12)。

图 7-12　抱水

抱水动作主要是为了划水做准备,因此动作是相对放松和缓慢的。抱水就好像用臂去抱一个大圆球一样。抱水时,手的运动为向后—向下—向外的三个分运动组成。

(3)划推水。手臂在前方与水平面成 40°角起至后方与水平面成 15°～20°角止的运动过程都是划水动作。它分为两个阶段:从抱水结束到划至与水平面垂直之前称为"拉水",过垂直面后称为"推水"。拉水时,应保持高肘姿势,手向内—向上—向后运动。当拉水结束时,手在体下接近中线,这时,肘关节弯曲的角度为 90°～120°,小臂由外旋转为内旋,掌心由向内后方变为向外后方(图 7-13)。

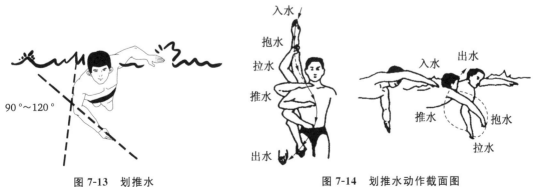

图 7-13　划推水　　　　　　图 7-14　划推水动作截面图

向后推水是通过屈臂到伸臂来完成的。在推水过程中,手是向外—向上—向后的运动。

肘关节要向上、向体侧靠近，并且手掌始终要与水平面保持垂直。在整个划推水过程中，手掌的运动路线并不是始终在一条直线上和同一平面上，实际上是一个较复杂的三度曲线。从身体的额状面来看是一个"S"形，从身体的矢状面来看是一个"W"形(图 7-14)。

在整个划水过程中，肩部应配合手臂进行向前—向下—向后的合理转动，这样有利于加长划水路线和加大划水力量。

（4）出水。在划水结束后，手臂由于惯性的作用而很快地靠近水面，这时，由大臂带动肘关节做向外上方的"提拉"动作，将小臂和手提出水面。小臂出水动作要比大臂稍慢一些，掌心向后上方(图 7-15)。手臂出水动作应迅速而不停顿，但同时应该柔和，小臂和手掌应尽量放松。

图 7-15　出水

（5）空中移臂。手臂在空中前移的动作是手臂出水的继续，不能停顿，移臂的动作应该放松自如，尽量不要破坏身体的流线型，要和另一臂的划水动作协调一致，并且要注意节奏。在整个移臂过程中，肘部应始终保持比手部高的位置(图 7-16)。

图 7-16　空中移臂

4. 爬泳配合技术

爬泳的配合技术分为两臂的配合技术、两臂和呼吸的配合技术及完整的配合技术。

（1）两臂的配合技术。爬泳两臂的正确配合是保持前进速度均匀性的最重要条件之一。根据划水时两臂所处的位置，可以把手臂的配合技术分为前交叉、中交叉和后交叉三种。对初学者来讲，前交叉技术相对容易掌握，即一臂入水时，另一臂处于肩前方，与水平面成 30°左右的角。

（2）两臂和呼吸的配合技术。爬泳技术中的呼吸技术较为复杂，但是它的好坏，将直接影响游泳者划水的力量、速度和耐力。爬泳的呼吸和手臂的配合为一次呼吸 N 次划水($N>2$)。以右侧呼吸为例，右手入水后，由闭气转入呼气。右臂划至肩下时，开始向右侧转头，这时用力呼气。右臂推水将结束时，嘴露出水面开始张嘴在低于水面的波谷中吸气。右臂出水移臂至一半时，吸气结束并开始转头还原，然后继续转头，移臂并闭气，胸部转向正前方，头回到原来的位置，右臂入水，又开始下一次的呼吸动作周期。可采用划水三到四次，呼吸一次，或者采用闭气游的方法来控制呼吸。

（3）完整的配合技术（图7-17）。完整的配合技术即呼吸、手臂和腿的配合。手臂是产生推进力的主要来源，因此在配合过程中，呼吸和腿的动作都应该服从于手臂动作的需要。

呼吸、手臂和腿的配合比例主要有三种：1∶2∶2（即一次呼吸，两次手臂动作，两次打腿的动作），1∶2∶4，1∶2∶6。也有极少数优秀运动员采用1∶2∶8的技术。

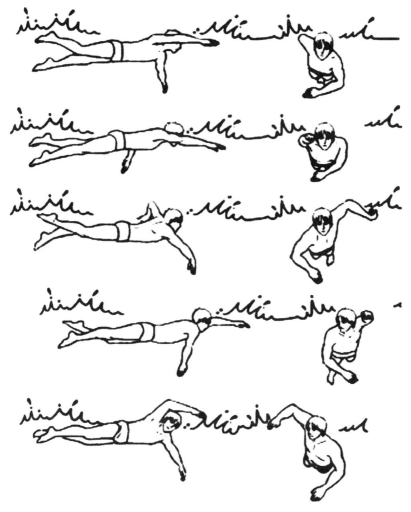

图7-17 爬泳的配合技术

（三）出发技术

1. 台上出发

台上出发是蛙泳、爬泳和蝶泳的出发方式，其区别在于入水后的动作。根据手臂的放置位置可分为"摆臂式"和"抓台式"（图7-18）；根据两脚所站的位置可分为"一般式"和"蹲踞式"；根据腾空的高度和入水的角度可以分为"平式出发"和"洞式出发"。

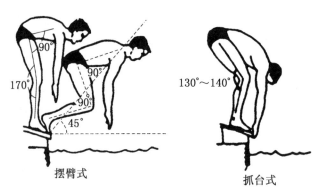

摆臂式　　　　　　　　抓台式

图 7-18　台上出发

（1）准备姿势。双脚分开，与肩同宽，脚趾扣住跳台边缘（双脚扣住或一脚扣住一脚在后成"蹲踞式出发"）。双手放在身体两侧的方式叫"摆臂式出发"；两手抓住出发台的边缘（前沿或后沿）的方式叫"抓台式出发"，其动作为臀部处于双脚正上方，膝盖弯曲到 $130°\sim140°$ 角，身体重心尽量向前，头向下，下巴靠近胸部，眼睛看池边前 2 米的入水点。

（2）起跳。向前摆手，双手并拢，头在两臂之间稍微向下，使身体前滚。摆臂动作对于保证跳得远和动作有力是很重要的，摆臂之后应紧跟着腿部有力地蹬出动作。

（3）腾空。一旦离开池边，就要努力将身体伸展成流线型。不过在做飞行动作时，应稍微弯曲身体以获得良好的入水姿势。腾空动作贴近水面，以 $15°\sim20°$ 角入水的方式叫"平式出发"。腾空动作比较高，入水角度至少在 $30°$ 以上的方式叫"洞式出发"。

（4）入水。手指应首先入水，头保持在伸展的两臂之间，使头顶跟着双手和双臂入水，在此阶段身体应呈流线型，不能有任何弯曲。

2. 台下出发

台下出发是站在水里出发，也就是仰泳出发。

（1）准备姿势。身体在水中面对池壁，两手可正握或侧握出发台上的拉杆，肘伸直，低头团身，大小腿做最大重叠，脚尖与水面同高或低于水面，两脚平行或上下蹬住池壁，臀部和大腿部分浸于水中。全身放松等待出发口令，准备起跳，听到"各就位"口令后，两臂屈肘上拉身体，低头团身，两膝稍展开，把臀部身体拉出水，以减小起跳时水的阻力。

（2）起跳。身体拉出水后，双手向下或向内按拉杆，然后经上或两侧向后上摆臂同时蹬腿起跳。

（3）入水。摆臂时带动身体后倒并逐渐打开髋关节，当膝、踝关节达适宜角度时蹬壁起跳，身体伸展，挺胸，头后仰夹于两臂间，身体呈反弓形入水。水平高的运动员应把整个身体跃出水面，至少要使臀部出水，以减少水的阻力。

（4）水中滑行技术。身体入水后应伸展成一直线，两臂在头前并拢并且要控制身体的滑行深度和方向。在速度稍减时开始用腿打水（用仰泳腿或反蝶泳腿的技术），头将出水面时做第一次划水。在第一次划水后，面部应露出水面，并且开始快游。

（四）转身技术

由于各种泳姿的特点和规则不同,因此转身动作的方法很多。按动作形象来划分,可归纳为两种,即平式转身和前滚翻式转身。平式转身包括仰泳、爬泳、蛙泳的平转身,这类转身动作比较简单、易学,但转身速度慢。前滚式翻转身包括爬泳、仰泳前滚翻转身、仰泳半滚翻转身和各种姿势的侧滚翻转身,这种转身手不触池壁,因此转身速度最快,但动作较复杂、难学。按游泳方法来划分,可分为蝶泳转身、仰泳转身、蛙泳转身、爬泳转身。这里我们介绍蛙泳转身和爬泳转身。

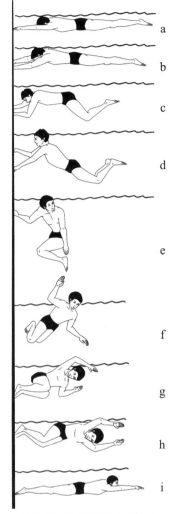

1. 蛙泳转身

竞赛规则规定,蛙泳转身时,两手应在水面、水上或水下同时触壁,触壁前两肩应与水面平行,同时,运动员在转身后只能在水中做一次类似于蝶泳手的长划臂和一次蛙泳腿的潜泳动作。由于规则要求严格,所以蛙泳转身动作速度要比其他泳式稍慢些,转身方法通常只用抬头吸气转身法。

蛙泳转身技术动作,左转身以图 7-19 为例。

(1) 触壁。运动员在最后一次蹬腿结束后,不减速地游近池壁,两臂前伸,在正前方高于身体重心的地方触壁。

(2) 转身。触壁后,全手掌压池壁,随着惯性屈肘、屈膝团身,同时身体沿纵轴向左侧转动,并抬头吸气,左手离开池壁在水中随着身体向左侧转动并逐渐向左前伸。当身体转至侧对池壁时,头向前进方向甩并低头入水,右臂推离池壁,从空中摆臂,同时提臀使两脚触臂,两手经颌下前伸,两腿弯曲准备蹬壁。

(3) 蹬壁。两脚掌贴在水面下约 40 厘米处,两臂向前伸直,头夹在两臂之间,然后用力蹬离池壁。

图 7-19　蛙泳转身技术动作

(4) 滑行和一次潜泳动作。蹬壁后,身体呈流线型滑行,当速度减慢到正常游泳速度时,两手开始长划臂至大腿两侧稍停,滑行速度稍慢时,开始收腿,两手贴近腹、胸、颌下前伸,当两臂伸直夹头时,蹬腿、滑行。两臂开始第二次划水时,头露出水面。

2. 爬泳转身

游泳规则规定,自由泳转身时,可用身体任何部位触池壁。目前常见的有摆动式和前滚翻转身两种。这里我们介绍摆动式转身。

(1) 触壁。以右手触壁为例,随着左臂最后一次划水动作,右臂向前伸,手掌在高于身体重心的水面上触壁(图 7-20a)。

(2) 转身。随着游进的惯性,右臂屈肘,身体向左转,并向前屈膝收腿,使头和肩出水面,两腿向池壁靠近(图 7-20b)。然后右臂推池壁,向回转方向甩头摆臂,两腿继续靠近池壁,形

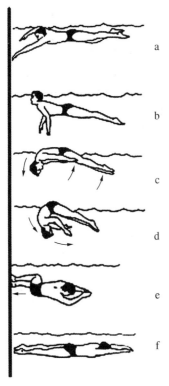

图 7-20　爬泳转身技术动作

成力偶（图 7-20c）。转动中左臂在水中由下向上拨水，帮助身体迅速沉入水中（图 7-20d）。右臂从空中回摆切入水中，两脚贴着池壁，身体成侧卧的蹬壁姿势（图 7-20e）。

（3）蹬壁。转身后两臂伸直，头夹在两臂之间，两脚用力蹬出（图 7-20f）。

（4）滑行与开始游泳。蹬壁后，身体呈流线型在滑行中转成俯卧，当感觉到速度下降时，开始打腿并接着划水升到水面游。

（五）踩水技术

踩水的方法很多，比较常见的是采用立式蛙泳的踩水动作。在日常活动中，踩水技术广泛运用于水中等待救助、调节呼吸、抢救溺者、持物游进和水中观察等。

1. 身体姿势

踩水时，整个身体几乎垂直于水面，上体稍前倾，头部始终露出水面。微收髋，两腿微屈，勾脚，两臂胸前平屈，掌心向下，类似蛙泳。

2. 腿部动作

腿部动作有两种，一种是两腿同时做蹬夹水动作，几乎和蛙泳腿一样，不同的是收蹬腿的幅度较小。用小腿和脚内侧向侧下方蹬夹水，膝关节向内扣压，两腿尚未伸直时即开始做第二次收腿动作，动作要连贯。

另一种是两腿交替踩水动作，身体在水中起伏不大，大腿动作幅度较小，做动作时先屈膝，小腿和脚向外翻，然后膝向里扣压，用脚掌和小腿内侧向侧下方蹬夹水。当腿尚未蹬直时，往后上方收小腿，收腿的同时，另一腿开始做蹬夹水的动作，两腿交替进行，脚的蹬水路线及回收路线基本上是椭圆形（图 7-21）。

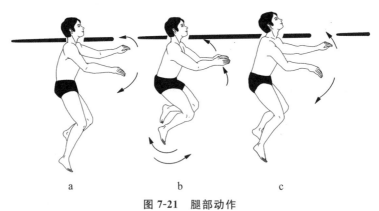

图 7-21　腿部动作

3. 臂部动作

两臂平伸并稍弯曲，手和前臂在胸前做向外、向内的弧形拨压水动作，动作幅度不宜过大。向外拨水时，掌心稍向外，有分开水的感觉；向内时，掌心稍向内，有挤压水的感觉。

两手向内摸压至肩宽距离即分开,掌摸压水的路线呈摇橹式拨水("8字"拨水)(图7-22)。

图 7-22　臂部动作

4. 腿和臂及呼吸配合动作

腿、臂的配合动作要连贯、协调,一般是两腿同时蹬夹一次,或两腿交替蹬夹一次,两手做一次拨压水动作。采用两腿同时蹬夹水的配合时,是两腿做蹬夹水动作的同时,两臂向外做拨压水动作。收腿时,呼气,两臂向内拨压水;蹬夹水时,吸气,两臂向外拨压水。可以一个动作呼吸一次,也可以几个动作呼吸一次,呼吸跟随腿、臂动作的节奏自然进行。采用两腿交替蹬夹水的配合时,通常是腿和手同时进行。用踩水游进时,可以采用身体的不同侧向及蹬夹和拨压的方向来改变游进的方向。如向前游,身体稍前倾,脚稍向后蹬夹水,两臂稍向后拨水,反之亦然。

(六) 侧泳技术

侧泳是身体侧卧在水中,用两臂交替划水,两腿做剪水的动作游进的泳姿。侧泳的方法有很多,大致分为手出水和手不出水两种技术(这里介绍手出水的侧泳方法)。侧泳常用于军事侦察、水中运物、救护溺者等。

1. 身体姿势

身体侧卧水中,稍向胸侧倾斜,头的侧下部浸入水中(近似于爬泳的吸气动作),下面的手臂前伸,上面的手臂置于体侧,两腿并拢伸直,游进时身体绕纵轴转动。

2. 腿部动作

腿部动作分为收腿、翻脚和蹬剪腿三部分。

(1)收腿。上腿向前收,下腿向后收,注意尽量少收大腿,特别是下面的腿,大腿几乎不动。

(2)翻脚。收腿后,上腿勾脚尖以脚掌向后对准水;下腿将脚尖绷直,以脚背和小腿前面向后对准水。

(3)蹬剪腿。上腿用大腿带动小腿稍向前伸,以脚掌对准前侧后加速蹬夹水;下腿以脚背和小腿对准侧后方伸膝踢水,与上腿形成剪水的动作。

3. 臂部动作

两臂交替划水,一臂在空中移臂称为上臂,另一臂在水下移臂称为下臂。

(1)上臂动作。上臂经空中(或在水中接近水面)往前移至头的前方入水,入水后前伸下滑高肘抱水,手和前臂对准水,然后沿着身体屈臂加速用力向后划至大腿外侧,其动作基本与爬泳臂划水相似。

(2)下臂动作。下臂划水动作不是在肩下方,而是在靠近胸侧斜下方进行,屈臂划水至腹部下方,掌心向上,以小臂带动大臂,沿身体向前伸臂,随臂向前伸直,掌心逐渐转向下方。

（3）两臂配合动作。下臂开始划水，上臂前移；上臂开始划水时，下臂开始做前伸动作，两臂在胸前交叉。

4. 完整配合动作

（1）臂和腿配合动作。上臂入水下臂前伸时，收腿；当划至腹下时，腿用力向后蹬剪水。两腿蹬剪水后，在上臂划水结束与下臂前伸时，应有短暂的滑行动作（图7-23）。

（2）臂、腿和呼吸配合动作。侧泳的呼吸和爬泳的呼吸基本相似，只是无须把头埋入水中呼气。上臂推水和出水时吸气，并且头部也少有转动，移臂时还原，做憋气和呼气。为了保证呼吸舒畅，一般是两腿蹬剪水一次，两臂各做划水、呼吸一次。

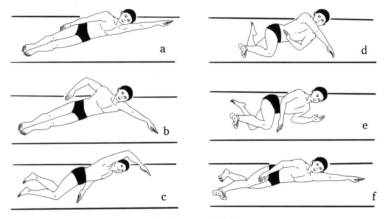

图7-23　侧泳动作

（七）反蛙泳技术

反蛙泳即蛙式仰泳，是游进时身体仰卧水中，两腿同时向后蹬夹水，两臂在体侧向后划水的一种游泳姿势。反蛙泳常用于水中运物和救生拖带溺水者等。

1. 身体姿势

身体自然伸直，仰卧水中，微收下颌，口鼻露出水面，两臂置于体侧。

2. 腿部动作

反蛙泳腿的动作类似蛙泳腿，但是由于身体仰卧水中，所以收腿和蹬腿时膝关节不能露出水面。收腿时，膝关节向两侧边收边分，大腿微收，小腿向侧下方收得较多，收腿结束时，两膝微宽于肩，脚和小腿内侧向后对准蹬水方向。然后大腿发力使小腿和脚向侧后方蹬夹水。

3. 臂部动作

两臂自然伸直，由体侧经空中前移，在肩前入水，然后屈臂低肘掌心向后，使手和前臂对准划水方向，同时在体侧用力向后划水。划水结束后，两臂停留在体侧，使身体向前滑行，然后两臂自然放松经空中向前移臂。

4. 完整配合（臂和腿及呼吸配合）

反蛙泳的完整配合技术有两种，一种是臂划水与腿蹬夹水（移臂与收腿同时进行）；另一种是臂划水和蹬夹水交替进行，但手、腿各做一次动作之后身体自然伸直滑行。两臂前移的同时，吸气，边收边分慢收腿，两臂入水后稍闭气，两腿同时蹬夹水，然后用口鼻均匀地呼气，两腿自然并拢,臂划水,划水结束身体伸直滑行(图 7-24)。

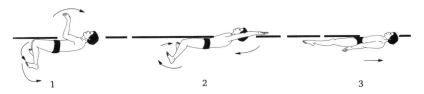

图 7-24　反蛙泳的完整配合

(八)潜泳技术

潜泳是在水下游进的一种游泳技术。它的实用价值也很大,如打捞溺者和水中沉物以及水下工程作业等,都要采用潜泳。潜泳有使用器具装备和不使用器具装备的区别,在此介绍不使用器具装备的潜泳,即将身体潜入水中或水底,不做呼吸游进的一种技术。一般分为潜远和潜深两种。

1. 潜远

潜远技术主要有蛙式潜泳、蛙式长划臂潜泳和爬式潜泳三种,在这里仅介绍蛙式长划臂潜泳技术。

(1)身体姿势。蛙式长划臂潜泳的身体姿势要求躯干和头始终保持水平,但是两臂开始划水时要稍低头,防止身体上浮。

(2)腿部动作。腿部动作与水面"平式蛙泳"的腿部动作的区别是收腿时屈髋及腿向两侧分开的角度较小,蹬腿则向正后方。

(3)臂部动作。臂部划水动作与蛙泳划水动作相似。两臂划水时,手和前臂内旋,稍勾手腕,两手向侧下方做抓水动作,紧接着两臂逐渐向后向内屈臂,高肘用力划水,使手掌和前臂对准水。当手划至肩下方时,肘关节屈成 90°～100°角,然后两手沿体侧向后加速划水至大腿旁,掌心向上,划水结束后身体略有滑行(图 7-25)。移臂时,两手外旋屈肘,两手沿腹胸前伸。当手伸至颌下时,手掌开始内旋,掌心转向下方,在头部前方伸直并拢,然后准备做下一个动作。

90～100°

图 7-25　臂部动作

(4)臂和腿配合动作。收腿与臂前伸的动作几乎同时开始。当臂前伸结束时,收腿结束,臂向前伸直后用力蹬夹水。蹬腿结束后,臂紧接着做划水动作。划水结束后,两腿伸直并拢,做滑行动作(图 7-26)。

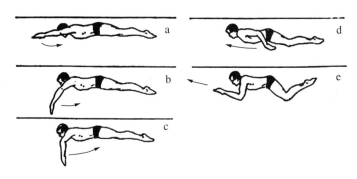

图 7-26　臂和腿配合动作

2. 潜深

潜深一般是在两种情况下入水,一种是从岸上采用出发跳水的形式入水;另一种则是从水面上潜入水里。下面介绍两种从水面上潜入水里的潜深方法。

(1)两脚朝下潜深法(图 7-27)。潜入前深吸一口气,两臂前伸稍屈肘,同时屈腿,两臂用力向下压水,两腿做蛙泳的蹬夹水动作,使上体及腰部跃出水面,紧接着直体利用身体的重力使身体向下,入水后两臂做自下而上的拨水动作,以增加下沉的速度。潜到水底或预定的深度后,以头带动身体向所需要的方向游进。

(2)头先朝下潜深法(图 7-28)。潜入前深吸一口气,两臂向后下方伸出,自下而上用力划水,并顺势低头、提臀举腿,两臂伸直向下,利用腿的重力作用,使身体垂直向下潜入水中。身体入水后,两臂做蛙泳划水动作,两腿向上做蛙泳的蹬夹水动作,以加快下沉的速度。在潜到预定的深度后,即抬头、收腿、团身,身体转向所需要的方向游进。

图 7-27　两脚朝下潜深法

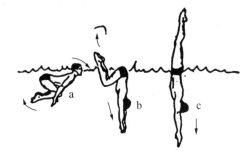

图 7-28　头先朝下潜深法

二、辅助练习方法

做一些辅助练习,有利于熟悉水性,为掌握游泳技能打下基础。

(一)呼吸及闭气练习

在浅水区站立,用嘴吸足气后,闭气下蹲,把头浸入水中。稍停片刻后,在水中用嘴鼻慢慢吐气至尽,然后起立在水面上用嘴吸气。也可不在水中吐气,做闭气练习。

(二)水中走动练习

在齐腰深的水中向不同方向走动。可先 3～5 人一群,互相拉手做走动练习,而后过渡到个人单独练习。

（三）浮体练习

浮体练习有抱膝浮体、展体浮体和仰卧浮体练习。

（1）抱膝浮体练习。吸气后下蹲闭气潜入水中,低头屈腿抱膝,自然漂浮于水中。而后松手,臂下压水,抬头伸腿成立姿（图7-29）。

图 7-29　抱膝浮体练习

（2）展体浮体练习。从站立开始,深吸气,身体前倒,两臂前伸,两脚蹬离池底后俯卧上漂。而后收腹、收腿、两臂下压水,再抬头,两腿伸直,脚触池底站立（图7-30）。

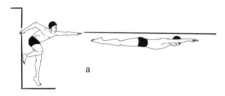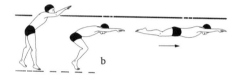

图 7-30　展体浮体练习

（四）滑行练习

背向池壁站立,一臂前伸,另一臂抓水池边缘,一腿后屈,脚蹬池壁。吸气后低头浸入水中,再收另一腿,两脚同时用力蹬壁（也可蹬池底）,展体向前滑行（图7-31）。

图 7-31　滑行练习

第三节　游泳的安全卫生

一、游泳十六忌

（一）忌饭前饭后游泳

空腹游泳会在游泳中发生头昏乏力等意外情况;饱腹游泳亦会影响消化功能,还会产生胃痉挛,甚至呕吐、腹痛现象。

（二）忌剧烈运动后游泳

剧烈运动后马上游泳，会使心脏负担加重；体温的急剧下降，会使抵抗力减弱，引起感冒、咽喉炎等。

（三）忌月经期游泳

月经期间游泳，病菌易进入子宫、输卵管等处，引起感染，导致月经不调、经量过多、经期延长。

（四）忌在不熟悉的水域游泳

在天然水域游泳时，切忌贸然下水。凡水域周围和水下情况复杂的都不宜下水游泳，以免发生意外。

（五）忌长时间曝晒游泳

长时间曝晒会产生晒斑，或引起急性皮炎，亦称日光灼伤。为防止晒斑的发生，上岸后最好用伞遮阳，或到有树荫的地方休息，或用浴巾披在身上保护皮肤，或在身体裸露处涂防晒霜。

（六）忌不做准备活动即游泳

泳池的水温通常比体温低，因此，下水前必须做准备活动，否则易导致身体不适。

（七）忌游泳后马上进食

游泳后宜休息片刻再进食，否则会突然增加胃肠的负担，久之容易引起胃肠道疾病。

（八）忌游泳持续时间过久

皮肤对寒冷的刺激一般有三个反应期。第一期：入水后，受冷水的刺激，皮肤血管收缩，肤色呈苍白；第二期：在水中停留一定时间后，体表血流扩张，皮肤由苍白转呈浅红色，肤体由冷转暖；第三期：停留过久，人体散热量大于产热量，皮肤出现鸡皮疙瘩和寒战现象，这是夏游的禁忌期，应及时出水。游泳持续时间一般不应过长。

（九）忌有癫痫史者游泳

癫痫病在发作时有一瞬间意识失控，这种状况如果发生在游泳中，就难免出现"灭顶之灾"。

（十）忌高血压病患者游泳

高血压病患者，游泳有诱发中风的潜在危险，应避免下水游泳。

（十一）忌心脏病患者游泳

如先天性心脏病、严重冠心病、风湿性瓣膜病、较严重的心律失常患者，对游泳应"敬而远之"。

（十二）忌中耳炎患者游泳

不论是慢性还是急性中耳炎，水进入耳道会使病情加重，甚至可使颅内感染等。

（十三）忌急性结膜炎患者游泳

急性结膜炎的致病病毒，在游泳池里传染的速度之快、范围之广令人吃惊。在该病流行季节即使是健康人，也应避免到游泳池内游泳。

（十四）忌某些皮肤病患者游泳

各种类型的皮肤癣等疾病，不仅易传染给他人，而且在水中易加重病情。

（十五）忌酒后游泳

酒后游泳会出现低血糖现象。另外，酒精能抑制肝脏正常生理功能，妨碍体内葡萄糖的转化及储备，从而易发生意外。

（十六）忌忽视泳后卫生

泳后，应即用洁净干毛巾擦去身上水垢，滴上氯霉素或硼酸眼药水，擤出鼻腔分泌物。如若耳部进水，可采用"同侧跳"将水排出。之后，再做几节放松动作及肢体按摩，或在日光下小憩 15～20 分钟，以避免肌群僵化和疲劳。

二、 游泳卫生

游泳要注意水质、卫生。游泳池的水质应透明、无色、无味，清澈可见池底，池水的理化标准要符合卫生标准；在江河、湖泊、池塘等自然水域游泳时，更要合理选择水源，不要在不清洁的水中游泳。如果水中有病菌或有毒物质，这些物质可通过皮肤、黏膜和口腔进入体内，引起痢疾、结膜炎、中耳炎和皮肤病等疾病。下水前要做准备活动，如果水温较低，先用冷水泼身，以提高机体对水温的适应性。在水中的时间不要过长，更不要静止不动，以免发生肌肉痉挛或因散热过多而发生寒战。若出现寒战，应立即上岸，用干毛巾擦干身体，穿好衣服并做一些热身运动，如徒手操、慢跑等，以增加身体的发热量，预防因受凉而感冒。游泳后，要用清水或自来水冲洗全身，用毛巾擦干，不要掏耳朵和用手揉擦眼睛。为了预防结膜炎，可滴氯霉素眼药水等。

三、 游泳安全

游泳池的浅、深水之间要有标志；在江河、湖泊、池塘等自然水域游泳时，一定要查清水况，凡有可能发生意外事故的水域，都不要进行游泳。对水深、水速、水温及水底的地形、地物做好事先调查，并规定游泳的水域范围。不要在水很深或水流很急、有漩涡、水下有暗礁或杂物的水域内游泳。下水前应进行适当的准备活动，尽量不要在水中相互戏水追逐，以免发生意外。

四、 游泳时几种常见问题的处理

游泳时水温一般都会低于体温。下水之前应先淋浴，使身体适应水温。如果睡眠不足，身体过于疲劳，或情绪激动，就不适宜游泳。入水后难免会出一些问题，如遇到意外或身体不适时，要沉着、冷静，按照一定的方法进行自我救护，或立即呼救，以便及时得到同伴或救护员的帮助与救护。下面是一些常见问题和解决方法。

（一）水中抽筋

抽筋的主要部位一般是小腿和大腿，有时手指、脚趾及胃部等部位也会发生。发生抽筋主要是下水前没有做准备活动或准备活动不充分，身体各器官及肌肉组织没活动开，下水后突然做剧烈的蹬水和划水动作，或因水凉刺激肌肉突然收缩而出现抽筋。游泳时间长，过分疲劳及体力消耗过多，在肌体大量散热或精神紧张、游泳动作不协调等情况下也会出现抽筋。如脚趾抽筋，游泳者可马上将腿屈起，用力将足趾拉开、扳直；小腿抽筋，可以仰卧在水面,用手扳住足趾,并使小腿用力向前伸蹬,让收缩的肌肉伸展和松弛;手指抽筋时,手握成拳头,然后用力张开。抽筋后,应改用别的游泳姿势游回岸边。如果不得不仍用同一游泳姿势时,就要放慢游速,减小动作幅度,提防再次抽筋。

（二）水草缠身

江、河、湖、泊靠近岸边或较浅的地方,一般常有杂草或淤泥,游泳者应尽量避免到这些地方去游泳。如果游泳者不幸被水草缠住或陷入淤泥,首先要镇静,切不可踩水或手脚乱动,否则就会使肢体被缠得更紧,或在淤泥中越陷越深。镇静下来后,游泳者再用仰泳方式（两腿伸直、用手掌倒划水）顺原路慢慢退回。或平卧于水面,使两腿分开,用手解脱。一旦自己无法摆脱时,应及时呼救。

（三）身陷漩涡

在河道突然放宽、收窄处和骤然曲折处,水底有突起的岩石等阻碍物,有凹陷的深潭,河床高低不平等地方,容易出现漩涡。有漩涡的地方,一般水面常有垃圾、树叶杂物在漩涡处打转,一旦发现,应尽量避免接近。如果已经接近,切勿踩水,应立刻平卧于水面,沿着漩涡边,用爬泳快速地游过。

（四）疲劳过度

过度疲劳后游泳或游泳过度,都容易造成抽筋或溺水。若你觉得寒冷或疲劳,应马上游回岸边。如果离岸甚远,或过度疲乏而不能立即回岸,就仰浮在水上以保留体力并立即呼叫同伴前来协助你回到岸边。如果没有人来,就继续浮在水上,等到体力恢复后再游回岸边。

（五）身体不适

（1）头痛、恶心、呕吐:游泳时头痛的原因可能是慢性鼻炎、呛水或身体寒冷、暂时性脑血管痉挛而引起供血不足。这时,游泳者应迅速上岸,用大拇指在头顶百会穴、太阳穴及列缺穴按揉,然后用热毛巾敷头,再喝一杯热开水即可。鼻子呛进脏水有时会出现恶心、呕吐。此时,游泳者应赶快上岸,用手指压中脘、内关穴,如果有仁丹,也可以含上一粒。为预防肠炎,还可以吃几瓣生大蒜。另外,水进鼻后,不可用手捏紧两鼻孔使劲擤,而应指压单侧鼻孔逐一轻轻擤,或内吸后自口中吐出。

（2）腹痛、腹胀:刚吃过饭或空腹游泳时会产生腹痛、腹胀。这时游泳者应上岸仰卧,用拇趾尖点压中脘穴、上脘穴或足三里穴。

（3）耳痛、耳鸣:出现耳痛、耳鸣可能是耳朵里灌水或鼻子呛水,排水方法有:①将头歪向耳朵进水的一侧,用手拉住耳垂,用同侧腿进行单足跳;②把头歪向有水耳一侧,手心对准耳道,用手把耳朵堵严压紧,屏住呼吸,然后迅速提起手掌,反复几次,水即会被吸出。

（4）头晕、脑涨:出现头晕、脑涨主要原因是游泳时间过长,血液聚集于下肢,脑缺血,机体能量消耗较大,身体过度疲劳。此时,游泳者应立即上岸休息,全身保温,并适当喝些淡糖水或盐水。

（5）眼睛痒痛:眼睛痒痛可能是因水不洁净引起的。上岸后,游泳者应马上用生理盐水冲洗眼睛,然后用氯霉素或红霉素眼药水点眼,临睡前最好再做一下热敷。

五、 怎样施救溺水者

溺水者往往张皇失措,会死命抓住一切能够得到的东西,包括施救者。因此,只要有其他方法将溺水者拉到岸上,就不要下水去施救。当然,在万不得已的情况下,且施救者有能力的前提下可下水施救。没有受过救生训练的施救者下水之前应该有思想准备,溺水者的本能反应,可能使施救者力不从心。此时应大声呼救,召唤其他人来共同施救。

(一) 间接救护

采用救生圈、套杆、绳索、船只等器材,或者根据具体情况因地制宜,利用各种现有工具进行救护,如木棍、木头、木板、门板等一些可以浮起的东西,以便及时救起溺水者。一般游泳水平较差者最好采用这种救护方法。

(二) 直接救护

直接救护是在没有救护器材,或救护器材不能发挥作用的情况下采用的方法。在进行水面观察,发现溺水者后,救护员应看清方位立即跳入水中进行救护。直接救护技术由入水、游进与接近溺水者、解脱、拖运(又称拖带)、出水和岸上急救等部分组成。直接救护技术是游泳救护员必须掌握的,也是游泳救护中最重要的环节。

(三) 下水施救

下水前应准备一块结实、足够长的长条布或毛巾、救生圈;如果决定下水救人,尽量不要让溺水者缠住自己。如在游向溺水者时,与溺水者正面相遇,必须立刻采用仰泳迅速后退,在溺水者抓不到处,将布、毛巾或救生圈递过去,让溺水者抓住一头,自己抓住另一头拖着溺水者上岸;切记,不要让溺水者抓住你的身体或四肢。若溺水者试图向你靠近,应立刻松手游开;如必须用手去救,且溺水者张皇失措,则应从背后接近溺水者,将其牢牢控制,托住溺水者的下巴,使其仰面靠近自己,并用肘使劲夹住溺水者的肩膀,同时安慰溺水者,尽量使其情绪稳定,采取仰泳的方式将溺水者拖回岸。

(四) 有效解脱

若被溺水者正面搂住,把头低下潜入水中,并将溺水者的双臂向上推过头顶,迅速脱身到其够不着的水域;若被溺水者抓住一只脚,用另一只脚踹其肩膀,迅速脱身到其够不着的水域;若被溺水者从后面搂住你的头颈部,马上低下头保护咽喉,然后抓住其上面一只手腕往下拉,同时用另一只手托起其肘部,这样既能脱身,又能抓住溺水者;若以上方法都无法脱身,千万不要慌张,此时,深深吸一口气,然后将溺水者按下水中。由于溺水者一心想浮出水面,此举使之往下沉,势必放手,趁势迅速脱身到其够不着的水域。若体力尚可,可以在脱身后从后面接近溺水者进行施救。

(五) 心肺复苏

具体方法见第二章第三节。

思考题

1. 简述爬泳的技术要领。

2. 哪些人不适合游泳?

3. 怎样拯救溺水者?

第八章 操舞运动

随着社会发展和人们生活水平的提高,体育运动日益成为人们日常休闲活动不可或缺的部分,大学生的体育活动也在不断扩展。本章选择了几项越来越受到大学生喜爱的操舞运动进行阐述,包括健美操运动、健美运动、瑜伽等,主要介绍其规则、基本技术、练习方法、锻炼价值等内容。

第一节 健 美 操

一、 健美操运动简述及比赛规则介绍

(一) 简述

健美操兴起于 20 世纪 60 年代末,流行于 80 年代初。1983 年美国举行了首届健美操比赛,首届远东区健美操大赛于 1984 年在日本举行。两次大赛的成功实践促进了健美操运动后续的发展与繁荣。目前国际上举行的健美操活动主要有世界锦标赛、世界杯赛、世界冠军赛、世界巡回赛等。

健美操运动集健身娱乐于一体,其实用价值越来越多地为人们所重视,吸引了不同年龄的爱好者参与,形成了具有一定规模的运动群体。健美操比赛往往是在舞台上举行,犹如一场巨大的联欢活动。

1987 年在北京举行的全国健美操邀请赛是我国首次举办的健美操比赛,随后每年都在国内不同的城市定期举行。该赛事 1992 年起更名为健美操全国锦标赛,成为了国内重要的传统赛事之一。如今广为青少年追捧的街舞和搏击操,也已涌现出了各种层次的比赛,甚至还有中老年人参与其中。

(二) 比赛规则介绍

1. 裁判员组成

世界与洲际健美操锦标赛、世界运动会与世界杯系列赛的裁判组共由 14 人组成:

(1) 艺术裁判:共 4 人,裁判号码 1—4,根据标准评价运动员完成动作的艺术质量。

(2) 完成裁判:共 4 人,裁判号码 5—8,根据技术技巧和动作一致性评分。

(3) 难度裁判:共 2 人,裁判号码 9—10,使用国际体操联合会(International Federation of Gymnastics,简称 FIG)官方速记符号记录难度动作并做出评价。

（4）视线裁判：2 人，裁判号码 11—12，判断是否出界。标志带包含在场地内，每一视线员负责两条线。

（5）裁判长：1 人，裁判号码 14，记录整套动作并根据技术规程负责监控在场的全体裁判的工作。

2. 其他规则

（1）出场顺序在领队会上抽签决定，健美操采取公开示分的方法。裁判员的评分精确到 1 分。裁判员的评分去掉 1 个最高分和最低分，中间分数的平均分即为得分。

（2）运动员在遇到以下特殊情况时，如由于音响设备而出现的音乐问题，或因此对舞台、会场形成的干扰，应立即停止做动作并向裁判长反映，在问题解决后重做，在成套动作结束后提出的要求将不被接受。

（3）减分、警告和取消资格。包括违背奥运精神和评分道德的行为，严重违例动作，不适当的举止或方式，严重违反国际章程、技术规则或评分规则等。

（三）锻炼价值

健美操也叫有氧健身操，是极佳的有氧运动。长期坚持健美操锻炼有诸多利处：可以改善和提高心血管系统的功能，减少各种心血管疾病；可以很好地增强骨组织的新陈代谢，改善骨骼的血液供应，使骨密质增厚，从而增强骨骼的抗压能力；可以增强呼吸肌的收缩能力，改善和提高呼吸系统的功能；可以促进人体各种腺体结构和机能的良好运行；可以促进骨骼肌的发展，使肌纤维增粗，肌肉体积增大；可以促进人体胰岛素的分泌，维持人体正常血糖平衡；可以对神经系统的结构和功能产生良好的影响，从而提高神经过程的灵活性、协调性和准确性等。

除了对生理的促进作用，健美操运动对人的心理健康同样具有非常积极的作用。首先，它能提高人们的艺术审美能力。音乐和舞蹈融为一体的健美操，把人类美好的思想感情通过身体运动表达出来，是对人们精神世界的极大丰富。其次，它能促进智力的开发。智力是大脑中枢神经系统机能的具体呈现。因此，良好的神经系统，是智力发展的物质基础。作为有氧运动，健美操快节奏的动作变化受大脑的支配，这无疑会提高大脑皮层的活动强度、协调性和灵活性，使大脑的摄氧能力提升，从而增强人们的注意力、记忆力和感知力。最后，它能激发人们的创造力。健美操是以感知为主进行的肢体活动，从动作编排、队形变化到音乐选择，处处都体现出在科学基础上的创新思想，可以说没有创新，健美操便没有生命。

二、 健美操运动的基本技术

（一）头颈动作（图 8-1）

头颈部是人体最重要的组成部分。加强头颈部的训练，可以收紧肌肉，减少脂肪的堆积，增强颈椎间韧带的弹性，提高头颈的灵活性。基本动作包括屈、转、绕、绕环等（表 8-1）。

准备 1×1—2 　　 3—4 　　 2×1—2 　　 3—4 　　 3×1—2 　　 3—4 　　 4×1—2 　 3—4 　　 —

图 8-1 头颈动作

表 8-1 头颈动作节拍表

八　拍	拍	动　作　内　容
准　备		两脚自然分开与肩同宽,两手叉腰,收腹挺胸
一	1—2	下颌收回,低头下看,前点两次
	3—4	下颌朝上,头后仰,后点两次
	5—8	同1—4
二	1—2	头向右侧屈两次,耳朵尽量触肩,肩放松
	3—4	头向左侧屈两次,耳朵尽量触肩,肩放松
	5—8	同1—4
三	1—2	头向右转,目视右方
	3—4	头向左转,目视左方
	5—8	同1—4
四	1—4	头由右经前、左、后绕环至右侧
	5—8	同1—4,动作相反

(二)上肢动作

1. 肩部动作(图 8-2)

准备 1×1—2 　　　 3—4 　　　 5 — 8 　　 2×1—2 　 3—4 　 3×1 　　 — 　　　 4

图 8-2 肩部动作

肩部动作包括提肩、沉肩、振肩、收肩、旋肩、绕及绕环。

(1)振肩。两肩做由内收到外展的连续弹动动作。

(2)旋肩。肩关节做前旋或后旋的动作。

(3)伸肩。两肩分别向左右做伸拉肩的动作。

(4)绕。肩关节向前或向后做小于360°的圆周运动。

（5）绕环。肩关节向前或向后做大于或等于360°的圆周运动（表8-2）。

表8-2　肩部动作节拍表

八　拍	拍	动　作　内　容
准　备		两脚自然分开与肩同宽,两手自然下垂,收腹挺胸
一	1—2	右肩上提
	3—4	左肩上提
	5—8	双肩同时上提两次
二	1—2	向前收肩含胸
	3—4	向后展肩挺胸
	5—8	同1—4
三	1—4	两肩经后向前绕环1周
	5—8	两肩经前向后绕环1周

2.手臂动作（图8-3）

| 准备 | 1 | 2 | 3 | 4 | 5 | 6 | 7 | 8 |

图8-3　手臂动作

正确的手臂姿态对整个身体姿态的完善及动作的艺术风格起着重要的作用,主要包括:屈伸、举、摆、振、绕环等。

其动作可见表8-3手臂动作节拍表。

表8-3　手臂动作节拍表

八　拍	拍	动　作　内　容
准　备		两脚自然分开,双臂下举
一	1	双臂胸前屈,五指张开,掌心向内
	2	双臂肩侧屈,握拳,拳心向内
	3	双臂上举,五指张开,掌心向前
	4	双臂胸前屈,基本手型,掌心向下
	5	双臂侧伸,掌心向下
	6	双臂腹前交叉,掌心向内
	7	双臂平肩朝前,拳心相对
	8	双臂下举
二	1—8	同第一拍—第八拍

（三）胸部动作（图8-4）

胸部是体现身体曲线的重要部位，胸部的活动范围较小，主要包括含胸、展胸、移胸等动作。

其动作请见胸部动作节拍表（表8-4）。

图8-4 胸部动作

表8-4 胸部动作节拍表

八拍	拍	动 作 内 容
准备		两脚自然分开与肩同宽，两手自然下垂
一	1—2	两臂前举，五指分开，掌心朝下，手腕相触，低头含胸
	3—4	两臂打开，向后振，掌心向前，抬头挺胸，收腹立腰
	5—8	同1—4

（四）髋部动作（图8-5）

图8-5 髋部动作

髋部是人体主要关节，提高该部位的灵活性，能够增强肌肉力量、匀称体型。髋部的动作主要包括提、顶、摆、绕、绕环等。

（1）提、顶髋。一侧腿支撑并伸直，另一侧腿屈膝内扣，上体保持正直，用力将髋顶出。

（2）摆髋。两腿微屈并拢，髋部向左、右摆动。

（3）绕髋和绕环。髋关节向左或右做弧形、圆形移动。

其动作请参见髋部动作节拍表（表8-5）。

表8-5 髋部动作节拍表

八 拍	拍	动 作 内 容
准 备		两脚自然分开与肩同宽，两手叉腰，膝盖微屈
一	1—4	分别向右、后、左、前侧顶髋
	5—6	分别向右、向左摆髋
	7—8	同5—6
二	1—4	髋由右经前、左、后绕环至右侧
	5—8	同1—4，方向相反

（五）下肢动作

下肢是支撑人体的主要部位,加强下肢的锻炼有助于减少腿部皮下脂肪,使下肢匀称、修长而富有活力。主要动作包括踏步、弓步、提膝、开合跳、踢腿、弹踢跳、后踢腿跑等。

（1）踏步。腿落地时膝关节自然弯曲,有弹性,由前脚掌过渡到全脚掌落地,同时上体伸直,身体其他部位随动作节奏自然摆动(图8-6)。

（2）弓步。一条腿伸直,脚跟或脚尖点地,另一条腿屈膝成弓步(图8-7)。

（3）提膝。身体与地面保持垂直,一条腿屈膝用力抬起,大腿抬起至少与地面平行,小腿贴膝或垂直于地面并绷直脚尖(图8-8)。

（4）开合跳。并腿跳至开立,重心由脚尖、前脚掌依次过渡到全脚掌,膝关节方向与脚尖方向保持一致(图8-9)。

（5）踢腿。一条腿支撑,另一条腿在各个方向做由下至上的加速摆动作(图8-10)。

（6）弹踢跳。一条腿支撑,另一条腿经屈膝向各个方向踢伸的动作。

（7）后踢腿跑。向前迈支撑腿,另一条腿膝关节后屈,脚尖绷直,支撑腿有小幅度的弹动感(图8-11)。

图8-6 踏步　　　　图8-7 弓步　　　　图8-8 提膝

图8-9 开合跳　　　图8-10 踢腿　　　图8-11 后踢腿跑

三、 主要练习方法

（一）基本形体训练

1. 站姿(图8-12)

站姿反映出一个人的素质和修养。通过正确的站姿练习,不仅可以矫正各种不良姿态,还能使自己的举止更加优雅。

（1）靠墙站立。脚跟离墙3～5厘米,使臀、背、肩胛、头等部位贴墙,

图8-12 站姿

使身体挺拔地保持在一条直线上。

（2）单腿站立。在正确站立的基础上，双手叉腰，一条腿支撑，另一条腿屈膝上抬，贴于支撑腿上。

2. 坐姿（图8-13）

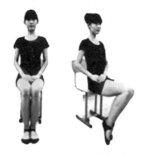

图8-13　正面坐及侧坐坐姿

坐姿是人体的一种静态造型。可分为正面坐、侧坐、双腿交叉坐等，正确优美的坐姿会增加形体的美感与魅力。

（1）正面坐。两脚并拢，脚尖正对前方，上体挺直双脚前伸，两手重叠放在腿上。

（2）侧坐。两脚并拢，两脚同时倒向左或右，两手重叠于腿上。

（3）双腿交叉坐。上体端正，一条腿垂直于地面，另一条腿重叠在膝上，双手交叉于腹前。

3. 走姿

步伐要轻盈、稳健、从容不迫。两脚在一条直线的左、右侧交替前行，膝关节正对前方，身体保持直立，重心平稳，步幅适度，双肩下沉稍外展，两臂前后自然摆动。

4. 手形和手位

（1）手形。手形基本形态是五指并拢，自然伸长，大拇指和中指向下，其余手指向上翘起，五指间有空隙。当手臂伸展时，手指、手腕随之伸展，手背成反弓形。当手臂成弧形姿态时，手指、手腕略放松，使整个手臂至指尖成弧形。

（2）手位（图8-14）。一位：两臂弧形微屈置于体前，距身体10～20厘米，掌心向内，指尖相对；二位：两臂成弧形前举，稍低于肩的位置，掌心向内；三位：两臂成弧形上举至额头上方，掌心向下；四位：两臂成弧形，一只手臂保持三位不动，另一只手臂由三位下落至二位；五位：一只手臂保持三位不动，另一只手臂由二位向侧打开，掌心向前；六位：侧举的手臂不动，另一只手臂由三位落至二位；七位：侧举的手臂不动，另一只手臂由二位向侧打开，掌心向前。

一位　　二位　　三位　　四位　　　五位　　　六位　　　七位

图8-14　手位

5.把杆基本练习

把杆练习是一种形体训练手段,借助把杆保持身体平衡,使练习者更快地正确掌握技术动作及要领。

(1) 擦地练习(图 8-15)。

向前擦地　　　向侧擦地　　　向后擦地

图 8-15　擦地练习

向前擦地:左腿不动,右脚掌向前用力擦地并逐渐绷直,脚尖前点地,重心在左腿上,擦地收回时,脚跟逐渐下压至着地成"丁"字步站立。

向侧擦地:"丁"字步站立,右脚逐渐绷直,脚面向上,向侧擦地。

向后擦地:右脚绷直,用大脚趾内侧点地,向后擦地,收回时脚尖、膝盖外展,向左脚跟靠拢。

(2) 小踢腿练习(图 8-16)。

向前踢　　向侧踢　　向后踢　　　　半蹲　　　全蹲　　　提踵蹲

图 8-16　小踢腿练习　　　　　　　　　　**图 8-17　蹲**

向前小踢腿:左腿不动,右腿伸直经擦地向前快速有力地绷脚踢起,停在离地面 20~25 厘米的位置上,收回时脚经擦地还原。

向侧小踢腿:右腿伸直经擦地向侧快速踢起,脚面向上。

向后小踢腿:右腿伸直经擦地向正后方快速踢起,上体稍向前倾。

(3) 蹲(图 8-17)。

半蹲:上体直立,两腿屈膝缓慢下蹲至膝关节大于或等于 90°,重心在两脚间,收回时两腿缓慢伸直。

全蹲:上体直立,两腿屈膝缓慢下蹲至臀部接近脚跟,迫使脚跟上抬,收回时两腿缓慢伸直。

提踵蹲：上体直立，两脚提踵，脚跟始终不落地，缓慢半蹲或全蹲，收回时两腿缓慢伸直。

（4）移重心。

向前移重心：右腿向前擦地，然后身体向前移重心的同时脚跟着地，身体重心由后经两腿半蹲移至右腿上，成右腿站立姿势，左腿后伸，脚尖点地（图8-18）。

图 8-18　向前移重心

向后移重心：同向前移重心，动作相反。

左、右移重心：双脚"八"字站立，左腿向侧擦地，脚尖点地，重心逐渐向左移同时屈膝半蹲，脚跟着地。然后身体重心由两腿屈膝半蹲移至左脚上，成左腿站立姿势，右腿侧擦地，脚尖点地。

（5）压腿（图8-19）。

向前压腿　　　　向侧压腿　　　　向后压腿

图 8-19　压腿

向前压腿：双手扶杆，上体前屈，胸、腹、下颌依次贴近腿部。

向侧压腿：身体侧向，右腿脚跟放在把杆上，与身体在同一平面，脚面向上。侧压时，左手上举向侧摆动至脚面，用身体侧面触腿。

向后压腿：左腿后举，脚内侧搭在把杆上，脚面向外。后压时以头、肩、胸带动上体后屈，两腿膝盖要伸直。

（6）踢腿。

向前踢腿：右脚经擦地迅速向前方踢至最大限度，两腿膝盖要伸直，还原时腿要控制轻落。

向侧踢腿：右脚向侧踢腿时脚面向上，之后速向侧踢至最大限度，两腿膝盖要伸直，还原时腿要控制轻落。

向后踢腿：右脚向后踢腿时伸直外旋，绷脚尖，脚面稍向外，还原时腿要控制轻落。

（二）把杆形体组合练习

把杆形体组合练习方法，如图 8-20、表 8-6 所示。

图 8-20 把杆形体组合练习

表 8-6　把杆形体组合练习节拍表

八 拍	拍	动 作 要 点
准　备		双手扶杆，脚下"八"字站立
一	1—2	左脚向侧擦地，绷脚尖，然后还原
	3—4	右脚向侧擦地，绷脚尖，然后还原
	5	左脚向侧擦地，绷脚尖，重心逐渐向左移动
	6	重心移至两腿间，屈膝下蹲，脚掌着地
	7	重心移至左腿，右腿向侧伸直，绷脚尖
	8	身体顺时针转动 90°，右腿收回，"丁"字站立，右手向侧打开
二	1—2	右脚向前擦地，然后回到原位
	3—4	右脚向侧擦地，然后回到原位
	5—6	右脚向后擦地，然后回到原位
	7—8	右腿用力向后伸出，左腿弯曲，右手由侧向前上方伸出
三	1—2	左腿伸直同时右腿慢慢收回到左腿前，"丁"字站立
	3—4	右脚向前小踢腿，然后回到原位
	5—6	右脚向侧小踢腿，然后回到原位
	7—8	右脚向后小踢腿，绷脚尖，然后收回至左腿前，"丁"字站立
四	1	右脚向前擦地，绷脚尖
	2	重心移至两腿之间，双腿弯曲
	3	重心移至右腿，左腿后伸
	4	左腿慢收至右腿后侧，"丁"字站立
	5	左腿后伸，绷脚尖
	6	重心移至两腿之间，双腿弯曲
	7	重心移至左腿，右腿前伸，绷脚尖
	8	左腿慢收至"八"字站立
五	1—2	双腿屈膝缓慢下蹲，重心在两腿之间
	3—4	双腿缓慢伸直，回到原位
	5—6	双腿屈膝缓慢下蹲至臀部接近脚跟，迫使脚跟上抬
	7	双腿缓慢伸直，回到原位
	8	继续第七拍动作同时，身体逆时针转动 90°，双手扶把杆

（三）垫上形体组合练习

垫上形体组合练习方法，如图 8-21、表 8-7 所示。

准备　　1　　×　　1　　　　2　　　　3　　　　4

　　5　　　　6　　　　7　　　　8

图 8-21　垫上形体组合练习

表 8-7　垫上形体组合练习动作节拍表

八 拍	拍	动 作 要 点
准 备		双腿伸直,绷直脚尖,身体直立略微后仰,双手后撑
一	1—2	右腿绷脚上抬,与地夹角 30°～45°,然后回到原位
	3—4	左腿绷脚上抬,与地夹角 30°～45°,然后回到原位
	5	双腿屈膝收至腹前,绷直脚尖
	6	双腿向前上方伸出,与地夹角 45°
	7	双腿屈膝再次收至腹前,绷直脚尖
	8	双腿伸直放回垫上,回到准备姿势
二	1—2	身体前倾,头、胸、腹紧贴双腿,手臂伸向远端
	3—4	身体回到准备姿势,手臂两侧打开
	5	右手向左上伸展,左手反方向,眼看左斜下方
	6	身体回到准备姿势,手臂两侧打开
	7—8	动作同 5—6,方向相反

八 拍	拍	动 作 要 点
三	1	屈右腿至身体左侧，身体向右转动，右手扶地，左手扶腿，头向右看
	2	慢慢收回
	3—4	动作同1—2，方向相反
	5	腹部用力上抬，双手后侧支撑，身体呈一条直线
	6	慢慢收回
	7	腹部用力上抬，双手后侧支撑，头向后仰
	8	慢慢收回到准备姿势
四	1—2	双腿屈膝收至腹前，绷直脚尖，双手扶膝
	3—4	双腿向前上方伸出，与地夹角45°，手臂两侧打开
	5	双腿放下，回到准备姿势
	6—8	伸左腿至身体右侧，然后转动身体至跪撑姿势
五	1—2	身体跪撑，右腿向后上方用力绷脚伸出，然后还原
	3—4	动作同1—2，方向相反
	5—6	右腿向后上方用力绷脚伸出，同时左手向前伸出，然后还原
	7—8	动作同5—6，方向相反
六	1	臀部向踝关节方坐下，低头手臂前伸
	2—4	上体由背、颈至头的顺序慢慢立起，手垂于身体侧后方
	5—6	身体向上伸展，右手向上伸出，腿部夹角90°，然后还原
	7—8	动作同5—6，方向相反

四、 健美操运动欣赏

健美操的欣赏可以从以下几个角度进行。

（一）动作及编排

充分体现人类才智、以高超的难度技巧和独特的新颖编排呈现于大众的健美操表演，总是能令人浮现无尽的遐想。健美操通过身体、形态、心灵三位一体来展示美的魅力，那些托举、支撑、过渡、转换动作，造型奇特，复杂多变，出人意料。夸张的形体表现，体现了当代青年人的生活情趣和思维方式，表现出这一代人对"真、善、美"的重新认识，具有极高的艺术感染力。

（二）形体

眼睛是心灵的窗户，视觉感受无疑是美感的源泉。人体作为最直接的审美对象，要求静时匀称端庄，动时敏捷优美，这恰是健美操的理想追求。从美学角度看，健美操运动员个个身材匀称、线条优美，给人以青春勃发的健康之美。从动作姿态看，健美操要求的动作舒展、协调、力度等，都符合我们对人体美的审美要求。健美操运动员集力量、速度、耐力、灵敏度、柔韧性等身体素质于一身，并通过高超的难度技术将其淋漓尽致地展示出来，给观赏者以积极向上、开拓进取的精神感受。

（三）音乐

音乐的鲜明节奏和优美旋律是健美操运动的灵魂。在它的引领下,健美操运动员伸展腾挪、波浪摆动、凌空翻跃,男子动作的刚健朴实、豪放有力,女性动作的刚柔相济、舒展优美,这一切都是通过音乐才得以完美体现的。

（四）文化

健美操比赛不仅是技术、体力上的比拼,更是意志品质和心理素质上的较量。当运动员以顽强的意志力和拼搏精神,完成了超越极限的难度动作时,其表现出的意志品质对观众来说是一种美的感染和熏陶。在健美操比赛中,观众还能欣赏到各种各样新、奇、美的运动服装,其色彩和线条,一定体现了当下最时尚的审美情趣。

第二节　健　美

一、健美运动简述及比赛规则介绍

（一）简述

健美运动的早期萌芽,要追溯到古希腊时期,那是一个以体力制胜的时代,举重物是当时的运动健将普遍采用的健身方式。他们的强健形体,被不同时代的雕塑家记录下来,成为人类共同的美好记忆。

国际健美联合会现有 169 个会员国,其中亚洲健美联合会占 36 席,是全亚洲最大的单项体育组织之一。中国于 1985 年 11 月加入国际健美联合会,1986 年中国举重协会成立分支机构健美运动委员会。1992 年,经原国家体委报请民政部批准,成立中国健美协会。中国健美协会每年举办全国健美锦标赛、中国健身健美精英职业联赛、全国健美冠军赛等赛事。

健美在延缓人体肌肉衰老的速度方面效果显著,越来越受到人们的青睐。伴随生活水平的提高,人们对健康关注度的加深,健美运动也就成为最普及的运动项目之一。

（二）比赛规则介绍

1. 男子个人竞赛评分方法

（1）比肌肉形态。

肌肉围度:身体各部位肌群围度的大小。

肌肉质量:肌肉线条清晰度、分离度、力度、脂薄度、肌纤维排列清晰度、密度等。

肌肉状态:肌肉收缩和放松的围度差要大,形状美观;皮脂要薄;全身各部位的大小肌肉要均衡、协调。

体形匀称:有正常的人体各部位比例和相互关系。脊柱无病理性弯曲,无"鸡胸""扁平胸""桶状胸""漏斗胸",无"O"形或"X"形腿等。

（2）比肌肉比例。

观察运动员身体各部位的肌群布局和大小肌肉块比例。如肩部、胸部、臂部、背部、腹部、腿部肌肉的大小比例协调,形状、布局匀称。

(3)比造型。

① 规定动作评分方法。

前展肱二头肌:正面观察运动员肱二头肌的大小、形状,以及与前臂、肩部、胸部肌群是否对称,再观察其他部位肌群的整体比例是否匀称、协调。

前展背阔肌:正面观察运动员背阔肌伸展的"V"字形状大小,以及与肩部、胸部、腿部等肌群的比例是否对称,再观察其他部位肌肉群的整体比例是否匀称、协调。

侧展胸部:侧面观察运动员胸部的厚薄度,以及与肩部、臂部、大小腿肌群的比例是否匀称,再观察其他部位肌群的整体比例是否匀称、协调。

后展肱二头肌:背面观察运动员肱二头肌的大小、形状,以及与肩部、腿部等肌群的比例是否对称,再观察其他部位肌群的整体比例是否匀称、协调。

后展背阔肌:背面观察运动员背阔肌伸展的"V"字形状大小,以及与肩部、胸部、腿部等肌群的比例是否对称,再观察其他部位肌肉群的整体比例是否匀称、协调。

侧展肱三头肌:侧面观察运动员肱三头肌的大小、形状,以及与肩部、胸部、大小腿肌群的比例是否对称,再观察其他部位肌群的整体比例是否匀称、协调。

前展腹部和腿部:正面观察运动员腹肌和腿部肌肉块的大小、形状,再观察其他部位肌群的整体比例是否匀称、协调。

② 自由造型评分方法。

造型:观察运动员肌肉造型的控制力,以及造型动作的规范和美观程度。如造型动作是否准确流畅,是否充分体现运动员的耐力、控制力和表现力。

表演:观察运动员动作设计编排与音乐选配的融合,以及与观众的神情交流。如整套动作的造型衔接是否流畅,造型与音乐的节拍是否相吻合,是否能根据音乐的旋律与观众得体交流。

2. 健美女子个人竞赛评分方法

(1)比肌肉。

肌肉围度:观察运动员肌肉围度的大小。

肌肉质量:观察运动员肌肉清晰度、分离度。如皮脂要薄,肌纤维排列清晰,密度大。

(2)比匀称。同男子个人竞赛评分方法中"匀称"的要求。

(3)比外表。是否五官端庄,发型、脸型是否和谐;皮肤是否健康和光洁,如皮肤是否过敏,有疤痕、斑点、文身等;运动员人工着色的深浅、整洁,如颜色是否均匀、整洁、擦油适度。

3. 男女混合双人竞赛评分方法

(1)匀称。观察配对运动员身体骨架的比例;身体各大小肌群的比例和布局。如男女运动员的肩部宽窄、身体重心高低、四肢长短的匀称、协调;臂部、腿部围度的大小,腹肌的发达程度和形状,背阔肌扩张后大小的协调。

(2)肌肉。观察配对运动员肌肉的形状、清晰度,以及是否和谐相配。如男女运动员肌肉的长短、皮脂的厚薄、肌纤维的密度和清晰度的相近程度。

（3）配对。观察配对运动员身高、体型、脸型、发型、肤色、气质等整体的和谐。如男女运动员身高、身体重心的比例是否协调，脸型、发型、皮肤颜色、气质是否相近。

（4）配合。观察配对运动员的动作连贯、神情交融、音形和谐等整体的表现力。如男女运动员之间动作是否协调配合；根据音乐的旋律其眼神、脸部表情、手势的变化是否配合默契。

（三）锻炼价值

进行健美运动必须有专门的营养配餐，方可满足肌肉的高水平修复和增长。因此，碳水化合物、蛋白质和脂肪的合理摄入，成为健美运动最重要的辅助手段。

发达的肌肉是通过有规律的负重训练、高蛋白饮食和睡眠来获得的。此三者缺一不可，其中饮食尤为重要。由于身体的代谢周期大约为 3 小时，所以健美运动员每天总是少食多餐，间隔 3 小时就进餐一次，一天往往要吃 5～7 顿。蛋白质是肌肉构建的基石，每天保证优质蛋白的摄入，就成为健美运动的前提条件。

研究发现，促进肌肉生长的激素，是人体在夜晚睡眠中进行分泌的。生长激素能将血液中的氨基酸导向肌肉组织，使其造出新的肌细胞，并修复受到损伤的肌细胞。因此，健美运动员应在晚餐中进食高蛋白食品，或者在睡前服用氨基酸，以使上述肌肉生长过程更有效地进行，从而获得更强大的肌肉块。

对于初学健美的人来说，在营养方面也应力求做到：①补充足够的热能、碳水化合物、优质蛋白原料；②促进肌肉合成，减少分解；③保持适宜的激素水平。

二、 健美运动的基本技术

（一）发展肩背部肌群

1. 杠铃耸肩

此动作主要发展斜方肌。练习时，两脚左右开立，双手正握杠铃，挺胸塌腰，两臂向下伸直，肌群完全放松，先使两肩向上耸起至最高点，然后慢慢放松下垂还原。耸肩要充分，动作过程中两臂肘关节不能弯曲借力，上体也不准摆动（图 8-22a）。

a   b

图 8-22　发展背部肌群练习

2．直臂扩胸

此动作主要锻炼三角肌和斜方肌。练习时，身体正直，两脚开立，拳眼向上持铃平举，双臂同时向侧后做扩胸运动，使斜方肌和三角肌收紧，稍后复位，反复进行。用弹簧拉力器或橡皮筋亦可(图8-22b)。

3．并卧划船

这是发展背阔肌的练习。身体俯卧在长凳上，两手握住橡皮筋把手，肘微屈，略外转，胸部自然放松，使双臂与上体保持约45°角。以背阔肌的收缩带动两臂向下向后做压摆动作，至最大限度稍停再复位(图8-23a)。

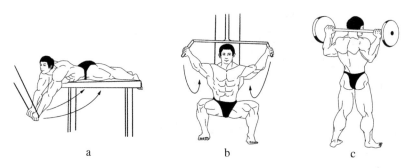

图8-23　发展背部肌群练习

4．坐姿下拉

身体置于坐位，双手伸直在头顶上方正握器械，握距宽于肩。两腿下压不上抬，以背阔肌收缩用力，屈肘将阻力杠垂直下拉至胸前，稍停，再在背阔肌的控制下复位，反复进行(图8-23b)。

5．杠铃宽握颈后推举

两腿分开，身体直立，两手正握杠，握距为肩宽的一倍，置铃于颈后，以三角肌发力，将杠铃从脑后推举过头顶，待臂完全伸直后复位，重复进行(图8-23c)。

(二) 发展胸部肌群

1．仰卧推举

该练习主要锻炼胸大肌。仰卧在长凳上，腰背用力收紧，挺胸、收腹，腰部离开凳面，只以上背肩部和臀部接触凳面。双手持杠铃，两臂伸直，接着，慢慢屈臂向下，杠铃接近胸部时，发力向上推举。推起杠铃时，挺胸沉肩，胸大肌保持收紧，然后发力。初学者做此动作时须有人保护(图8-24a)。

2．仰卧飞鸟

此动作主要发展胸部肌群。仰卧在长凳上，双手持哑铃，先向胸前举起至两臂伸直，手心相对，然后两臂分别向两侧慢慢分开到最低点，还原到两臂举直。应注意两臂向身体两侧放落时应边放边屈肘，大臂应降至最低，以便将胸肌纤维充分拉开。另外，两臂向身体两侧分开时稍慢，还原往上时稍快(图 8-24b)。

3. 负重双臂屈伸

双手支撑握杠，腰系适当重物，屈臂降体至最低位时，向前伸头，使胸大肌充分伸展，以胸大肌发力将身体撑起至双臂伸直。含胸缩臀，稍作停顿后重复(图 8-24c)。

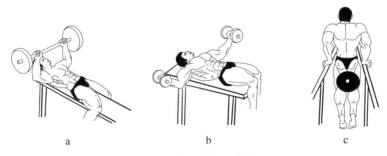

图 8-24 发展胸部肌群练习

(三) 发展腹部肌群

1. 收腹举腿

仰卧长凳上，双手持住凳端，以腹肌发力，使双腿收举至尽量靠近头部，而后缓慢复位。可双腿负重或套上橡皮筋以增大难度(图 8-25a)。

2. 仰卧起坐

练习者坐于较高器械外端，同伴将其双腿夹于腋下，练习者向后做最大幅度的展体，稍停后，利用腹直肌发力复位。可双手抱头或持重以增大强度(图 8-25b)。

3. 异侧屈

两腿开立，负重于一侧或脑后，向异侧做最大幅度的弯曲，使一侧腹外斜肌充分伸展，稍后轮换另一侧进行练习(图 8-25c)。

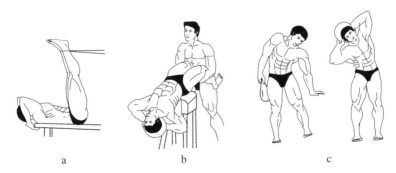

图 8-25 发展腹部肌群练习

(四) 发展腰部肌群

1. 站姿俯身弯起

两脚开立稍比肩宽，双手握铃于颈后，挺胸塌腰，上体向前慢慢弯下，至背与地面平行止,臀部后移,以腰背肌群的力量,挺身直腰复位(图8-26a)。

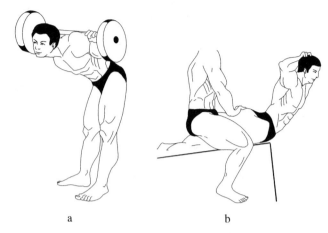

图8-26 发展腰部肌群练习

2. 俯卧挺身弯起

小腹和大腿俯卧在长凳之上,同伴将其两腿固定,练习者双手抱头,以腰背肌群的力量,使下垂的上体离开地面,挺身弯起至全身呈反弓形,抬头、挺胸、后仰,稍停后复位(图8-26b)。

3. 侧身起坐

两手抱头于脑后,侧坐在"山羊"上,同伴将其下肢固定,先侧身缓慢至最低位,用腰背肌群的力量向上收起至最高位置,稍停,缓慢复位,重复进行。

(五)发展臂部肌群

1. 俯卧弯举

身体俯卧于长凳上,头在外,上体稍抬起,双手反握杠铃,握距与肩同宽,于双臂胸前伸直开始,上臂固定于凳端,以肱二头肌收缩发力,将器械上举至面部,稍停,控制复位后重复进行(图8-27a)。

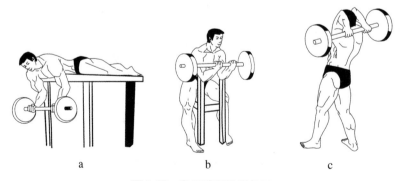

图8-27 发展臂部肌群练习

2. 弯举

上体保持正直,双手反握哑铃或杠铃下垂于体侧,以肱二头肌收缩之力将器械向上收起,待贴近胸锁部时稍停,控制复位后重复进行(图8-27b)。

3. 向后弯举

双腿开立,身体正直,两手正握或反握杠铃于颈后,用肱三头肌的力量,使前臂在头后做向上的屈伸动作,与上臂约成直角。稍停,控制复位后重复进行(图8-27c)。

4. 正、反握腕屈伸

半蹲或坐位,大小腿成直角,两手正握或反握杠铃,两上臂向内夹紧,前臂紧贴大腿,使腕关节下垂于膝盖前,前臂肌群用力,手腕上下弯举,幅度不一定大,但频率要快。

(六)发展腿部肌群

1. 蹲起

发展股四头肌、小腿三头肌和臀大肌等肌群。两腿左右开立与肩同宽,将杠铃放在颈后肩上,双手屈臂在肩外侧抓握杠铃杆,抬头、挺胸、收腹、紧腰,平稳屈膝下蹲,返回时,两脚用力蹬地,伸腿起立慢慢还原(图8-28a、8-28b)。

2. 卧腿屈伸

发展股二头肌、臀大肌等肌群。俯卧在长凳上,两腿伸直,两脚后跟钩住屈伸架或橡皮筋,慢慢地尽量屈膝弯举至最高点,然后慢慢下放还原。后肌群收缩时屈腿要充分,放下时要缓慢(图8-28c)。

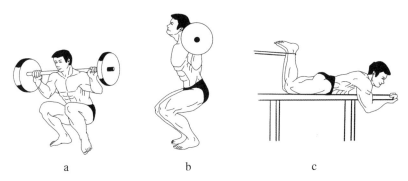

a   b   c

图8-28　发展腿部肌群练习

三、 主要练习方法和要求

(一)健美练习的方法

健美运动是通过科学的训练方法、合理的营养恢复、特殊的器材设计等共同实现的。根据程度水平的不同,健美训练有初、中、高级阶段之分,限于篇幅,在此仅介绍几种中、高级训练法。

1. 金字塔练习法

先以一次所能举起最大重量的60%做15次,而后逐步增加重量、减少次数,直至用80%的最大重量做5～6次。此法可达到使用较大重量锻炼的效果,同时避免受伤。

2.充血练习法

此为一种局部锻炼的方法,即让大量的血液涌入某部位肌肉,并保持在那里,以促进此部位肌肉的增长。如发达胸肌的练习,可连续进行 3～4 个胸部动作练习,中间不做发展其他部位肌肉的动作,这样可使胸部肌肉充满大量血液,使其发胀,稍后再进行其他部位的练习。

3."暗示"法

当一个动作练到无法按正确的姿势再完成一次时,要进行自我暗示:还能做一次、再做一次、又做一次……当然,这些动作都偏离了标准,或借助了其他部位的力量,但却使锻炼的部位获得了额外的、超负荷的刺激。

4.静力收缩法

当某个动作做到肌肉块收缩到最紧张的位置时,尽量保持这种紧张收缩状态数秒,而后再慢慢恢复到动作的开始位置。此法对增强肌肉的线条轮廓具有极其明显的作用。

5.间歇法

先用自己能举起 2～3 次的最大重量做一组动作,休息 30～45 秒,再做 2～3 次,接着休息 60～90 秒后做 1～2 次。这样可以使自己在 7～10 次动作的长组练习中,每次都可举起接近最大限度的重量,既能增大体力,又能增大肌肉围度。

(二)健美训练的组合

在健美训练中,使用不同的练习组合可以得到不同的效果。重量、次数、组数、间歇时间等,便是组合的元素,不同组合有不同的效果。

(1)大重量、低次数、中高组数、长间歇:用于提高绝对力量。

(2)中大重量、中次数、中组数、中间歇:用于增大肌肉围度。

(3)中重量、中高次数、中高组数、短间歇:用于突出肌肉线条。

(4)中小重量、高次数、中高组数、短中间歇:用于减肥。

(5)不负重、很高次数、中低组数、中长间歇:用于增强心血管功能。

四、 健美运动欣赏

(一)健美与健身的区别

首先是两者的含义不同,健美运动是通过练习使肌肉匀称发达、富有形体美,健身运动则是使人身体健康、体质增强、生活内容更加丰富;其次是两者的特点与作用不同,健美是运用各种器械和训练方法达到塑型目的,健身是通过各种锻炼方式达到健康目的;最后是锻炼方法不同,前者是利用器械的超负荷运动,后者更多是徒手的有氧运动。

(二)塑身与塑心并举

器械健美是最有效的塑身手段,当你目睹那些线条轮廓凸显、肌肉硕大无比的健美者出现在展示台上时,定会有一种匪夷所思之感:他们究竟是如何办到的呢?的确,健美运动是一个非常艰苦的过程,必须持之以恒,长期苦练。因此,健美运动在"塑身"的同时也在塑造人们积极向上的心理品质。

第三节　瑜　伽

一、　瑜伽简述及规则介绍

（一）简介

瑜伽运动的起源,可追溯到公元前 3 000 年以前,是印度文化的一个重要组成部分。至 7 世纪开始传入我国西藏,但当时的练习者秘而不宣,直到 19 世纪以后,瑜伽才在我国推广起来。

古印度人秉持梵我合一的理念,瑜伽是基于印度文化某些行为准则的生活礼仪,其目的是使人的身心得到完美的平衡发展,达到个体与外部之间的高度和谐。它是一种超世俗的探求,是对生命的真诚期望和深入体验。

"瑜伽"是由印度梵语"yug"或"yuj"得来,意为"一致""结合"或"和谐",是关于人类与宇宙和谐共处的一种艺术与学问。自古以来对瑜伽的释义有很多。概括而言,瑜伽是通过提升意识,帮助人们充分发挥潜能的哲学体系或在其指导下的运动体系。

今天的瑜伽是使自己更好适应现代城市生活的调理方式。它已成为一门科学,即指导人们在体质、精神、道德和心灵方面修行锻炼的生活艺术。瑜伽的宗旨就是将现代人从负面情绪中解脱出来,从由此而产生的精神、心理和生理疾病中解放出来,在瑜伽的境界中进行气息调理和精神冥想,促进身心和谐,提高生命的质量。

（二）比赛规则介绍

(1) 选手每 10 人一组,共六组,每组选手的规定动作共同完成。规定动作完成后,每组前 5 位选手展示自选动作,其他同组选手原地等候,自选动作依次全部结束后共同退场。每组比赛规定动作为拜日式一遍,限 5 分钟内完成。自选动作 6 个,限 8 分钟内完成。

(2) 每组比赛结束后评委进行亮分,记分员收取亮分牌,计算每人得分并做记录。

(3) 第二组选手进行比赛,同时公布第一组选手个人得分,结束后评委亮分,记分员收取亮分牌并做记录。

(4) 六组选手全部结束后,记分员统计总得分,前 12 名的选手进入到最后一轮的决赛。

(5) 进入决赛的选手分为 6 人一组,每人 3 个自选动作展示,动作可重复。限时 5 分钟内完成,第一组动作结束后下一组进行展示,两组共同完成后,由选手抽取理论问答题并在一分钟内作答。

(6) 主持人宣布分数,记分员收取亮分牌,计算每人得分并记录。

(7) 第二组选手进行比赛,结束后评委亮分记分,同时主持人公布第一组选手个人得分。

（8）全部选手比赛结束后，评委综合给选手打分。

（三）瑜伽的锻炼价值

1. 预防慢性病

和肌肉及骨骼一样，人体的脏器也会产生疲倦之感，借助瑜伽各种体位法的姿势，可使腺体分泌平衡，强化神经功能，远离慢性疾病。

2. 消除紧张和疲劳

通过有意识地呼吸，可排除体内的废气、虚火，消除紧张和疲劳。

3. 按摩内脏

配合腹式呼吸法练习，瑜伽可提升内脏功能，促进并调和循环系统、消化系统及内分泌系统的机能。

4. 保持青春

瑜伽能使人的心情常处于一种喜悦的状态，将积极向上的活力原原本本地输入体内，使人常葆青春。

5. 减肥

瑜伽能让不正常的食欲得以恢复，并能增强抵制暴饮暴食的意志力，从根本上改造人的体质，达到减肥的功效。

6. 训练注意力

持之以恒地练习瑜伽，能使人把注意力集中在一件事上，使身体按照内心的意志去行事。

7. 疏解忧愁和抑郁

当身心放松，专注于伸展肢体时，瑜伽能释放人体的负面情绪，让人逐渐达到"身松心静"的状态。

尤其值得强调的是，瑜伽动作柔韧缓慢，讲求调息平稳和心情松弛，非常适合于高血压患者的保健。对易于精神紧张的人来说，瑜伽术更是理想的调理良方。但患有脊椎病、腰椎间盘突出等相关疾病的人，对瑜伽最好能敬而远之。追求高难度动作是对瑜伽健身的误解，练习者需要根据自身的年龄、身体状况等具体条件进行选择。

二、 瑜伽主要练习方法

（一）瑜伽坐式

1. 简易坐

双腿交叉，左脚压在右腿下方，右脚压在左腿下方。挺直脊背，收紧下巴（图8-29a）。

2. 金刚坐

曲起双腿，将臀部坐在脚跟上；放松肩部，收紧下巴，挺直脊背，减轻腿部的压力（图8-29b）。

3. 莲花坐

坐正,双腿向前伸直。曲起右腿,将右腿放在左大腿上,脚心朝上;再曲起左腿,将左腿放在右大腿上,脚心朝上;挺直脊背,收紧下巴(图8-29c)。

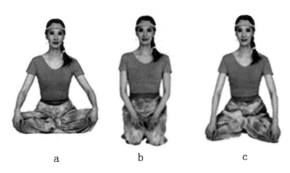

a   b   c

图 8-29 瑜伽坐式

(二) 瑜伽呼吸方法

(1) 腹式呼吸:以肺的底部进行呼吸,感觉只是腹部在鼓动,胸部相对不动。

(2) 胸式呼吸:以肺的中上部分进行呼吸,感觉是胸部在缩张鼓动,腹部相对不动。

(3) 完全呼吸:肺的上、中、下三部分都参与呼吸的运动。腹部、胸部乃至感觉全身都在起伏缩张。通常在瑜伽练习中要保持使用这种呼吸方法。

三、 瑜伽体位及练习方法

(一) 初步练习

1. 山式(图8-30a)

(1) 双腿并拢站直,背部伸直,收腹挺胸。

(2) 两手十指相交,双臂上伸举过头顶,大臂靠近耳根。

(3) 收紧大腿、臀部、腰腹、后背、双肩、双臂的每一块肌肉。

(4) 翻转掌心向上,两臂尽量往高处伸展,同时由仰头缓慢过渡到低头,下巴靠在胸骨上,保持呼吸平稳。

2. 树式(图8-30b)

(1) 双脚并拢直立,双臂自然下垂于体侧,均匀呼吸。

(2) 右腿站立,左腿自膝盖处弯曲,把左腿抬至右侧大腿上,脚跟踩在右大腿的根部内侧。

(3) 双手于胸前合十,吸气时将双手举过头顶,使大臂靠近耳根,整个身体自下而上极度伸展。

3. 新月式(图8-30c)

(1) 双膝跪立,抬起臀部,上身直立成全跪立姿势,先吸气,呼气时右腿向前伸直。

(2) 吸气,手臂经身前举起,然后把手举过头顶。

(3) 呼气,弯曲右膝成弓步,左臂放低,身体向上舒展,身体可以轻微地向后靠。

图8-30　山式、树式、新月式

4. "战士"三式

（1）第一式：身体直立，任意一脚向后退一大步，并向外转动30°，保持髋部正直。弯曲前腿，使膝盖在脚踝正上方，双手伸过头部上方，前臂平行或双手合十（图8-31a）。

（2）第二式：两腿分开约两倍肩宽，右脚向外转90°，左脚向内30°；吸气，两臂向两侧伸展至平行地面，五指并拢伸向远方；呼气，屈右膝使大腿平行地面，保持膝盖不要超过脚尖，上体正直不要倾斜；转动头部注视右手（图8-31b）。

（3）第三式：双腿并拢站立，脊柱挺直，双臂自然垂于体侧。吸气，双臂经两侧向上抬起，于头上合掌，手指交叉握紧，食指合并伸直，肘伸直上臂贴耳，手臂尽量向上伸展，呼气；再吸气，右脚向前迈一大步，左脚跟抬起，再呼气，上身下压，保持髋部水平，从手到脚成一条直线，让身体与地面平行，右脚膝关节伸直（图8-31c）。

图8-31　"战士"三式

（二）模仿动物形态练习

1. 三角式（图8-32a）

（1）吸气，双手向身体两侧绷直抬起，与肩同高，保持在一条直线上，掌心朝下。

（2）呼气，右手向下触及右脚，左手举起指向上空。

（3）头部转向左侧，两腿膝盖绷直，不要弯曲。

2. 猫式(图 8-32b)

(1) 四肢撑地跪在地面上,两臂垂直于地面,双膝位于臀部正下方,两腿稍分开。

(2) 做两次呼气、吸气后,慢慢抬起头和前胸,保持脊椎平直,头上抬。

(3) 呼气,缓慢放低尾椎骨并向上拱起脊柱,尽量低头,用力把手和双膝向下压。

3. 下犬式(图 8-32c)

(1) 跪立,双手放在地上,抬高臀部。

(2) 吸气时,伸直双腿,尽可能伸直双臂,保持手掌压在地上。

(3) 呼气时,脚跟和肩膀下压,脚跟尽量踩到地板上,注意保持背部伸直。

图 8-32　三角式、猫式、下犬式

4. 上犬式(图 8-33a)

(1) 俯卧,双腿向后伸展,脚趾向后,弯曲肘关节,把双手放在腰侧的地板上,手指向前。

(2) 吸气,双手平稳地用力推地,呼气。

(3) 再次吸气时完全伸展手臂与地面垂直,抬起上身收紧双腿肌肉,使两腿伸直并将两膝离地。

(4) 夹紧臀部,腿部绷直,身体的重量应该放在脚趾和手掌上。

(5) 稳固两肩,肩胛骨内收,向上挺胸,直视前方。

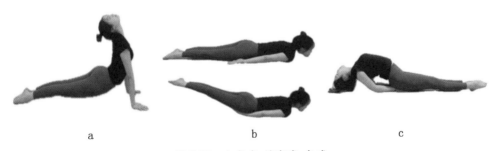

图 8-33　上犬式、蝗虫式、鱼式

5. 蝗虫式(图 8-33b)

(1) 俯卧,双手置在身旁两侧,手心向上,头保持在正中位置,双脚并拢向后伸展,收紧臀部及大腿肌肉,吸气。

(2)呼气,头、胸部、双手及双脚同时慢慢向上提起,只剩下盆骨和腹部在地上支撑身体。

6.鱼式(图 8-33c)

仰卧,吸气,手肘做支点,背部拱起离地,颈部向后弯,头顶放在地面上,脸部尽量与地面垂直。

(三)较高难度练习

1.弓式(图 8-34a)

(1)两腿弯曲,两手分别在背后抓住两脚脚背,做深呼吸。

(2)吸气,上身离地,双腿也拉高离开地板,头部上抬。

2.犁式(图 8-34b)

(1)仰卧,双腿伸直绷紧,脚尖绷直。

(2)吸气,两腿向上抬起,一直抬到和身体垂直的位置,双手掌保持原位。

(3)呼气,同时双腿向头部下放,努力使脚趾触及头部前方所能及的地面,接触点的距离尽量向前,保持正常的呼吸。

3.骆驼式(图 8-34c)

(1)跪下,小腿平放在地上,脚心朝上,大腿及躯干成一直线,与地面成 90°。

(2)吸气,慢慢把身体向后弯,收紧大腿、臀部和腹部,面朝天花板。

(3)呼气,依次把右手、左手放在脚跟上,手掌向下。

(4)吸气,双手往脚掌方向用力,借力向上挺胸,大腿与地面保持垂直。

图 8-34 弓式、犁式、骆驼式

4.鸽式(图 8-35a)

(1)双腿前后打开,左膝着地,左手支撑于地,抬头、挺胸、眼睛平视前方。

(2)内收右腿,左腿向后折叠收起,脚心向上,左手抓住左脚,上身完全展开。

(3)把左脚脚尖放在左手肘关节处,右臂从脑后与左手手指相扣,抬头、挺胸、收腹。

5.苍鹭式(图 8-35b)

(1)基本坐姿坐好,上体立直,头、颈成一直线,左脚屈膝,小腿内侧紧贴着大腿的外侧。

(2)右脚屈膝提起,双手握着右脚掌,呼气,然后慢慢提起向上伸直,保持大腿、膝盖和脚拇趾成一直线。

6. 牛面式(图 8-35c)

(1) 基本坐姿坐好,双膝弯曲,膝盖重叠,脚尖向后,脚背着地。

(2) 吸气,右手肘弯曲,慢慢由右肩向背后上举,手掌贴在背后,左手由下方绕到背后,与右手交握,十指紧扣,上方的手肘尽量置于颈后,背部挺直,挺胸,眼望前方,呼气。

a   b   c

图 8-35　鸽式、苍鹭式、牛面式

7. 坐角式(图 8-36a)

(1) 基本坐姿坐好,分开两腿,两手放于体前地面,屈肘,将上身躯体尽量贴近地面。

(2) 两手分开,慢慢抓住脚尖。

8. 乌鸦式(图 8-36b)

(1) 蹲在地上,双脚分开,双臂弯曲,双手支撑地面。

(2) 踮起脚尖,抬高臀部,让双膝盖架在大臂上,保持平衡。

9. 头倒立式(图 8-36c)

(1) 基本跪姿跪好,臀部坐于脚跟,两手放于两膝上。

(2) 两手合十放于体前地面,低下头,将头顶置于手心。

(3) 屈膝,慢慢抬起臀部,足跟、足尖依次离地。

(4) 待身体保持平衡后,慢慢将两腿向上伸直,身体与地面呈垂直状。

a   b   c

图 8-36　坐角式、乌鸦式、头倒立式

四、瑜伽运动欣赏

近年来，瑜伽迅速成为我国都市年轻人（尤其是女性）推崇的一种时尚运动方式。美体、减肥、减压是其吸引人的亮点。正确地认识瑜伽运动，是瑜伽爱好者必须认真思考的问题。

首先要看瑜伽的动作是否完全符合运动医学的要求。许多匪夷所思的动作造型，如果违背了人体生理学，就只能称之为杂技而非瑜伽。欣赏合理舒展、超乎人们想象的瑜伽体式，能使观赏者放松情绪、修养性情，保持乐观心态。

其次要看练习的环境。欣赏瑜伽时，表演环境相当重要，要求光线柔和、氛围静谧、练习者服饰素雅、瑜伽垫最好为暖色调等。

最后要看动作的规范，从呼吸、体位、洁净、原理、休息、冥想、收束、契合等，可以领略到瑜伽悠远的历史文化气息。

必须注意的是，我们不能一味追求瑜伽的高难度，对瑜伽的实际效用也应有清晰的认识。只有这样，才能不受外界舆论的干扰，真正理解并欣赏瑜伽。

知识窗——瑜伽可以治疗抑郁和焦虑症

瑜伽的好处并不仅仅包括对身体方面的改善。做瑜伽时尤其是在进行呼吸运动时，人似乎可以像冥想时一样有相同的大脑回路活跃。许多研究表明，瑜伽会影响压力反应，改变对恐惧的反应特征，甚至能使大脑的神经中枢平静下来，在抑郁症和焦虑症患者中效果尤其显著。单单缓慢呼吸就会影响负责"镇静"行为的脑细胞，这也可能是瑜伽和冥想对某些心理健康问题有效的部分原因。

思考题

1. 请简述健美操运动的基本技术及其各自动作要领。

2. 进行健美运动锻炼时，需要注意哪些事项？

3. 请简述瑜伽运动的锻炼价值。

第四篇
民族传统体育篇

第九章 传统武术运动

武术是我国传统的体育项目,运动形式有拳术套路和对抗等,几千年来为我国人民锻炼身体或自卫御敌的一种方法,其中有的已列入竞技运动项目。练习武术的核心是强身健体,修心养性,陶冶情操,培养武德。武术历史悠久,流派众多,本章以我国传统的太极拳、五禽戏、八段锦为例,介绍武术运动的历史、基本技术、规则、锻炼价值等。

第一节 太 极 拳

一、 太极拳简述

(一) 简介

太极拳是中国拳术之一,早期曾称为"长拳""绵拳""十三势""软拳"等,至明朝万历年间,山西武术家王宗岳著《太极拳论》,才确定了太极拳的名称。"太极"一词源于《周易·系辞》,含有至高、至极、绝对、唯一的意思。它运用中国古代的阴阳学说和中医经络学说、结合古代导引吐纳之术、综合吸收明代名家拳法,形成了别具一格、特点鲜明的技击拳法。太极拳的演练要求以静制动,以柔克刚,避实就虚,借力发力,主张一切从客观出发,随人则活,由己则滞。

太极拳是中华民族辩证的理论思维与武术、艺术、气功、导引术等的完美结合,是高层次的人体文化。其拳理来源于《易经》《黄帝内经》《纪效新书》等中国传统哲学、医术、武术等经典著作,并在其长期的发展过程中吸收了儒、道、释等文化的合理内容,是当之无愧、名副其实的中国"国粹"。

目前,太极拳主要有陈式、杨式、孙式、吴式、武式等五种流派,但其特点是共同的,即动静开合,刚柔快慢,上下左右,顺逆缠绕,忽隐忽现,虚虚实实,绵绵不断,周身一家,一动无有不动,显时气势充沛,隐时烟消云散,以意带力,到点融化于全身,做到劲断意不断,然后再轻轻启动,挥洒自如。一意一念,一举一动,随心所欲,都在自我控制之中,以达到养生防身的效果。

新中国成立后,太极拳发展迅速,爱好者遍及全国。国家有关部门把太极拳列为重要项目,并出版了品类众多的相关书籍、挂图。在国外,太极拳也颇受欢迎。日本、欧美、东南亚等国家和地区,都有太极拳活动。据不完全统计,仅美国就已有三十多种关于太极拳的书籍出版,许多国家还成立了太极拳协会等团体,积极地与中国进行文化交流。太极拳作为中国特有的民族体育项目,已经引起很多国际朋友的关注与喜爱。

（二）锻炼价值

武术注重内外兼修,对身体有着多方面的良好影响,经常练习能收到壮内强外的效果。太极拳和许多武术功法练习一样,注重调息行气和意念活动,长期练习对治疗多种慢性疾病和调节人体内环境平衡均有良好的医疗保健作用。总之,太极拳运动对身体有着多方面的益处,儿童、少年和青年人进行太极拳锻炼能促进生长发育,强身健体;老人进行太极拳锻炼能推迟和预防衰老的各种退行性变化,延年益寿。

太极拳的健身功用古来有之。早在一百多年前,太极拳家在《十三势行功歌诀》中就有"详推用意终何在,益寿延年不老春"的提法。如今,太极拳之所以能在国内外广为推介,正是因为它具有防病治病的功用,对神经衰弱、心脏病、高血压、肺结核、气管炎、溃疡病等多种慢性病都有明显的预防和治疗作用。打太极拳要求松静自然,这使大脑皮层一部分进入保护性抑制状态而得到休息。同时,打拳可以活跃情绪,对大脑起调节作用,而且打得越是熟练,越要"先在心,后在身",专心于引导动作。长期坚持,会使大脑功能得到恢复和改善,消除由神经系统紊乱引起的各种慢性病。太极拳要求"气沉丹田",有意地运用腹式呼吸,加大呼吸深度,因而有利于改善呼吸机能和血液循环。通过轻松柔和的运动,尤其能使年老体弱的人经络舒畅,新陈代谢旺盛,体质、机能得到增强。

二、 二十四式太极拳的基本技术

预备势:身体自然直立,两脚并拢,两腿自然伸直。两臂下垂,手指微屈,两手垂于大腿外侧。头颈正直,下颏微收,口闭齿扣,舌抵上腭。精神集中,表情自然,双眼平视前方。

（一）起式（图 9-1）

要点:两脚开立与肩同宽;双臂慢慢前平举,同时屈膝按掌。

二十四式
太极拳

图 9-1　起式

（二）左右野马分鬃（图 9-2）

要点:抱球收脚,转身上步,弓步分靠,后坐跷脚,抱球跟脚,转体迈步,弓步分手,后坐跷脚,抱球跟脚,转身上步,弓步分靠。

（三）白鹤亮翅（图 9-3）

要点：跟步抱球，坐腿转腰，虚步分手。

图 9-2 左右野马分鬃

图 9-3 白鹤亮翅

（四）左右搂膝拗步（图 9-4）

要点：转体落手，转体收脚，迈步屈肘，弓步搂推，后坐跷脚，转体跟腿，迈步屈肘，弓步搂推，后坐跷脚，转体跟脚，迈步屈肘，弓步搂推。

（五）手挥琵琶（图 9-5）

要点：进步收手，后坐挑掌，虚步合臂。

图 9-4　左右搂膝拗步

图 9-5　手挥琵琶

（六）左右倒卷肱（图 9-6）

要点：右转体撒手翻掌，提膝屈肘，虚步推掌；左转体撒手翻掌，提膝屈肘，后坐，虚步推掌。左右各再重复一次。

（七）左揽雀尾（图 9-7）

要点：转体撒手，收脚抱球，迈步分手，弓腿绷臂，转体伸臂，转身后捋，转体搭手，弓腿前挤,后坐收掌,弓步按掌。

图 9-6　左右倒卷肱

图 9-7　左揽雀尾

(八) 右揽雀尾(图 9-8)

要点:转身分手,收脚抱球,转体上步,弓步前绷,转体旋臂,后坐下将,转身后将,转体搭手,弓步前挤,弓步分掌,后坐引手,弓步按掌。

(九) 单鞭(图 9-9)

要点:坐腿转身扣脚云手;云手、勾手、收脚,转身上步,弓步推掌。

图 9-8　右揽雀尾

图 9-9　单鞭

(十) 云手(图 9-10)

要点:转体扣脚,撑掌,云手;撑掌收步,转体云手,撑掌出步,转体云手;撑掌收步,转体云手;右云翻掌开步;左云翻掌收步。

图 9-10　云手

（十一）单鞭（图 9-11）

要点：右云勾手，转身上步，弓步推掌。

图 9-11 单鞭

（十二）高探马（图 9-12）

要点：跟步后坐展手，坐腿屈臂，虚步探掌。

图 9-12 高探马

（十三）右蹬脚（图 9-13）

要点：穿手提脚上步，跟步分手划弧，抱手收脚，分手蹬脚。

图 9-13 右蹬脚

（十四）双峰贯耳（图 9-14）

要点：收脚屈膝并手，落脚出步落手，弓步贯拳。

图 9-14 双峰贯耳

（十五）转身左蹬脚（图 9-15）

要点：左转展手，收脚抱手，分手蹬脚。

图 9-15 转身左蹬脚

（十六）左下势独立（图 9-16）

要点：收脚勾手，屈蹲开步，穿掌下势，弓步起身，提膝挑掌。

图 9-16 左下势独立

（十七）右下势独立（图 9-17）

要点：落脚左转身勾手，屈蹲开步，穿掌下势，弓步起身，提膝挑掌。

图 9-17 右下势独立

（十八）左右穿梭（图 9-18）

（1）右穿梭（图 9-18a）。要点：落脚抱球，右转上步错手，弓步架推掌。

a

b

图 9-18 左右穿梭

（2）左穿梭（图 9-18b）。要点：转身撇脚，跟步抱球，左转上步错手，弓步架推掌。

（十九）海底针（图 9-19）

要点：跟步提手，虚步下插掌。

图 9-19 海底针

图 9-20 闪通臂

（二十）闪通臂（图 9-20）

要点：起身收脚举臂，弓步推掌。

（二十一）转身搬拦捶（图 9-21）

要点：后坐转身扣脚，收脚坐腿握拳，摆步搬拳，转体收拳，上步拦掌，弓步打拳。

（二十二）如封似闭（图 9-22）

要点：插手翻掌，后坐收掌，弓步按掌。

（二十三）十字手（图 9-23）

要点：转体扣脚，弓腿分手，交叉搭手收脚合抱。

图 9-21 转身搬拦捶

图 9-22 如封似闭

图 9-23 十字手

(二十四) 收势(图 9-24)

要点:翻掌分手,垂臂落臂,并步还原。

图 9-24 收势

三、主要练习方法

太极拳原是一种技击术,讲究"听劲",即要准确地感觉并判断对方来势,以做出反应。在对方未发动前,自己不要冒进,可先以招法诱发对方,试其虚实,术语称为"引手"。一旦对方发动,自己要迅速抢在前面,"彼未动,己先动""后发先至",将对手引进,使其失重落空,或者分散转移对方力量,乘虚而入,全力还击。随着历史的发展,武术逐渐从战场搏杀转为体育健身,太极拳中结合《孙子兵法》的技击原则,如今只有在太极推手中尚见余存。

太极拳以掤、捋、挤、按、瘪、肘、靠、进、退、顾、盼、定等为基本方法,动作徐缓舒畅,演练时要求正腰、收颌、直背、垂肩,有飘然腾云之意境。具体各部位姿态有如下要求:头——保持"虚领顶劲",有上悬意念,不可歪斜摇摆,眼要自然平视,嘴要轻闭,舌抵上颚;颈——自然竖直,转动灵活,不可紧张;肩——平正松沉,不可上耸、前扣或后张;肘——自然弯曲沉坠,防止僵直或上扬;腕——下沉"塌腕",劲力贯注,不可松软;胸——舒松微含,不可外挺或故意内缩;背——舒展伸拔,称为"拔背",不可弓驼;腰——向下松沉,旋转灵活,不可前弓或后挺;脊——中正竖直,保持身形端正自然;臀——向内微敛,不可外突,称为"溜臀""敛臀";胯——松正含缩,使劲力贯注下肢,不可歪扭、前挺;腿——稳健扎实,弯曲合度,转旋轻灵,移动平稳,膝部松活自然,脚掌虚实分清。

第二节　五　禽　戏

一、　五禽戏简述

五禽戏通过模仿虎、鹿、熊、猿、鸟(鹤)五种动物的动作,达到保健强身、治病养生的目的。五禽戏是由中国古代医学名家华佗在前人的基础上创造出来的,故又称华佗五禽戏。练习时,可以单练某一禽之戏,也可选练一两个动作。单练一两个动作时,应增加锻炼的次数。

二、　新编五禽戏的练习方法

(一) 预备式

1. 预备式动作方法

起势调息(图 9-25)。

图 9-25　起势调息

2. 预备式功效

(1) 排除杂念,诱导入境,调和气息,宁心安神。

（2）吐故纳新，升清降浊，调理气机。

（二）虎戏

虎戏体现了虎的威猛。神发于目，虎视眈眈；威生于爪，伸缩有力；神威并重，气势凌人。动作变化要做到刚中有柔、柔中生刚、外刚内柔、刚柔相济，具有动如雷霆无阻挡、静如泰山不可摇的气势。

1. 动作方法

虎戏包括虎举（图 9-26）和虎扑（图 9-27）两式。

图 9-26 虎举

图 9-27 虎扑

2. 功效

（1）虎举的功效。

注：①②分别为前图的侧视图。

① 两掌举起,吸入清气;两掌下按,呼出浊气。一升一降,疏通三焦气机,调理三焦功能。

② 手成虎爪变拳,可增强握力,改善上肢远端关节的血液循环。

(2)虎扑的功效。

① 虎扑带动脊柱做前后折叠伸展运动,尤其是引腰前伸,可以增加脊柱各关节的柔韧性和伸展度,使脊柱保持正常的生理弧度。

② 脊柱运动能增强腰部肌肉力量,对常见的腰部疾病,如腰肌劳损、习惯性腰扭伤等症有防治作用。

③ 督脉行于背部正中,任脉行于腹部正中。脊柱的前后折叠伸展,牵动任、督两脉,起到调理阴阳、疏通经络、活跃气血的作用。

(三)鹿戏

鹿喜挺身眺望、运转尾闾,好角抵,善奔走。练习"鹿戏"时,动作要轻盈舒展,神态要安闲雅静,意想自己置身于群鹿中,在山坡、草原上自由快乐地活动。

1. 动作方法

鹿戏包括鹿抵(图 9-28)和鹿奔(图 9-29)两式。

图 9-28 鹿抵

图 9-29 鹿奔

2．功效

（1）鹿抵的功效。

① 腰部的侧屈拧转，使整个脊椎充分旋转，可增强腰部的肌肉力量，也可预防腰部的脂肪沉积。

② 目视后脚脚跟可加大腰部在拧转时的侧屈程度，可防治腰椎小关节紊乱等症。

③ 中医认为，"腰为肾之府"。尾闾运转，可达到强腰补肾、强筋健骨的功效。

（2）鹿奔的功效。

① 两臂内旋前伸，肩、背部肌肉得到牵拉，对颈肩综合征、肩关节周围炎等症有防治作用；躯干弓背收腹，能矫正脊柱畸形，增强腰、背部肌肉力量。

② 向前落步时，气沉丹田。身体重心后坐时，气运命门，加强了人的先天与后天之气的交流。尤其是重心后坐，整条脊柱后弯，内夹尾闾，后凸命门，打开大椎，意在疏通督脉经气，具有振奋全身阳气的作用。

（四）熊戏

熊戏要表现出熊憨厚沉稳、松静自然的神态。运势外阴内阳，外动内静，外刚内柔，以意领气，气沉丹田；行步外观笨重拖沓，其实笨中生灵，蕴含内劲，沉稳之中显灵敏。

1．动作方法

熊戏包括熊运（图 9-30）和熊晃（图 9-31）两式。

图 9-30　熊运

图 9-31　熊晃

2. 功效

（1）熊运的功效。

① 活动腰部关节和肌肉,可防治腰肌劳损及软组织损伤。

② 腰腹转动,两掌划圆,引导内气运行,可加强脾、胃的消化功能。

③ 运用腰、腹摇晃,对消化器官进行体内按摩,可防治消化不良、便秘腹泻等症。

（2）熊晃的功效。

① 身体左右晃动,意在两肋,调理肝脾。

② 提髋行走,加上落步的微震,可增强髋关节周围肌肉的力量,提高平衡力,有助于防治老年人下股无力、髋关节损伤、膝痛等症。

（五）猿戏

猿生性好动,机智灵敏,善于纵跳,折枝攀树,躲躲闪闪,永不疲倦。练习猿戏时,外练肢体的轻灵敏捷,欲动则如疾风闪电,迅敏机警;内练精神的宁静,欲静则似静月凌空,万籁无声,从而达到"外动内静""动静结合"的境界。

1. 动作方法

猿戏包括猿提（图 9-32）和猿摘（图 9-33）两式。

图 9-32　猿提

注:① 为前图的侧视图。

图 9-33　猿摘

2. 功效

（1）猿提的功效。

① 猿钩的快速变化意在增强神经肌肉反应的灵敏性。

② 两掌上提时，缩项，耸肩，团胸吸气，挤压胸腔和颈部血管；两掌下按时，伸颈，沉肩，松腹，扩大胸腔体积，可增强呼吸，按摩心脏，改善脑部供血。

③ 提踵直立，可增强腿部力量，提高平衡能力。

（2）猿摘的功效。

① 眼神的左顾右盼，有利于颈部运动，促进脑部的血液循环。

② 动作的多样性体现了神经系统和肢体运动的协调性，模拟猿猴在采摘桃果时愉悦的心情，可减轻大脑神经系统的紧张度，对神经紧张、精神忧郁等症有防治作用。

（六）鸟戏

鸟戏取形于鹤。鹤是轻盈安详的鸟类，往往寓意着健康长寿。练习时，要表现出鹤的昂然挺拔、悠然自得的神韵，仿效其展翅飞翔，抑扬开合的姿态。两臂上提，伸颈运腰，真气上引；两臂下合，含胸松腹，气沉丹田。可活跃周身经络，灵活四肢关节。

1. 动作方法

鸟戏包括鸟伸（图 9-34）和鸟飞（图 9-35）两式。

2. 功效

（1）鸟伸的功效。

① 两掌上举吸气，扩大胸腔；两手下按，气沉丹田，呼出浊气，可加强肺的吐故纳新功能，增加肺活量，改善慢性支气管炎、肺气肿等病的症状。

图 9-34 鸟伸

图 9-35 鸟飞

② 两掌上举,作用于大椎和尾闾,督脉得到牵动;两掌后摆,身体呈反弓状,任脉得到拉伸。这种松紧交替的练习方法,可起到疏通任、督两脉经气的作用。

(2) 鸟飞的功效。

① 两臂的上下运动可改变胸腔容积,若配合呼吸运动,可起到按摩心肺的作用,增强血氧交换能力。

② 拇指、食指的上翘紧绷,意在刺激手太阴肺经,加强肺经经气的流通,提高心肺功能。

注:①②分别为前图的侧视图。

③ 提膝独立,可提高人体平衡能力。

（七）收势

1. 动作方法

引气归元(图9-36)。

图 9-36　引气归元

2. 功效

（1）引气归元就是使气息逐渐平和,意将练功时所得体内、外之气,导引归入丹田,起到和气血、通经脉、理脏腑的功效。

（2）通过搓手、浴面,恢复常态,收功。

三、五禽戏的功法特点

（一）形(即练功时的姿势)

古人说:"形不正则气不顺,气不顺则意不宁,意不宁则神散乱",说明姿势在练功中的重要性。开始练功时,应头正身直,含胸垂肩,体态自然,使身体各部位放松、舒适。不仅肌肉需要放松,而且精神上也要放松,调匀呼吸,逐步进入练功状态。开始练习每戏时,要根据动作的名称含义,做出与之相适应的动作造型,动作到位,合乎规范,努力做到"演虎像虎""学熊似熊"。特别是对动作的起落、高低、轻重、缓急、虚实要分辨清楚,不僵不滞,柔和灵活,以达到"引挽腰体,动诸关节,以求难老"的功效。

（二）神(即神态、神韵)

养生之道在于"形神合一"。练习健身气功应当做到"惟神是守"。只有"神"守于"中",而后才能"形"全于"外"。所谓"戏",有玩耍、游戏之意,这也是五禽戏与其他健身气功功法的不同之处。只有掌握"五禽"的神态,进入玩耍、游戏的意境,神韵方能显现出来,动作形象才可能逼真。虎戏要仿效虎的威猛气势,虎视眈眈;鹿戏要仿效鹿的轻捷舒展,自由奔放;熊戏要仿效熊的憨厚刚直,步履沉稳;猿戏要仿效猿的灵活敏捷,轻松活泼;鸟戏要仿效鹤的昂首挺立,轻盈潇洒。

（三）意(即意念、意境)

《黄帝内经》指出:"心为五脏六腑之大主""心动则五脏六腑皆摇"。这里的"心"指的是大脑,是说人的思维活动和情绪变化都能影响五脏六腑的功能。因此,在练习中,要尽可能排除不利于身体健康的情绪和思想,创造一个美好的内环境。开始练功时,可以集中注意力于下丹田处,集中思想,排除杂念,做到心静神凝。练习每戏时,逐步进入"五禽"的意境,模仿不同动物的不同动作。练"虎戏"时,要想象自己是深山中的猛虎,伸展肢体,抓捕食物;练"鹿戏"时,要想象自己是原野上的梅花鹿,众鹿戏抵,伸足迈步;练"熊戏"时,要想象自己是山林中的黑熊,转腰运腹,自由漫行;练"猿戏"时,要想象自己是置于花果山中的灵猿,活泼灵巧,摘桃献果;练"鸟戏"时,要想象自己是江边仙鹤,押筋拔骨,展翅飞翔。意随形动,气随意行,达到意、气、形合一,以此来疏通经络,调畅气血。

（四）气（即指练功时对呼吸的锻炼,也称调息）

练习者要有意识地注意调整呼吸,不断去体会、掌握、运用与自己身体状况或与动作变化相适应的呼吸方法。初学者应先学会动作,明确其含义,使姿势舒适准确,待身体放松、情绪安宁后,逐渐注意调整呼吸。古人说:"使气则竭,屏气则伤",应引以为戒。练习五禽戏时,呼吸和动作的配合有以下规律:起吸落呼,开吸合呼,先吸后呼,蓄吸发呼。主要呼吸形式有自然呼吸、腹式呼吸、提肛呼吸等,可根据姿势变化或劲力要求的不同而选用。但是,不管选用何种呼吸形式,都要求松静自然,不能憋气。同时,呼吸的"量"和"劲"都不能太过、太大,以不疾不徐为宜,逐步达到缓慢、细匀、深长的程度。

第三节 八 段 锦

一、 八段锦简述

八段锦功法是一套独立而完整的健身功法,起源于北宋,至今已有八九百年的历史。八段锦功法动作舒展优美,古人把这套动作比喻为"锦",意为五颜六色,美而华贵。此功法分为八段,每段一个动作,故名为"八段锦"。练习无须器械,不受场地局限,简单易学,效果显著。八段锦适合男女老少练习,可使瘦者健壮,胖者减肥。

二、 八段锦的练习方法

（一）预备式

1. 动作方法（图 9-37）

八段锦

图 9-37 预备式

2. 功效

宁静心神，调整呼吸，内安五脏，端正身形，在精神与肢体上做好练功前的准备。

（二）双手托天理三焦

1. 动作方法（图 9-38）

图 9-38　双手托天理三焦

2. 功效

（1）通过双手交叉上托，缓慢用力，保持拉伸，可使"三焦"（即中医术语中的上焦、中焦、下焦）通畅，气血调和。

（2）通过拉长躯干与上肢各关节周围的肌肉、韧带及关节软组织，对防治肩部疾患、预防颈椎病等具有良好的作用。

（三）左右开弓似射雕

1. 动作方法（图 9-39）

图 9-39　左右开弓似射雕

2. 功效

（1）展肩扩胸，可刺激督脉和背俞穴，同时刺激手三阴、三阳经等，可调节手太阴肺经等经脉之气。

（2）可有效发展下肢肌肉力量，提高平衡和协调能力；同时，可增加前臂和手部肌肉的力量，提高手腕关节及指关节的灵活性。

（3）有利于矫正不良姿势，如驼背、肩内收，预防肩、颈疾病等。

（四）调理脾胃须单举

1. 动作方法（图 9-40）

图 9-40　调理脾胃须单举

2. 功效

（1）通过左右上肢一松一紧上下对拉（静力牵张），可以牵拉腹腔，对脾胃、中焦、肝胆起到按摩作用；同时可以刺激位于腹、胸胁部的相关经络以及背俞穴等，达到调理脾胃、肝胆、脏腑经络的作用。

（2）可使脊柱内各椎骨间的小关节及小肌肉得到锻炼，从而增强脊柱的灵活性与稳定性，有利于预防和治疗肩、颈等疾病。

（五）五劳七伤往后瞧

1. 动作方法（图 9-41）

图 9-41　五劳七伤往后瞧

2. 功效

（1）本式动作通过上肢伸直，外旋扭转的静力牵张作用，可以扩张牵拉胸腔、腹腔内的脏腑。

（2）本式动作中"往后瞧"的转头动作，可刺激颈部大椎穴，达到防治"五劳七伤"的目的。

（3）可增加颈部及肩关节周围参与运动肌群的收缩力，增加颈部运动幅度，活动眼肌，预防眼肌疲劳以及肩、颈与背部等疾患。同时，可改善颈部及脑部血液循环，有助于解除中枢神经系统疲劳。

（六）摇头摆尾去心火

1. 动作方法（图 9-42）

图 9-42　摇头摆尾去心火

2. 功效

（1）心火，即心热火旺的病症，属阳热内盛的病机。通过两腿下蹲，摆动尾闾，可刺激脊柱、督脉等；通过摇头，可刺激大椎穴，从而达到疏经泄热的作用，有助于去除心火。

（2）在摇头摆尾的过程中，脊柱腰段、颈段大幅度侧屈、环转及回旋，可使整个脊柱的头颈段、腰腹及臀、股部肌群参与收缩，既增加了颈、腰、髋部关节的灵活性，也增强了这些部位的肌力。

（七）两手攀足固肾腰

1. 动作方法（图 9-43）

图 9-43　两手攀足固肾腰

2.功效

(1)通过前屈后伸可刺激脊柱、督脉以及命门、阳关、委中等穴,有助于防治生殖系统、泌尿系统方面的慢性病,起到固肾壮腰的作用。

(2)通过脊柱大幅度前屈后伸,可有效发展躯干前、后伸屈脊柱肌群的力量与伸展性,同时对腰部的肾、肾上腺、输尿管等器官有良好的牵拉、按摩作用,可以刺激其活动,改善其功能。

(八)攒拳怒目增气力

1.动作方法(图9-44)

图9-44　攒拳怒目增气力

2.功效

(1)中医认为,"肝主筋,开窍于目"。本式中的"怒目瞪眼"可刺激肝经,使肝血充盈,肝气疏泄,有强健筋骨的作用。

(2)两腿下蹲、十趾抓地、双手攒拳、旋腕、手指逐节强力抓握等动作,可刺激手、足三阴三阳十二经脉的俞穴和督脉等;同时,运动中使全力牵张刺激,长期锻炼可使全身筋肉结实、气力增加。

(九)背后七颠百病消

1.动作方法

背后七颠百病消的动作主要是颠足。

2.功效

(1)脚趾为足三阴、足三阳经交会之处,脚十趾抓地,可刺激足部有关经脉,调节相应脏腑的功能;同时,颠足可刺激脊柱与督脉,使全身脏腑经络气血通畅、阴阳平衡。

(2)颠足而立可发展小腿后部肌群力量,拉长足底肌肉、韧带,提高人体的平衡能力。

(3)落地震动可轻度刺激下肢及脊柱各关节内外结构,并使全身肌肉得到放松和复位,有助于解除肌肉紧张。

(十)收势

1.动作方法(图9-45)

2.功效

气息归元,放松肢体肌肉,愉悦心情,进一步巩固练功效果,逐渐恢复到练功安静时的状态。

图 9-45 收势

三、 八段锦的功法特点

(一) 柔和缓慢,圆活连贯

(1) 柔和,是指练习时动作不僵不拘,轻松自如,舒展大方。

(2) 缓慢,是指练习时身体重心平稳,虚实分明,轻飘徐缓。

(3) 圆活,是指动作路线带有弧形,不起棱角,不直来直往,符合人体各关节自然弯曲的状态。它是以腰脊为轴带动四肢运动,上下相随,节节贯穿。

(4) 连贯,是要求动作的虚实变化和姿势的转换衔接,无停顿断续之处。

(二) 松紧结合,动静相兼

(1) 松,是指练习时肌肉、关节及中枢神经系统、内脏器官的放松。在意识的主动支配下,逐步达到呼吸柔和、心静体松,同时松而不懈,保持正确的姿态。

(2) 紧,是指练习中适当用力,且缓慢进行,主要体现在前一动作的结束与下一动作的开始之前。

(3) 动,就是在意念的引导下,动作轻灵活泼、节节贯穿、舒适自然。

(4) 静,是指在动作的连接处做到沉稳。

(三) 神与形合,气寓其中

神,是指人体的精神状态和正常的意识活动,以及在意识支配下的形体表现。古话说:"神为形之主,形乃神之宅。"神与形是相互联系、相互促进的整体。八段锦每势动作及动作之间均充满了对称与和谐之美,体现出神与形合、神形兼备,虚实相生、刚柔相济的精神内涵。

气寓其中,是指通过精神的修养和形体的锻炼,促进真气在体内顺畅运行,以达到强身健体的效果。练习八段锦时,要特别注意呼吸的调整,使呼吸与动作协调,不可强吸硬呼。

思考题

1. 请简述太极拳的锻炼价值。

2. 五禽戏的练习方法有哪些?分别有什么功效?

3. 八段锦的功法特点包括哪些内容?请简要概括。

第十章　节庆体育运动

节庆体育运动不仅能够提高人们的身体素质,促进全民健身,还有助于增强民族凝聚力,弘扬民族文化,常见的节庆体育运动包括舞龙、舞狮、龙舟、跳绳等。本章主要介绍舞龙与龙舟的比赛规则和基本技术,以及跳绳的锻炼价值与练习方法等内容。

第一节　舞　　龙

一、舞龙简述及规则介绍

(一)舞龙简述

中国是龙狮运动的发源地。舞龙运动自问世以来,一直深受各族人民的喜爱,历代相传,鼎盛不衰,并由此形成了灿烂的龙狮文化。

龙是中华民族独特的精神标识,它是高贵、神圣、权威的象征,是至尚之神的化身。它可为人间遍洒甘露,消灾降福,带来社会安宁和富贵繁荣。千百年来,炎黄子孙自命为龙的传人,舞龙也早已成为我国盛大节日、隆重庆典、会景巡游时必演的节目之一。

舞龙起源于汉代,久历而不衰。舞龙在我国,几乎流行于所有地区。龙的形象亦各有特色,一般用竹、木、纸、布等材料扎成,每节内能燃烛的称"龙灯",不燃烛的称"布龙",节数不等,多为单数,一般每条长龙由 11 或 13 人组成,最长的达百人之多。舞者各持棍撑起一节,由一人持绣球在前面戏龙,引诱龙去抢扑、戏耍,尽力模仿龙戏宝珠的各种姿势,忽左忽右,忽高忽低,或摇头摆尾,或腾跃翻滚,或直立盘旋,在不同形制的场地上表演出不同规格的动作。表演时有锣、鼓伴奏,龙随乐舞,舞狂乐沸。

(二)规则介绍

1. 比赛通则

舞龙比赛按竞赛类型可分为单项赛、全能赛,按性别可分为男子组、女子组,按年龄可分为成年组(18 周岁以上,含 18 周岁)、少年组(12 周岁至 17 周岁,含 12 周岁)、儿童组(不满 12 周岁)。舞龙比赛常规的时间为 8 至 9 分钟,可分为:①规定套路(单龙,9 把 1 珠,10 人上场);②自选套路(单龙,9 把 1 珠);③传统套路(形式不限);④技能舞龙(单龙,9 把 1 珠)。

2. 服饰

(1)比赛时,队员应穿具有特色的表演服装,要求穿戴整洁,服饰款式色彩须与舞龙器材相协调。

（2）执龙珠队员的服饰与其他队员应有明显区别。

（3）队员上场比赛须佩戴号码,执龙珠者为"0"号,执龙头者为"1"号,其余依次顺延,替换队员、伴奏队员均须佩戴号码。

3.音乐

舞龙音乐伴奏是烘托气氛、转换节奏、激励队员情绪不可分割的重要部分。音乐旋律,乐曲快慢、强弱的转换等均要与舞龙动作成为一个协调、和谐、完美的整体。伴奏可选用鼓乐、吹打乐等多种形式,也可使用符合舞龙特点的音乐带进行伴奏。

4.场地与器材

（1）场地。竞赛场地为边长20米正方形平整场地(特殊情况下,正方形边长不得少于18米),要求地面平整、清洁,场地边线宽0.05米,边线内沿为比赛场地。边线周围至少有1米宽的无障碍区。

（2）器材。龙珠球体直径0.33米至0.35米,杆高(含珠)不低于1.7米。龙头重量不得少于3千克,宽不少于0.36米,高不少于0.6米,长不少于0.9米,杆高不低于1.25米。龙头(含杆高)不低于1.85米。

（3）龙身。以九节布龙参赛,龙身为封闭式圆筒形,直径0.33米至0.35米,全长不少于18米,龙身杆高(含龙身直径)不低于1.6米,两杆之间距离大致相等。龙体、龙尾、龙珠的重量不限制。凡器材不符合规定者,不准参加比赛。

二、 舞龙的基本技术

（一）持龙珠的基本方法

持龙珠者,即龙队指挥者,在鼓乐伴奏下引导舞龙者完成游、穿、腾、跃、翻、滚、戏、缠、组图造型等动作和套式动作,整个过程要生动、顺畅、协调。目的:①引导出场,认清出场方向;②了解比赛场地的大小、熟悉表演动作的方位,避免比赛时出现方位不正确或场地利用不充分;③必须熟悉本队比赛的套式中各种队形的变化,具有较强的场上应变能力。要求:①双眼随时注视龙珠,并环视整队及周边环境的情况变化;②与龙头保持1米左右的距离;③与龙头保持协调配合;④龙珠应保持不停地旋转。

（二）舞龙头的基本方法

持龙头者身形必须高大魁梧、有力,舞动时龙头紧随着龙珠移动,龙嘴与龙珠相距1米左右,似吞吐之势。要注意协调配合,注意龙头应不停地摆动,展现出龙的灵动有力、威武环视之势;龙头左右摆动时,一定要以嘴领先,显示出追珠之势。要求:①龙头替换时,不能影响到动作的发挥;②因龙头体积较大,在左右摆动时不得碰擦龙身或舞龙者;③与龙珠保持1米左右的距离。

（三）舞龙身的基本方法

龙身舞者,必须随时与前后保持一定的距离,眼观四方紧跟前者;空中换手时尽量将龙身抬高,甚至可跳起;舞低时,尽量放低,但千万别将龙身触地,在高低左右舞动中,龙翻腾之势尽展现其中；必须随时保持龙身舞动，造成生龙活虎之势；在跳与穿的动作中，应特别注意柄的握法，以免刮伤别人。要求：①左右舞动时，龙身运动轨迹要圆滑顺畅；②龙身不可触地、脱节；③龙体不可出现不合理的打结。

（四）持龙尾的基本方法

持龙尾者，身形须轻巧、速度快。龙尾也是主要部位，因为龙尾时常有翻身的动作。龙尾舞动时，翻尾要轻巧生动、不拖泥带水，否则容易将龙尾打地，造成器材的损坏，而且会让人感到呆板。龙尾也经常成为带头者，因为有些动作必须以龙尾引导龙首。此外，龙尾也是整条龙舞动弧度大小的控制者，持龙尾者在穿和跳的动作里，更应注意尾部，勿被碰撞或碰撞别人，最重要的是随时保持摆动。

三、舞龙的练习方法

（一）基本步型

（1）基本姿势；

（2）行步；

（3）直线行进；

（4）滑步行进；

（5）矮步行进；

（6）鸭行步。

（二）舞龙跑动技术

（1）跑圆场；

（2）跑斜圆场；

（3）上下起伏行进；

（4）直线圆场行进越障碍。

（三）造型动作

（1）龙出宫造型；

（2）龙脱衣造型。

（四）徒手动作

（1）站腿。支撑队员成半马步，身体略向前倾，塌腰；上腿队员左脚踏置于支撑队员的左大腿根部，借助右腿蹬地的力量，使两只脚都站在支撑队员的大腿内侧，脚尖向内扣，膝关节靠在对方的背部。两人手臂做舞龙动作。

（2）挂腰。两人相对站立。挂腰队员左手经腋下扣住对方的肩，借助瞬间的蹬地的力量，双脚几乎同时挂到对方的腰上，身体后倒。被挂队员重心略向后向下，与挂腰队员形成反作用力。注意手部支撑要快，挂腰要轻巧。

（五）舞龙组合练习

1. 组合一

龙行进"S"形—高低平圆—矮步跑圆场越障碍—跑斜场—单侧起伏小圆场—游龙。

2. 组合二

游龙—"8"字舞龙—曲线行进—快"8"字舞龙—单边起伏。

3. 自编套路练习

游龙—龙出宫造型—高平圆—低平圆—单侧起伏小圆场—8 字舞龙—跑斜场—矮步跑圆越障碍—快 8 字舞龙—龙脱衣造型—单边起伏—游龙。

第二节 龙 舟

一、 龙舟运动简述

龙舟，俗称龙舟竞渡，又称赛龙舟、划龙船。仿龙造型、以龙取名的龙舟，是我国各族人民在长期的生产活动和社会活动中产生的一个具有独特民族风格的运动。龙舟聚会和竞渡具有浓厚的娱乐性和激烈的竞争性，是我国各族人民非常喜爱的一种文化、体育活动。特别是在南方水乡地区，有着极为广泛深厚的群众基础。

在龙舟运动飞速发展的今天，龙舟赛事的组织、竞赛的管理、赛事的宣传等方面越来越成熟、越来越系统。特别是在政府和社会支持下，中华龙舟大赛大学生组比赛的设置与推广，吸引了越来越多的高校参与到龙舟竞赛中来，开展龙舟运动的高校数量逐年增加。

二、 龙舟的竞赛规则

（一）竞赛形式

直道竞速赛：指在尽可能短的时间内通过 1000 米以内标志清晰且无任何障碍的直线航道。

环绕赛：指在半径不少于 50 米，直线距离不少于 500 米的人工或自然水域所进行的多圈赛事。

拉力赛：指在自然环境水域，但必须是封闭的航线上所进行的长距离赛事。

（二）航道

根据报名队数和场地条件，设 4 或 8 条航道，每条航道的宽度至少 12 米。最接近终点裁判的航道编号为第 1 道，其余以此类推。

禁止使用固定的木桩、竹竿和类似物品标记航道。航道内不能有水草、暗礁和其他障碍物，航道两边应各留有 6 米以上的安全警戒水域。

航道内最浅的地方水深不得少于 3 米。航道应设置浮标，航道浮标间距不得大于 50 米，使用黄色浮标。每 250 米处使用红色浮标并设立分段距离标志。距终点 100 米范围使用红色浮标，间距不得大于 25 米。最后一个浮标设在终点线内 2 米处。浮标的直径为 0.35 米，它的表面应较薄软。

起点线和终点线两端的延长线上（6 米以外），必须设有高出水面 3 米且清晰可见的标志杆。终点线远端则应设置高出水面 3 米、宽 0.50 米(中间 0.1 米为黑色、两边各 0.2 米为黄色)的终点瞄准牌。起点、终点处必须列明每一航道的编号。起点编号牌为 1 米×0.60 米(白底黑字)的正方形,安置在起航平台上;终点编号牌为高 1 米、底长 0.60 米(白底黑字)的三角标,安置在终点线外 3 米浮标的延长线上(终点裁判远侧)。有条件的可在终点线后 3 米、高 5 米处悬挂空中航道牌(规格与起点相同)。

航道的一侧要留有 20 米以上的水域做附航道,供龙舟划至起点或做准备活动使用。在起、终点线后至少各留 100 米准备区域和缓冲区域。航道两侧若离岸较近应有消浪设施。

(三)比赛器材

1. 龙舟

12 人龙舟:总长(含龙头、龙尾)约 12.95 米,舟体型长约 10.95 米、龙头长 0.95 米、龙尾长 1.05 米;舟体型宽(中舱最宽处)约 1 米;对称度≤3 毫米,舟体型深≤0.5 米。

2. 舵桨

舵桨采用固定式,固定装置设在尾舱左侧船体上。舵桨总长约 3 米,其中桨叶长约 1.1 米,桨叶前沿宽约 0.135 米,上端宽约 0.125 米,桨叶的边缘厚度约 15 毫米;桨杆直径约 45 毫米;桨手柄长约 0.2 米,直径约 50 毫米。

3. 划桨

划桨总长为 1.05～1.3 米,其中桨叶长 0.48 米,弧形斜口延伸 0.12 米,桨叶的肩距末端 0.36～0.48 米,桨叶前沿最宽 0.18 米,桨叶长 0.12 米处宽 0.167 5 米,桨叶长 0.24 米处宽 0.154 米,桨叶长 0.36 米处宽 0.140 5 米,桨叶的边缘厚度 4～10 毫米;桨杆长 0.57～0.82 米(含手柄),直径为 25～35 毫米;桨手柄长约 0.1 米,直径为 25～35 毫米。

4. 鼓和锣

龙舟上必须配有统一型号的鼓、鼓手座椅和锣、锣架。鼓面与水平面的垂直方向成 15°夹角,鼓面直径≥0.48 米,高 0.35～0.45 米,设在第一划手前面,面对舵手,鼓手座椅为活动装置,高 0.35～0.45 米。锣架高 1.2～1.3 米,宽 0.5～0.6 米,锣的直径为 0.35～0.45 米,设在中舱处。

(四)起航

各队准备就绪后在赛前 1 分钟内,发令员可以组织出发。

1. 抢航犯规

发令员发令(鸣枪)前,凡划桨划动或利用敲鼓、吹哨、呼喊指挥划手者,均判罚为抢航犯规。

2. 抢航信号

赛队发生抢航后,起点裁判将以连续"鸣锣"或鸣枪等大会规定信号以示抢航犯规。途中裁判艇将进行拦截,召集各队回到起点。

3. 犯规处罚

同组比赛两次受到黄牌警告的赛队、一项黄牌警告又抢航一次的赛队、连续两次抢航的赛队、发生抢航后拒绝裁判召回至起点的赛队均被红牌判罚,取消该项比赛资格。

每组比赛的起航次数不得超过 3 次。若发令员组织第 3 次起航时发生抢航犯规,该组将不再召回,比赛继续进行,只通知途中裁判第 3 次起航时抢航犯规的参赛队的所在航道,由途中主裁判出示红牌,令其退出航道,取消该项比赛资格。

4. 延误起航

发令员发令(鸣枪)后,该队不论任何原因延误起航,责任自负。

(五) 途中

起航后,各队应自始至终在本航道划行,龙舟任何部分均不得超越本航道。

各队鼓手应积极有节奏地敲鼓指挥划手,可以吹口哨配合鼓声指挥划手,未曾积极敲鼓的赛队将被罚加时五秒,此规定在起航 50 米之后生效。各队鼓手、舵手不得持桨划水,包括不得使用划水器械利用一只手划水。若因此占得优势,该队将被红牌判罚取消该项比赛资格。

各队有责任爱护比赛器材。比赛中如故意将龙舟翻转或损坏,除负责打捞、赔偿外,该队还将被红牌判罚,取消该项和余下项目比赛资格。

比赛中如发生两条或两条以上龙舟相撞,根据下列情况判罚和确定是否中止比赛:预赛发生此等事件,犯规队被红牌判罚,取消该项比赛资格,其他队比赛继续;复赛至决赛的赛事在比赛半程内发生此等事件,途中裁判长将发出中止比赛信号(鸣锣)并拦截,犯规队被红牌判罚,取消该项比赛资格,其他队立即回起点重赛。复赛至决赛的赛事在比赛过半程发生此等事件,犯规队被红牌判罚,取消该项比赛资格,其他队比赛继续,由总裁判长指令确已受到影响的队重赛(重赛时间安排在下一轮赛事之前)。

(六) 终点

龙舟(龙头)前沿到达终点线,即为划完全程,由终点裁判根据龙舟通过终点线的先后顺序判定名次。

龙舟到达终点后,应及时回码头接受裁判员的检查并交还器材,未接受检查之前队员不准上岸,不得与外界接触。

发生下列情况视为终点犯规,成绩无效,名次取消:

(1) 龙舟未从本航道通过终点。

(2) 龙舟到达终点时所载队员数目与检录登舟时不同。

(3) 龙舟上配套器材、设备短缺。

(4) 发现严禁携带的违禁物品。

三、 龙舟的基本技术

龙舟的基本技术是指能充分发挥运动员机体能力、合理有效地完成龙舟动作的方法。它在龙舟运动项目中有着极为重要的作用,甚至起到决定性的作用。

龙舟技术包括握桨方法、船上坐姿、划桨技术、集体配合等技术。

(一) 握桨方法

龙舟握桨方法要根据划桨操作的位置而定。如果是在右舷划桨,那么桨手用左手握在手柄上,四指从外向内并拢,大拇指从内向外包住桨把,而右手握在桨把的下端(桨叶与桨把的交界处),四指从外向内并拢,大拇指从内向外包住桨把。划行时要自然放松,不能握得太紧,以免手心起泡破皮。左舷划桨与右舷相反。通常我们把握在上面的手叫"上手"或"推手",握在下面桨柄处的手叫"下手"或"牵引手";上手臂的肩叫"推肩"或"上肩",下手臂的肩叫"牵引肩"或"下肩"。

(二) 船上坐姿

右排坐姿:左脚在前,全脚掌踏实在母船板上;右脚在后,位于自己臀部下方,前脚掌踏在母船板上;脚跟稍起,大腿和臀部的外侧紧靠贴在船舷的内沿。左排坐姿与右排相反。

(三) 划桨技术

1. 入水动作

入水是从桨叶尖接触水面到桨叶全部浸入水中的阶段。入水是力量传递的重要部分,参赛者在前一个恢复阶段有力摆动的基础上,再加速将桨叶靠近船体向前与船体平行地推出,桨叶入水角度在 $80°\sim90°$ 为宜。

2. 拉桨动作

桨叶入水后,推桨手迅速前推并撑住,使桨叶抓住水,拉桨手的肩后移,利用抬体和转体的力量直臂向后拉桨。从入水后到拉桨,参赛者应将身体重量压在桨上,拉桨时腰背用力,臀部肌肉紧张。拉桨手拉过臀部后开始屈臂。拉桨手的手腕先向内转,同时肘部向外翻,到上体抬至接近垂直时拉桨结束。拉桨动作是由一连串连续的同时向两个相反方向运动的动作所组成的,要尽可能长地保持用力的距离。

3. 出水动作

紧接着拉桨,两臂继续向上提桨,桨叶即迅速从水中提出。起桨向前时,桨的下叶不能碰水面,以免产生阻力;也不能提得太高,以免影响向前伸展手臂、入水时间以及配合划行时的速度。

4. 恢复 (回桨)

从桨叶出水到下一次桨叶入水之间,桨叶不在水中划行,属回桨阶段。当桨片与身体并行时,推桨手转动桨把并上提向前,拉桨手则在髋部附近和同侧髋部一起有力地前移。

桨叶出水后,参赛者上身挺直,开始转动上体,将桨继续向前上方推出。在恢复阶段,应强调肌肉的放松和呼吸,这是使划桨动作连贯、协调的重要阶段。在恢复阶段的最后,参赛者全身肌肉再度紧张,屏住呼吸,准备下一次桨叶入水。

(四) 集体配合

1. 完美的协调

完美的协调是指在一条船上的二十几名参赛者,其个人的体质、技术和心理上的特点,可以互相弥补、互相取长补短而形成一个完美的整体。

完美的协调还包括参赛者心理上的协调。参赛者之间应相互了解,团结协作,相互信任,相互宽容。大家都有一个共同的目标,真正做到一条船一个心,从而取得集体的胜利。

2. 快节奏的技术

龙舟技术首先要强调单人划船的规范技术。除了完美的协调,快节奏的技术也很重要。

龙舟的抓水动作要快,角度要小。特别是桨手要适应第一位桨手划桨后快速流动的水,要更快地在流水中找到最大的支撑力,这是龙舟技术中最重要和最困难的。由于水流速度快,拉桨时既要更快地用力,又要防止推桨臂过早地前移而造成力量转移。

3. 步调一致

龙舟运动要求所有桨手从抓水到出水步调完全一致,就像一个人在划一样,但是每个桨手不能丢失个人的风格,不能因为取得技术上的步调一致而降低其个人的划桨效率。步调一致对左右舷前一至三号位的桨手提出了很高的要求,他们必须对鼓手的鼓点频率高度敏感,不能稍有落后。

4. 龙舟的桨位安排

教练员可以通过桨位比赛来把桨手安排在合适的桨位上。合理安排桨位对成绩的提高也很关键。

小百科——冰上龙舟

冰上龙舟是龙舟文化与冰雪运动的结合,是传统龙舟运动项目的创新和延伸,保留了传统龙舟运动的技巧性与竞技性,打破了龙舟运动的季节性局限,更具速度与激情,是一项融合竞技性、团队性、娱乐性的全新冰上运动。

第三节　跳　绳

一、跳绳简述

跳绳历史悠久,当女娲"乃引绳于泥中,举以为人"时,绳子便伴随着人类一起生活了。古人使用绳子作为记事的工具,也用它来捆扎收获的农作物、拴系牛马或捆绑猎物等,因此跳绳这项运动可能源于原始的农事、狩猎或军事活动。跳绳的名称在我国历史上经历了多次变化,在唐朝称为"透索"、宋朝称为"跳索"、明朝称为"跳百索"、清朝称为"绳飞"、清末之后才普遍称为"跳绳"。跳绳游戏在古代是汉族的民俗娱乐项目,在南宋时期,每逢佳节家家户户都会进行跳绳比赛。

17世纪初,荷兰船队途经中国时看到中国孩童玩的跳绳游戏,感到非常有趣,船员及其孩子们竞相模仿、学习,于是跳绳随着荷兰船队漂洋过海传播到世界各地。20世纪末加拿大首次提出"跳绳强心"的理念之后,跳绳运动在国际跳绳联盟各成员国迅速推广实施,并在西方多国民众之中迅速普及,被很多欧美医学家称为"最完美的运动",该称号同时获得国际跳绳联盟和世界卫生组织的认可。世界上很多国家成立了负责本国跳绳运动推广的运动协会组织,英国、美国、瑞士、德国、荷兰、加拿大等欧美国家及亚洲的韩国、印度、新加坡、马来西亚等国家,都把跳绳运动列为本国运动会的正式比赛项目。

随着跳绳运动在我国的快速发展,2012年原国家体育总局社会体育指导中心正式成立全国跳绳运动推广中心,负责全国跳绳项目的推广工作,举办跳绳赛事、组建国家队,开展全国跳绳等级教练员、裁判员培训、会员单位管理,制定大众等级锻炼标准,极大地推动了我国跳绳项目的普及化、专业化、国际化发展。

跳绳运动可分为速度跳绳与花样跳绳。速度跳绳是传统跳绳方式,主要追求单位时间内完成尽量多的跳绳个数,提高跳绳速度;花样跳绳是在汲取中华民族传统跳绳运动的精华和结合现代表演项目特色的基础上发展而来的,融合舞蹈、体操、武术、杂技、音乐等现代元素精粹,在绳艺、绳技、绳舞、绳操等方面使跳绳者的个性得到淋漓尽致地发挥,更加突出其休闲、娱乐、趣味和健身效果。花样跳绳种类繁多、新颖别致、动感十足,成为吸引眼球的时尚运动之一。目前,跳绳运动已被我国纳入"国家学生体质健康标准"测试项目,同时被我国多个省份纳入小升初、中考体育正式测试项目。

二、 花样跳绳的锻炼价值

（一）花样跳绳的健身功能

1. 改善身体形态

跳绳运动能够改善身体形态,表现为减少体脂和增加骨量等。因为跳绳时会消耗大量的热量,所以跳绳的减肥作用十分显著,它可以锻炼全身肌肉,消除臀部和大腿上的多余脂肪,使锻炼者的形体健美,使动作敏捷、重心稳定。另外,跳绳时双脚或单脚落地后,身体自重对下肢骨骼有一定的压力,从而能刺激骨质增长,促进儿童骨骼的成长发育。

2. 提高身体素质

跳绳看似简单,却是一项全身性的运动,不但能增强机体的有氧代谢功能,还可以使力量、速度、灵敏、耐力等各项身体素质全面提高,经常参加各种跳绳活动,可以使运动者的身体素质得到全面发展。

3. 改善身体机能

跳绳能增强人体心血管、呼吸和神经系统的功能,促进人体器官发育,有益于强身健体、开发智力、丰富生活。跳绳时的全身运动及手握绳对拇指穴位的刺激,会大大增强脑细胞的活力,提高思维能力和想象力,因此跳绳也是健脑的最佳选择之一。

（二）花样跳绳的健心价值

跳绳运动能改善焦虑、抑郁等消极情绪,有利于心理健康。有专家研究参加花样跳绳锻炼后的大学生,其匹兹堡睡眠质量指数与锻炼前相比有显著性差异,焦虑和抑郁分值显著低于锻炼前,中等强度的有氧跳绳锻炼能显著地提高大学生的睡眠质量,有效地改善大学生的焦虑和抑郁症状,提高学习能力和判断力,增强想象力和创造力,培养顽强的意志和奋发向上的精神,对大学生的心理健康起到积极的作用。

（三）花样跳绳的休闲娱乐价值

娱乐作为人的基本需求，是体育运动产生的原因之一，跳绳从其萌芽开始就与人们的娱乐活动有着密切的关系，游戏性是跳绳的重要特征之一。跳绳花样丰富，不管是跳绳初学者，还是跳绳老手，丰富的跳绳技术及难易兼具的跳绳技巧都会给人带来无限挑战，使人体验到成功和进步的乐趣。

（四）花样跳绳的社会价值

随着社会的迅速发展，人民生活水平日益提高，文化生活越来越丰富。花样跳绳简便易学、灵活有趣、易于推广，参与跳绳运动对建立积极社会关系有着极大的推进作用。

综上可知，花样跳绳不但可以减肥、健美形体，还具有竞技表演、休闲娱乐功能，更能改善心血管、呼吸和神经系统功能，预防各种疾病，还能调节情绪，有利于心理健康，进一步促进和谐社会关系的建立。

三、 花样跳绳的主要技术及练习方法

（一）速度项目

双手摇绳，双脚以并脚跳或轮换跳的方法跳绳，每跳起一次，绳体越过头顶并通过脚下绕身体一周（360度），称作一次跳绳。速度跳绳一般指在一定时间内尽量完成更多的次数。速度以绳起跳一次通过脚下的次数分为单摇跳、双摇跳、三摇跳及更多摇数的多摇跳；按照计分方法分为定时计数赛、定数计时赛和连续跳；按照参与人数分为个人速度项目和团体速度项目；按照跳绳形式分为单绳速度、车轮速度、交互绳速度等。目前，国内外常见的速度比赛项目有：30秒单摇跳、3分钟单摇跳、2×30秒双摇跳、连续三摇跳、60秒交互绳单摇跳、4×30秒单摇接力、4×30秒交互绳接力等。在速度比赛中，通常计双脚轮换跳中右脚过绳次数。

1. 双脚轮换速度跳

双脚轮换速度跳的动作方法为两手握住绳柄前端，将绳置于身后，由后向前摇绳，左右脚依次抬起、落地，每落地过绳计一次（图10-1）。目前国内外常见的比赛项目有：30秒单摇跳、3分钟单摇跳、4×30秒单摇接力等。

图10-1 双脚轮换速度跳动作示例

（1）上肢。双手握住绳柄前端,大臂自然放松。小臂略张,手腕伸至脚尖位置,手心朝前下方。

（2）下肢。大腿用力往上抬腿,膝盖往前顶,前脚掌落地。

（3）躯干。上半身躯干稍往前倾。

2．双摇跳

在人跳起腾空的过程中,绳子越过头顶并通过脚下两周（绕身体 720 度）的动作为双摇（图 10-2）。目前,国内外常见的比赛项目有:30 秒双摇跳、2×30 秒双摇接力等。在比赛中通常计成功过绳后双脚落地次数。

（1）上肢。大臂自然放松,小臂微张,手心朝向前下方,跳起后手腕快速抖动。

（2）下肢。两脚并拢,起跳后在空中时小腿略往后收,落地屈膝,前脚掌着地。

（3）躯干。抬头挺胸,收腹立腰,眼睛直视前方,身体保持正直。

（4）呼吸。跃起吸气,落地呼气,保持均匀有节奏。

正面　　　　　　　　　　　　侧面

图 10-2　双摇跳跳起动作示例

3．一带一单摇跳

一人双手持绳,另外一人在绳中,两人同时采用双脚轮换跳,跳跃同一根绳子,每跳起一次,绳同时越过两人头顶并通过脚下绕身体一周（360 度）（图 10-3）。常见的比赛项目有 30 秒一带一单摇跳,在比赛中通常计持绳者右脚成功过绳的次数。

（1）摇绳者。除手臂稍往前伸外,其他同双脚轮换速度跳摇绳动作一致。

（2）跳绳者。抬腿动作同双脚轮换速度跳一致。

4．交互绳速度跳

两人相对站立,两人一侧手分别持同一条绳,依次交替向内摇绳（左手顺时针划圆、右手逆时针划圆）,一人在绳中进行双脚轮换跳的动作（图 10-4、10-5）。全国跳绳比赛中通常计右脚成功过绳的次数。

（1）摇绳者。

① 上肢:大臂自然放松,小臂前伸与地面平行,双手握住绳柄前端,掌心相对,绳柄指向对面摇绳者,手腕往里快速划圆。

② 下肢:重心稍下沉,双脚分开略宽于肩。

③ 躯干:抬头挺胸,收腹立腰,眼睛看跳绳者的双脚。

准备   起跳

图 10-3   一带一单摇跳动作示例

正面   侧面

图 10-4   交互绳速度跳摇绳者动作示例

图 10-5   交互绳速度跳跳绳者动作示例

（2）跳绳者。姿势同单绳双脚轮换速度跳。跳绳时眼睛注视摇绳者的双手，便于掌握跳绳节奏。

（二）个人花样项目

个人花样跳绳是指人合理运用身体姿势的变化或人、绳之间的配合，创造性地将各种个人跳绳技术动作有机地融合在一起，全面展示个人跳绳项目的技巧性和艺术性。目前，国内外常见的个人花样类项目有：个人花样跳绳、两人同步跳绳、四人同步跳绳，全国跳绳比赛还在大众等级锻炼标准的基础上推出了个人花样集体规定套路。个人花样跳绳的动作种类繁多，据目前国内花样比赛规定，可分为单摇步伐类、多摇类、体操和力量类、缠绕和放绳类等花样类别。

1. 单摇步伐类花样

（1）开合跳。动作方法：两手持绳向前摇，当绳子过脚置于空中时，两脚跳跃分开，膝盖呈微弯曲状态，当绳子快打地时，两脚合并跳过绳，一拍一动，完成开合跳（图 10-6）。

开立 　　　　　　　　　　并脚跳跃

图 10-6　开合跳动作示例

（2）提膝跳。动作方法：两手持绳向前摇，当绳子过脚置于空中时，一条腿做提膝动作，支撑脚原地起跳，在空中伸直，再次跳跃时，两脚并拢做并脚跳动作，两脚交替完成（图 10-7）。

提膝 　　　　　　　　　　并脚跳跃

图 10-7　提膝跳动作示例

（3）左右侧打直摇跳。动作方法：①将绳子置于身后，由后向前摇动绳子，当绳子摇至头顶时，将绳子摇向身体右侧；②继续由后向前摇动绳子，将绳子甩向身体左侧；③继续由后向前摇绳至身体正前方，变成并脚跳（图10-8）。

侧摇　　　　　　　　　　　　　直摇跳跃

图10-8　左右侧打直摇跳动作示例（左侧侧打）

（4）间隔交叉跳。动作方法：双手握住绳柄末端，绳体置于身后，将绳子由后向前摇动，当绳体第一次摇至头顶上方时，两手交叉，交叉点在小臂中点并紧贴腹部，在绳子打地瞬间，并脚起跳越过绳子，待绳子再次摇至头顶上方时，两手打开，在绳子再次打地瞬间，并脚起跳越过绳子（图10-9）。

体前交叉　　　　　　　　　　　　并脚跳跃

图10-9　间隔交叉跳动作示例

2. 多摇类花样

起跳至脚落地前，绳子在空中最少经过脚下两次的花样为多摇跳花样。多摇跳花样是跳绳技术中最精彩的部分，也是核心部分，它最能体现跳绳者掌握跳绳动作和技术的熟练程度，显示个人的水平和实力，众多跳绳者也以学会多摇跳中的高难度动作为荣，因此，多摇跳成为跳绳比赛中设定难度等级的标准尺度。

（1）双直摇。动作方法:两手握住绳子两端绳柄,将绳置于身后,由前向后摇动绳子,跳起一次,绳越过头顶通过脚下绕身体两周(720 度),两周都为直摇。动作要领:①两脚前后站立,掌握平衡,前脚掌压地后自然弹起;②膝盖微屈,避免前踢腿或后撩腿动作,缓冲压力,保护脚踝和膝盖,防止摔伤;③上身自然放松,挺直但不僵硬;④两大臂夹紧,肘关节贴在两侧肋部,两小臂自然下垂至两髋处,手心相对或向下,手腕发力。

（2）开合交叉双摇跳。动作方法:两手握住绳子两端绳柄,绳置于身后,由后向前摇动绳子,跳起一次,绳子过脚两周,第一周直摇过脚,第二周前交叉过脚。动作要领:①一起跳就要加快手臂动作,第一周直摇过脚尽量快速,为后面挽花节省时间;②起跳后,可尝试尽力提膝收腿,手部要求同时挽花;③手腕交叉幅度不要太大,交叉宽度稍微超出髋关节,能顺利过绳即可。

（三）多人配合类项目

1. 个人绳互动配合类项目

（1）两人一绳轮换跳。动作方法:①两人并排正向站立,分别用外侧手握住同一根绳子的两个绳柄;②站位距离为两人面对面站立,中间间隔 1～2 人距离;③两人同时向前摇绳,以一个八拍为例,一拍一动,其中一人单数拍过绳,另一人辅助摇绳,而双数拍时则动作相反,换另一人过绳(图 10-10)。

图 10-10　两人一绳轮换跳动作示例

（2）旅行跳。动作方法:多人并排站成一条直线,一人双手持绳,其他人无绳状态下站立,几人同时以同一节奏向上跳跃,持绳者从跳跃者身后逐个一带一跳过绳子。动作要领:一带一同时起跳时,两人身体前后对齐,同时起跳;持绳者始终面向正前方,保持与跳跃者同一节奏。

2. 车轮跳项目

（1）基础车轮单摇跳。动作方法:两人并排站立,左手同握一根绳,右手同握一根绳。两人同时先摇起右手绳,当右手绳在空中到达最高点时迅速起左手绳,后两手保持间隔 180 度匀速摇绳。当右手绳打地时,右边的人跳过,左手绳打地时,左边的人跳过。动作要领:手臂在体侧匀速地画圆,身体躯干保持正直,前脚掌着地,膝盖微微弯曲(图 10-11)。

图 10-11　基础车轮单摇跳动作示例

（2）车轮换位跳。动作方法：基础车轮单摇跳起式，以一个八拍为例，第一、二拍为基础单摇跳，第三拍右侧队员跳过手中的绳子，同时身体向左后侧移动，左侧队员身体向右前侧移动，第四拍两人前后位置重合，绳子在两位队员身体两侧打地，第五拍完成位置互换，第六至八拍还原至基础车轮单摇跳动作节奏。动作要领：两人摇绳保持基本车轮单摇跳的节奏，协同配合完成左右位置互换（图 10-12）。

图 10-12　车轮换位跳动作示例

3. 交互绳项目

（1）交互绳握绳方法。大臂自然放松、竖直向下，小臂朝前，大拇指竖直按住绳柄朝前，四指在与绳柄垂直的方向虚握绳柄，掌心相对。

（2）交互绳摇绳者站位。两人双手握绳相对站立，抬头、挺胸、收腹、立腰、目视前方，双腿直立，两脚分开与肩同宽或略宽于肩，绳子中间部位接触地面长度 10～15 厘米为宜。

（3）交互绳基本摇绳方法。两人相对站立，两人异侧手分别持同一条绳，依次交替向内划圆摇绳（左手顺时针划圆、右手逆时针划圆）。动作要领：大臂自然放松，以肘关节为轴，两手小臂在胸口依次一上一下交替划圆，手腕锁住；绳子在最高点位置时大拇指的位置在鼻尖,绳子在最低点位置时大拇指的位置在髋关节,双手画圆时双手最前端不超过身体的中轴线。

（4）交互绳进出绳与基本跳。

① 进绳:摇绳者交互绳正向基本摇绳,摇绳者待近端绳（距离跳绳者最近的绳）摇至空中最高点,向前跨一步准备进绳,待近端绳打地时,进入绳中。

② 基本跳:跳绳者进绳后,双脚并拢,前脚掌着地,膝盖微屈,根据摇绳节奏依次起跳。

③ 出绳:跳绳者进绳后进行基本跳,待近端绳再次打地瞬间,往前跳出绳外,以一个八拍为例,跳绳者双数拍向前跨步进绳,单数拍向前跳过近端绳,完成出绳。

动作要领:进绳时注意摇绳节奏与绳运行的位置,把握进绳时机,进绳后起跳跟随摇绳节奏,注意起跳不要过高,出绳动作待近端绳打地后立即向前。

思考题

　　1. 舞龙的基本方法有哪些？请简要概括。

　　2. 龙舟的基本方法有哪些？请简要概括。

　　3. 花样跳绳有哪些健身功能？请列举。

　　4. 你还了解哪些节庆体育运动？请与同学们讨论分享。

第五篇
运动欣赏篇

第十一章　冰壶运动

冰壶运动是一项既考验体能又考验脑力的冰上投掷性竞赛项目,它具有丰富的历史和文化内涵,是冬奥会的重要比赛项目之一。本章主要介绍冰壶运动的比赛规则、基本技战术、赛事欣赏等内容。

第一节　冰壶运动简述及比赛规则介绍

一、冰壶运动简述

冰壶,又称掷冰壶、冰上溜石,是以团队为单位在冰上进行的一种投掷性竞赛项目。冰壶是冬奥会比赛项目,每年世界冰壶联合会还会举办冰壶世锦赛。冰壶为圆壶状,由具有足够硬度和低石英含量的特定类型和质量的花岗岩制成。由于冰壶不仅要求在低温环境和撞击中不易破碎,还要求表面光滑,其制作过程复杂,生产成本很高。

冰壶周长约为 91.44 厘米,高(从壶的底部到顶部)11.43 厘米,重量(包括壶柄和壶栓)最大为 19.96 千克。有人把冰壶称作"冰上国际象棋",这一比喻很好地诠释了冰壶的神秘与高雅。

二、比赛规则介绍

(一)场地简介

冰壶赛道的横截面是 U 形的,因为 U 形的冰面可以帮助高水平运动员打出弧线球。

冰壶运动所用场地是一个长 44.5 米、宽 4.32 米的冰道。冰道的一端画有一个半径为 1.83 米的圆圈作为球员的发球区,被称作本垒。冰道的另一端也画有一圆圈,被称为营垒。营垒由 4 个半径分别为 0.15 米、0.61 米、1.22 米和 1.83 米的同心圆组成。外面两圆之间的涂为红色。

在场地两端各装有一个斜面橡胶起蹬器。在冰壶场地前后两端各有一条蓝色的实线,即"前卫线"和"后卫线"。冰壶掷出后,如果未进前卫线或越过后卫线都视作无效,将被清出场外。

(二)比赛人数及局数

冰壶比赛时,每场由两支球队对抗进行,每队由 4 名球员组成。比赛共进行 10 局。两队每名球员均有两个冰壶,即有两次掷壶机会。每局由每队交替掷壶,8 人共掷 16 壶之后结束。

（三）基本规则

1. 掷壶规则

比赛分两队进行，两队各有 4 名球员，每队分别按一垒、二垒、三垒及主力队员的顺序交替掷壶，以赛前双方掷点离圆心近者先掷壶。

冰壶比赛有一条最关键的规则——双方在一垒投前两只壶的时候不能把对方未进营的壶打出界，因此也就有了占位等一系列复杂的战术。大多数比赛中先手方第一个壶都采取不进营占位。

在一名队员掷壶时，由两名本方队员手持毛刷在冰壶滑行的前方快速左右擦刷冰面使冰壶能准确到达营垒的中心。同时对方的队员为使冰壶远离圆心，也可在冰壶的前面擦扫冰面。

球员掷壶时，身体下蹲，脚踏在起蹬器上用力前蹬，使身体呈跪式向前滑行，同时手持冰壶从本垒圆心推球向前，至前卫线时，放开冰壶使其自行以直线或弧线滑向营垒中心。

掷壶队员在力求将冰壶滑向圆心的同时，也可在主力队员的指挥下用冰壶将对方的冰壶撞出营垒或将场上本方的冰壶撞向营垒圆心。

最后当双方队员掷完所有冰壶后，以场地上冰壶距离营垒圆心的远近决定胜负，每石 1 分，积分多的队为胜。

一场比赛需两组冰壶，每组各八颗，应上色彩以便在冰道另一端仍可轻易辨识。在传统赛事里，第一局中不拥有最后一壶掷壶权的一队，可选择该队的壶色。

2. 刷冰规则

掷壶方的刷冰员可在两圆心线间为己方任何在移动中的冰壶刷冰。但在圆心线之后，每队仅有一名球员可为己方的冰壶刷冰，且仅有主将可为对方的冰壶刷冰。

3. 计分

拥有位于营垒中、位置最接近营垒中心的冰壶的队伍得分。该队每颗位于营垒中、位置较别队所有冰壶都更接近圆心的冰壶皆可获计一分。在移动任何冰壶之前，两队三垒应对得分情形达成共识。

4. 测量

若属于不同队的两颗冰壶无法判定何者较接近圆心，除非另有冰壶更接近圆心，该局将被视为不计分。

第二节　冰壶运动基本技战术

一、冰壶运动基本技术

（一）握法

冰壶不光是用手握的，也不光是握在掌心深处，还需要手指与手掌的密切配合。手指紧握冰壶,控制好持续投掷的动作是非常重要的。

（二）投掷方法

（1）运动员蹲下身子并呈身体坐在腿肚子上的姿势,伸直胳膊把冰壶轻松地放在自己的前方。垂下肩膀、伸直胳膊、靠拢膝盖、端正身体。在身体放松的情况下,控制好平衡是非常重要的。

（2）在将冰壶向前稍微移动的同时开始投掷。在做投掷动作之前,要先把躯干部分抬起。

（3）冰壶是由肩膀用力投出去的,运动员靠伸直的肩膀前后摇摆来调节投掷的距离。做投掷动作时保持好重心也非常重要,要把身体的重心移到右侧稍微弯曲的脚上,用左脚来控制并掌握平衡。

（4）投掷运动员把冰壶充分地提到自己的前方,右脚伸到冰壶后方并将身体向前移动。使肩膀垂直于帮助调节平衡的刷子是非常重要的。投出冰壶的瞬间,前胸落到膝盖的内侧,冰壶脱手而出,飞向目的地。这时身体完全保持平衡,甚至不用刷子来支撑。

（5）为了不养成坏习惯,投出冰壶后身体要保持最低的姿势,直到投石结束为止。

二、 冰壶比赛的基本战术

（一）拉引击石

这是最基本、最广为应用的技术,即将冰壶掷在得分区之前或得分区内。

（二）防卫击石

防卫击石是将冰壶掷在拱线和得分区之间,用来防御对手的冰壶进入得分区。

（三）敲退击石

敲退击石是将冰壶放在一个或是多个已经存在场上的冰壶的前面。就是轻敲对手的冰壶使其远离得分中心线,但不将它击出,而是使其停在掷石者的冰壶的后面,如此一来对方便很难将这颗冰壶击出场。

（四）通道击石

两颗冰壶中间的缝隙叫作通道。当掷石者需要让他的冰壶通过两颗或是多颗阻碍石时,他便需要掷出一个通道击石。

（五）晋升击石

晋升击石是将一颗在得分区之前的冰壶由射石撞击到更接近得分区的中心,同时这颗射石被"晋升"到中心石起到卫兵的作用。

（六）晋升移除掷石

一颗冰壶被射石撞击之后,往后推进并碰击到对方的冰壶,而使对方的冰壶被驱离得分区或出局。

（七）精彩击石

若希望将冰壶掷到一颗卫兵石的后面,或是希望将一颗被保护得很好的冰壶击出场,有一种方式是丢掷冰壶去撞击一颗停在外围的冰壶,然后让掷石转向朝目标方向前进。这种射击是最精彩的战术之一,因为它通常会带来意想不到的结果。

(八) 削剥击石

当己方处于领先时,或对手有一颗冰壶在得分区中,并被良好地保护着,则须移除在得分区之前的障碍(卫兵)石。这时这个射击会被称为一次削剥击石。削剥击石涉及移除一个在得分区之前的冰壶,而射石和被移除石同时撞出局,不进入(经过)得分区,以免造成任何损失。有时,利用撞击推进卫兵石,去移除被卫兵石保护的冰壶,会是一个好的策略。但是这个策略也有很大的风险,只要一点小小的失误,己方的射石就会留在原地成为对方的卫兵,并奉送对手机会再放一个卫兵石或是放另一冰壶到得分区中。

第三节　冰壶运动欣赏

冰壶是一项技巧运动,也是一项充满美感的运动。一记漂亮的投壶极其赏心悦目,观看一场冰壶比赛也给人以美的感受。

运动员要赢得比赛,但决不能贬低对手。一名真正的运动员宁可输掉比赛,也不愿赢得不公平。一名优秀的冰壶运动员从来不会故意干扰对手,也不会阻碍对方发挥最佳水平。欣赏一场彬彬有礼而又竞争激烈的"冰上国际象棋"比赛,能教给人规则意识、合作意识、团队精神。

目前,世界范围内主要的冰壶大赛有以下几个。

(一) 冬奥会冰壶比赛

1924年,冰壶作为表演项目被纳入第一届冬奥会,1998年被正式列入冬奥会比赛项目。在2022年北京冬奥会中,冰壶比赛在北京赛区的国家游泳中心举办。此届冰壶项目共设有男子冰壶、女子冰壶和混合双人冰壶三个小项,每个项目各有来自不同国家的十支队伍参赛,共产生包括三枚金牌在内的九枚奖牌。

(二) 世界冰壶锦标赛

冰壶世锦赛是除冬奥会外最高水平的冰壶比赛,每年举办一次,由世界冰壶联合会主办,包括世界男子冰壶锦标赛、世界女子冰壶锦标赛和世界混合冰壶锦标赛。2009年3月在韩国江陵举行的世界女子冰壶锦标赛中,中国女子冰壶队夺得冠军,实现了历史性的突破。

知识窗——轮椅冰壶

轮椅冰壶是残奥会冬季体育运动发展最快的项目之一。运动员使用的冰壶与普通冰壶比赛使用的冰壶是一样的,使用的也是相同的冰壶场地和相同的比赛规则,只是允许不使用刷子。另一个不同之处是允许冰壶运动员选择使用有传石和稳定轮椅作用的手杖。轮椅冰壶赛每场比赛六局,而普通冰壶比赛每场十局。轮椅冰壶赛在2006年被纳入残奥会比赛项目。

思考题

　　1.冰壶比赛的基本规则包括哪些？请简要概括。

　　2.请列举 3～5 个冰壶运动中常用的基本战术。

　　3.你还了解哪些冬奥会比赛项目？请简单介绍。

第十二章　拓展训练

拓展训练兼具挑战性与趣味性，它能够通过体验式学习的形式，帮助个人和团队提升心理素质与团队协作能力。在现代社会，这种训练方式越来越受到人们的关注和重视。本章从锻炼价值、基本技术、练习方法等要点出发，着重介绍定向运动、攀岩、野外生存等拓展训练项目。

第一节　拓展训练简述

一、拓展训练简介

拓展训练起源于第二次世界大战。当时英国船只遭德国袭击，落海水手较少生还，而生还者中，多是年长的水手，鲜有年轻力壮的小伙。原来在灾难发生时，年轻的水手纷纷被恐惧所吓倒，因心理绝望而丧失了求生的能力。相反，阅历丰富的年长者却能临危不惧，积极应对，终至生还。于是引发了关于海上生存能力和野外生存技巧的训练活动，这可以说是拓展训练的雏形。

第二次世界大战结束后，拓展训练逐渐风靡欧洲，训练对象由海员扩大到军人、学生、职员等。训练目标也由单纯的体能、生存训练扩展到培养积极进取的人生态度和团队合作精神。20世纪末我国才开始接触这方面的活动。目前拓展训练已成为学校、单位等热衷参与的团队建设项目。许多地方还精心设置通关赛道，将其变为一项全民参与的健身运动和娱乐节目。

拓展训练的内容很多，甚至可以根据训练的目的自由开发选择。目前比较成熟的主要有两类，其一是利用自然环境的运动，如定向越野、野外生存、户外露营、野外穿越、攀岩、雪山攀登、洞穴探险等。其二是人为设置障碍的运动，常见的有游戏类：为拓展人的情商和智商、培养团队合作精神；赛道类：为提高人们的参与精神和身体素质；器械类：为提升人们的勇气、自信和耐力。

二、拓展训练的锻炼价值

相对于其他体育项目，拓展训练更加贴近生活，以其独特的亲和力和新颖的诱惑力，广为青少年所追捧。

首先，拓展训练对青少年的身心素质提出了全面的要求。上肢的攀爬能力、下肢的登顶力量、探索自然的勇气与体力等,在拓展实践中均能得到锻炼。在此过程中,参与者不是被动地完成规定任务,而是以积极主动的态度分析、思考。通过对大自然的挑战,在身体得到锻炼的同时,也领略到空气、阳光、水、沙滩、田野、森林、山地、草原等自然资源的独特魅力,身心得到很好的陶冶,适应力也得到提高。

其次,拓展训练能够极大地提高青少年的心智。青少年投入拓展训练的内容、方法和手段之中,不断经受各种生存的考验,这不仅使青年学生对自我有了新的认识,而且还赋予了他们迎接各种挑战的勇气和能力。远离都市繁华,置身于陌生的自然环境中,熟悉的生活方式被彻底打破,独步森林的恐惧与胆怯、对埋锅做饭的束手无策、无人理会的抱怨等,这一切都是对青少年体能、技能、心理承受力以及战胜困难的意志品质的锻炼和考验。

最后,拓展训练具有强化实践技能的价值。青少年喜欢追求新兴、时尚的运动项目,拓展训练所包含的野营、野炊、负重行军、攀岩、岩降、定向运动、漂流涉水、穿越丛林、搭绳过涧、野外自救、觅食(水)等丰富的活动内容,具有多方面的技能探究性,这不仅可以满足青年学生挑战自我、挑战极限的追求,而且可以强化青少年的体魄,促进其生存技能的提高。

第二节　拓展训练的基本技术和练习方法

一、定向运动

(一)定向技术

(1)地图正置及拇指辅助法:先将地图正置,把拇指放在地图上自己的位置。这样你要前进的方向便在地图前面,使你能清楚观察四周的环境及地理特征。前进时,拇指随着移动,改变前进方向时,地图也要随之转移,即保持地图指向正北方,这样可以在任何时候都能立即指出自己在图中的位置。

(2)指南针:利用指南针,准确地找出目标的方向,每次前往目标前,可先观察目标周围的地势,加深印象,力求快速准确地到达目的地。

(3)搜集途中所遇特征:辨别前往控制点途中所遇到的地理特征,确保前进方向及路线正确,切勿将相似的特征误认。

(4)攻击点:找出控制点附近特别明显的特征,然后利用指南针,从攻击点迅速准确地前往控制点。攻击点必须是容易辨认的。

(5)数步测距:先在地图上度量两点间的距离,然后利用我们的步幅、步频计算要走的时间。

(6)目标偏测:利用指南针前进,把目标偏移,当到达目标的上面或下面时,再寻找目标。

（二）定向装备

（1）装备主要包括：服装、指南针、哨子、手表等，以及由赛会提供的号码布、地图、控制器等。

（2）服装：应以轻便、舒适及易于活动为准，过紧和太厚的服装会使你行动缓慢。

（3）鞋：鞋的选用因人而异，防水、防滑很重要，经验较少的人可穿旅行靴，保护脚腕，有经验的运动员可穿上比赛用的运动鞋。

（4）指南针：主要作用为辨别方向，在定向运动中它是不可或缺的工具。

（三）野外定向的种类

（1）越野式定向赛："越野式定向赛"为野外定向的主要类型。运动员必须依靠赛会提供的地图，按照赛会指定次序，逐一到访全部控制点后，到达指定终点报到，以用时最短完成整个赛程者为优胜。

（2）夺分式定向赛：在赛区内设有很多控制点，每一控制点都有不同的分值，而分值由其距离、难度和与其他点的连接而定出。运动员在限定的时间内，凭技术、经验和体能，夺取分数。而超过限定时间到达终点的运动员则扣除一定的分数。参赛者无须依次序到访各控制点。成绩以积分最高者为优胜，如有同分者则以时间最短者优胜。

（3）接力式定向赛：通常 3 人或 4 人一队，比赛路线分为若干段，每名队员完成其中指定一段后尽快返回接力区，以触手方式进行交棒。全队队员时间总和为该队总成绩，以时间最短完成全部赛程者为优胜。

二、攀岩

（一）主要技术特点

（1）抓：用手抓住岩石的凸起部分。

（2）抠：用手抠住岩石的棱角、缝隙和边缘。

（3）拉：在抓住前上方牢固支点的前提下，小臂贴于岩壁，抠住岩石缝隙或其他地形，以大臂和小臂使身体向上或向左右移动。

（4）推：利用侧面、下面的岩体或物体，以手臂的力量使身体移动。

（5）张：将手伸进缝隙里，用手掌或手指屈曲张开，抓住岩石的缝隙作为支点，移动身体。

（6）蹬：用前脚掌内侧或脚趾的蹬力把身体支撑起来，减轻上肢的负担。

（7）跨：利用自身的柔韧性，避开难点，以寻求有利的支撑点。

（8）挂：用脚尖或脚跟挂住岩石，维持身体平衡使身体移动。

（9）踏：利用脚前部下踏较大的支点，减轻上肢的负担，移动身体。

（二）攀岩的种类

（1）根据攀岩的地点分类。

① 自然岩壁攀登：即攀登天然岩壁。能真切接近大自然，面对千变万化的岩壁角度和石质，可充分发挥个体的才智。但开发一条野外攀岩的成熟线路，比较耗费人力和财力。

② 人工岩壁攀登：就是攀登人工制造的攀岩墙。安全性较高，不可控因素较少，有利于训练交流。但缺乏创造性，自由发挥的余地较小。

（2）根据攀岩的方式分类。

① 自由攀登：不借助于绳子、快挂、铁锁等保护器械的力量，仅靠自身力量攀爬，这也是我国目前攀岩运动的主要方式。

② 器械攀登：借助器械力量的攀登。难度超过了攀登者的能力范围，是较高级的攀登方式。

③ 顶绳攀登：在岩壁顶端预先设置保护点，通过主绳保护进行的攀登方式，这是适合初学者使用的较为安全的方法。

（3）根据攀岩的比赛形式分类。

① 难度攀岩：以攀爬路线的难度来区分选手成绩优劣的攀岩比赛，即以在规定的时间里选手到达岩壁的高度来判定胜负。

② 速度攀岩：如同田径比赛里的百米比赛般充满韵律感和跃动感，即按照指定路线攀爬，以时间快慢来评判优劣。

③ 抱石式攀岩：设置结束点和得分点，参赛者抓住得分点并做出一个有效动作，或双手抱住结束点 3 秒均可得分。判定名次时先看结束点的多少，如果相同再看得分点数量，再相同则看攀爬次数。比赛线路虽短，但难度较大，要求运动员具备较好的爆发力和柔韧性。

④ 室内攀岩：在室内设置不同角度、不同难度的人工岩壁，装上大小不一的岩石点，参与者运用四肢借助岩点攀登。

（三）攀岩的主要装备

器材装备是攀岩运动的重要组成部分，是攀岩者的安全保证，主要分为个人装备和攀登装备。

（1）个人装备：安全带、下降器、安全铁锁、绳套、安全头盔、攀岩鞋、镁粉和粉袋等。

（2）攀登装备：绳子、铁锁、绳套、岩石锥、岩石锤、岩石楔等，特殊情况下须预备悬挂式帐篷。

三、 野外生存

野外生存是指在远离居民点的山区、丛林、荒漠、高原、孤岛等野外环境中，在不完全依靠外部提供生存物质的条件下，凭借个人、集体的努力维持健康生活。野外生存具有挑战性、冒险性、趣味性和实用性等特点。进行野外生存能力的训练，目的在于以野外生存训练为主要手段，锻炼意志、耐力，增强信心，促进身体健康和心理健康，提高社会适应能力。

（一）野外生存的基本装备

（1）着装：应以宽松、耐磨、舒适为基本原则，贴身的衣服应选择柔软吸汗的纯棉制品，切忌尼龙纤维织品。鞋对保护好双脚非常重要，一般选择尼龙面或皮面旅游鞋。另外，还应配备手套以保护双手。

（2）背包：最好选用带有轻质金属架的专业登山背包，注意背负系统的设计是否科学、通风透气、受力传递、背负的舒适性和承重强度等是否合理方便；面料应选择有防水涂层的防撕尼龙布。

（3）帐篷：最好选用防水防风性能较佳的双层面料帐篷，可供2~3人居住。

（4）睡袋：应轻而保暖，且易于压缩，方便背负。睡袋主要的填充材料有羽绒和合成纤维。丝绵睡袋质轻、保暖性好，是最理想的睡袋。

（5）照明装备：此类装备都为必备，为方便使用应购买头灯。

（6）通信用具：除了使用专门的全球卫星定位仪、短程无线电对讲机、手机，还要尽可能熟悉和掌握一些基本的、简易的联络手段，如手电筒、信号弹、哨子、焰火等。

（7）其他装备：主要包括常用药品、弹性绷带、消毒纸巾、行李绳、防水火柴等。

（二）野外生存的常识及安全措施

（1）制订详细的计划、线路，把旅行路线留给你的亲友或任何希望与你取得联系的人。

（2）学会如何在野外点火及保存火种。在野外，火是非常重要的，它可以烹煮食物、带来光明、驱走寒冷、作为信号，还可使野兽不敢靠近。

（3）学会在野外寻找及选择食物。应以口感好、准备不复杂、烹饪前不必做特别处理、能配合所携带的炊具、不浪费水、恰好够吃为原则。

（4）野外取水。在进行野外生存生活训练时，除了自带饮用水，在意外的情况下，还必须学会在自然界中寻找水源。

（5）野外方向辨别。掌握定位和测向的方法，常用方法有：用指北针测向、利用太阳测向、利用北极星测向、利用地物特征测向。

（6）野外渡河要对河流进行实地考察，了解河流的深浅、流速和河底的结构，再确定渡河的地点和方法。

（7）避免雷击，要避免走进淋湿或已经有水的地方，最好要踏在塑料布上或其他绝缘物上，然后蹲下来。

（8）宿营地的选择要注意安全、避风、近水、平坦。

（三）意外伤害的救护及自我保护

当发生事故时，要沉着应对，胆大心细，认真负责。施救要果断，并应分清轻重缓急，应先救助危重患者，再处理病情较轻者，同一患者应以救治生命为前提，而后再处理局部创伤。观察现场环境，确保自己及伤者的安全，充分运用现场可供支配的人力、物力来协助救治。具体急救方法见第二章第三节。

四、拓展训练分类

（一）室内拓展训练

室内拓展训练能通过集体游戏的方式，发展个体在知、情、意等诸多方面的能力。此类练习内容五花八门、俯拾皆是，在此仅举几例。

（1）肢体传递：将队员分成每组5~8人的若干小组，并选派一名裁判和若干监督员；每队站成一排，裁判向每队最后一名队员发布信息，要求他们只能用肢体语言向前传递，最后由排头队员将此信息写在黑板上，速度最快、最准确的队伍将获胜。此项训练的目的在于培养参与者除语言之外的表达能力。

（2）踩气球：将参与者分为人数相等的两方，每人脚上绑上1~2个气球。哨音响后，一方面必须去踩破敌队的气球，同时又需保持自己的气球不被踩爆。其目的在于培养和提高个体与团体利益相互融合的能力。

（3）兔子舞：所有队员站成一列纵队，后面的队员双手搭在前面队员双肩上。裁判站在一边发口令，诸如：左脚跳两下、右脚跳两下、双腿合并向前跳一下、向后跳一下等，步伐错误或步调不一致的队员表演节目。其目的在于培养参与者间的沟通、协作能力。

（4）头脑风暴：参与者分为人数相当的若干组，随意确定一件物品，每组依次轮流说出该物品的一项用途，内容不得重复，想法越古怪越好，鼓励异想天开，但不得蓄意批评或语言攻击。比赛时间为一分钟，以说出该物件合理用途多的一方获胜。其目的在于增强参与者的自信心和幽默感，以及开拓思维。

（5）建设美景：10人一组，要求在30分钟内，利用配发的相同材料，搭建出优美的景观来，每组推举一人进行创意描述，最后由各组代表投票选出优胜者。其目的在于开拓思维，提高团队的创新能力和工作中的协作能力。

（二）室外拓展训练

室外拓展训练除了游戏的形式，更多的是利用特殊器械和装置进行训练。这种拓展训练的目的在于认识自身潜能，增强自信心，改善自身形象；克服惰性心理，磨炼与困难斗争的毅力和勇气；激发想象力与创造力；认识群体的作用，增进集体参与意识和协作精神，提升责任心与荣誉感；改善人际关系，学会彼此间的信任与关爱，更为融洽地与群体合作；学习欣赏、关注和爱护大自然等。

目前，拓展训练已成为各大公司员工培训的必选内容。在此，仅介绍几种简单易行的项目。

（1）集体攀登（图12-1）：在不借助任何器械的前提下，要求团队的所有成员，均攀爬上指定的目标。此训练着力于培养领导者的决策能力，以及团队的分工协作能力。

（2）信任背摔（图12-2）：体验者背向同伴立于高台之上，台下同伴两人一组，双手十字交叉互握，并排站列。当听到口令后，台上人迅速直体倒向台下同伴，台下同伴以手臂协力将其接住。此训练考验台上体验者的胆量和对同伴的信任度，以及台下同伴的责任心。

（3）高空跨越（图12-3）：利用专业器械，在安全保障完备的前提下，体验者登上架设在高空的"断桥"，在一定的时间内，完成跨越动作。断桥的宽度可根据训练的目的和体验者

图12-1　集体攀登

的能力进行调整,这是对自我勇气和信心的极大考验。

图 12-2　信任背摔

图 12-3　高空跨越

思考题

1. 请简述拓展训练的锻炼价值。

2. 在进行野外生存时,我们需要做好哪些安全措施?

3. 你参与过哪些有趣的室内或室外拓展训练?从中有何收获?

附录1

国家学生体质健康标准

一、说明

1.《国家学生体质健康标准》(以下简称《标准》)是国家学校教育工作的基础性指导文件和教育质量基本标准,是评价学生综合素质、评估学校工作和衡量各地教育发展的重要依据,是《国家体育锻炼标准》在学校的具体实施,适用于全日制普通小学、初中、普通高中、中等职业学校、普通高等学校的学生。

2. 本标准的修订坚持健康第一,落实《国家中长期教育改革和发展规划纲要(2010—2020年)》《国务院办公厅转发教育部等部门关于进一步加强学校体育工作若干意见的通知》(国办发〔2012〕53号)和《教育部关于印发〈学生体质健康监测评价办法〉等三个文件的通知》(教体艺〔2014〕3号)有关要求,着重提高《标准》应用的信度、效度和区分度,着重强化其教育激励、反馈调整和引导锻炼的功能,着重提高其教育监测和绩效评价的支撑能力。

3. 本标准从身体形态、身体机能和身体素质等方面综合评定学生的体质健康水平,是促进学生体质健康发展、激励学生积极进行身体锻炼的教育手段,是国家学生发展核心素养体系和学业质量标准的重要组成部分,是学生体质健康的个体评价标准。

4. 本标准将适用对象划分为以下组别:小学、初中、高中按每个年级为一组,其中小学为6组、初中为3组、高中为3组。大学一、二年级为一组,三、四年级为一组。

5. 小学、初中、高中、大学各组别的测试指标均为必测指标。其中,身体形态类中的身高、体重,身体机能类中的肺活量,以及身体素质类中的50米跑、坐位体前屈为各年级学生共性指标。

6. 本标准的学年总分由标准分与附加分之和构成,满分为120分。标准分由各单项指标得分与权重乘积之和组成,满分为100分。附加分根据实测成绩确定,即对成绩超过100分的加分指标进行加分,满分为20分;小学的加分指标为1分钟跳绳,加分幅度为20分;初中、高中和大学的加分指标为男生引体向上和1 000米跑,女生1分钟仰卧起坐和800米跑,各指标加分幅度均为10分。

7. 根据学生学年总分评定等级:90.0分及以上为优秀,80.0～89.9分为良好,60.0～79.9

分为及格,59.9 分及以下为不及格。

8. 每个学生每学年评定一次,记入《〈国家学生体质健康标准〉登记卡》(附表 1~6)。特殊学制的学校,在填写登记卡时可以按规定和需求相应地增减栏目。学生毕业时的成绩和等级,按毕业当年学年总分的 50% 与其他学年总分平均得分的 50% 之和进行评定。

9. 学生测试成绩评定达到良好及以上者,方可参加评优与评奖;成绩达到优秀者,方可获体育奖学分。测试成绩评定不及格者,在本学年度准予补测一次,补测仍不及格,则学年成绩评定为不及格。普通高中、中等职业学校和普通高等学校学生毕业时,《标准》测试的成绩达不到 50 分者按结业或肄业处理。

10. 学生因病或残疾可向学校提交暂缓或免予执行《标准》的申请,经医疗单位证明,体育教学部门核准,可暂缓或免予执行《标准》,并填写《免予执行〈国家学生体质健康标准〉申请表》(附表 7),存入学生档案。确实丧失运动能力、被免予执行《标准》的残疾学生,仍可参加评优与评奖,毕业时《标准》成绩需注明免测。

11. 各学校每学年开展覆盖本校各年级学生的《标准》测试工作,《标准》测试数据经当地教育行政部门按要求审核后,通过"中国学生体质健康网"上传至"国家学生体质健康标准数据管理系统"。测试和数据上传时间由教育行政部门确定。

12. 本标准由教育部负责解释。

二、 单项指标与权重

测试对象	单项指标	权重(%)
小学一年级至大学四年级	体重指数(BMI)	15
	肺活量	15
小学一、二年级	50 米跑	20
	坐位体前屈	30
	1 分钟跳绳	20
小学三、四年级	50 米跑	20
	坐位体前屈	20
	1 分钟跳绳	20
	1 分钟仰卧起坐	10
小学五、六年级	50 米跑	20
	坐位体前屈	10
	1 分钟跳绳	10
	1 分钟仰卧起坐	20
	50 米×8 往返跑	10

测试对象	单项指标	权重(%)
	50 米跑	20
	坐位体前屈	10
初中、高中、大学各年级	立定跳远	10
	引体向上(男)/1 分钟仰卧起坐(女)	10
	1 000 米跑(男)/800 米跑(女)	20

注:体重指数(BMI)=体重(千克)/身高^2(米^2)。

三、《国家学生体质健康标准》评分表（略）

附录2

《国家学生体质健康标准》实施办法

一、《国家学生体质健康标准》(以下简称《标准》)的实施工作在教育部、国家体育总局的领导下,由各级教育行政部门管理,体育行政部门指导,学校组织实施。

二、《标准》的组织实施工作在校长领导下,由学校体育教研部门、教务部门、校医院(医务室)、学工部门、辅导员(班主任)协同配合共同组织实施。《标准》的测试应与学生的健康体检有机结合,避免重复测试。学生的《标准》测试成绩按评定等级记入《国家学生体质健康标准登记卡》,小学列入学生成长记录或学生素质报告书,初中以上学校列入学生档案(含电子档案),作为学生毕业、升学的重要依据。对达到及格以上成绩的学生颁发证章。《标准》的实施工作计入教师的教学工作量。

三、学生《标准》测试成绩达到良好及以上者,方可参加三好学生、奖学金评选;成绩达到优秀者,方可获体育奖学分。《标准》成绩不及格者,在本学年度准予补测一次,补测仍不及格,则学年《标准》成绩为不及格。普通高中、中等职业学校和普通高等学校学生毕业时,《标准》测试的成绩达不到50分者按肄业处理。

四、因病或残疾学生,可向学校提交免予执行《标准》的申请,经医疗单位证明,体育教学部门核准后,可免予执行《标准》,并填写《免予执行〈国家学生体质健康标准〉申请表》,存入学生档案。对确实丧失运动能力、免予执行《标准》的残疾学生,仍可参加三好学生、奖学金、奖学分评选,毕业时《标准》成绩可记为满分,但不评定等级。

五、认真上好体育课、积极参加体育活动、每天锻炼时间达到一小时者,奖励5分,计入学年《标准》总成绩。

六、属下列情况之一者,其《标准》成绩记为不及格,该学年《标准》成绩最高记为59分:

1. 评价指标中400米(50米×8往返跑)、1000米跑(男)、800米跑(女)、台阶试验的得分达不到及格者;

2. 体育课无故缺勤,一学年累计超过应出勤次数1/10者。

七、各地、各学校在实施《标准》时要树立"安全第一"的指导思想,健全各项安全保障制度,落实安全责任制,加强对场地、器材、设备的安全检查。要认真做好学生的体检工作,对生病学生实行缓测或免测。

八、全国各级各类学校每年均直接将本校各年级《标准》测试数据,通过中国学生体质健康网(网址中文域名:中国学生体质健康网,英文域名:www.csh.edu.cn),报送至教育部"国家学生体质健康标准数据管理系统",上报数据的时间为每年 9 月 1 日至 12 月 31 日,上报测试数据的工具软件,由学校在中国学生体质健康网上免费下载使用。

九、高职、高专类学校参照有关要求执行。

十、教育部每年公布各省、自治区、直辖市实施《标准》的基本情况;每学年对教育部直属高校本科新生《标准》测试结果,按生源所在地进行统计,并以省、自治区、直辖市为单位进行公布。

十一、各地教育、体育行政部门对本地各级各类学校实施《标准》的情况,要认真检查监督。要将《标准》的实施情况纳入各级政府教育督导内容和评估指标体系,并作为对各级各类学校进行评优、表彰的基本依据。对弄虚作假、徇私舞弊者,给予通报批评,情节严重者,给予行政处分。

十二、为保证《标准》测试数据的科学性、准确性,各地、各学校招标、选用的《标准》测试器材必须是经国家认证认可监督管理委员会批准的相关认证机构认证合格的产品。

十三、本办法由教育部负责解释。

《国家学生体质健康标准》
单项指标与权重、单项评分表

表1 单项指标与权重

测试对象	单项指标与权重	权重%
大 学	体重指数(BMI)=体重(千克)/身高²(米²)	15
	肺活量	15
	50米跑	20
	坐位体前屈	10
	立定跳远	10
	引体向上(男)/1分钟仰卧起坐(女)	10
	1 000米跑(男)/800米跑(女)	20

表2 体重指数(BMI)单项评分表 （单位:千克/米²）

等 级	单项得分	大学男生	大学女生
正 常	100	17.9～23.9	17.2～23.9
低体重	80	≤17.8	≤17.1
超 重		24.0～27.9	24.0～27.9
肥 胖	60	≥28.0	≥28.0

注:体重指数(BMI)=体重(千克)/身高²(米²)。

表3 肺活量单项评分表 （单位:毫升）

等 级	单项得分	大学男生		大学女生	
		大一、大二	大三、大四	大一、大二	大三、大四
优 秀	100	5 040	5 140	3 400	3 450
	95	4 920	5 020	3 350	3 400
	90	4 800	4 900	3 300	3 350

等　级	单项得分	大学男生		大学女生	
		大一、大二	大三、大四	大一、大二	大三、大四
良　好	85	4 550	4 650	3 150	3 200
	80	4 300	4 400	3 000	3 050
及　格	78	4 180	4 280	2 900	2 950
	76	4 060	4 160	2 800	2 850
	74	3 940	4 040	2 700	2 750
	72	3 820	3 920	2 600	2 650
	70	3 700	3 800	2 500	2 550
	68	3 580	3 680	2 400	2 450
	66	3 460	3 560	2 300	2 350
	64	3 340	3 440	2 200	2 250
	62	3 220	3 320	2 100	2 150
	60	3 100	3 200	2 000	2 050
不及格	50	2 940	3 030	1 960	2 010
	40	2 780	2 860	1 920	1 970
	30	2 620	2 690	1 880	1 930
	20	2 460	2 520	1 840	1 890
	10	2 300	2 350	1 800	1 850

表 4　50 米跑单项评分表　　　　　（单位：秒）

等　级	单项得分	大学男生		大学女生	
		大一、大二	大三、大四	大一、大二	大三、大四
优　秀	100	6.7	6.6	7.5	7.4
	95	6.8	6.7	7.6	7.5
	90	6.9	6.8	7.7	7.6
良　好	85	7.0	6.9	8.0	7.9
	80	7.1	7.0	8.3	8.2
及　格	78	7.3	7.2	8.5	8.4
	76	7.5	7.4	8.7	8.6
	74	7.7	7.6	8.9	8.8
	72	7.9	7.8	9.1	9.0

续　表

等　级	单项得分	大学男生		大学女生	
		大一、大二	大三、大四	大一、大二	大三、大四
及　格	70	8.1	8.0	9.3	9.2
	68	8.3	8.2	9.5	9.4
	66	8.5	8.4	9.7	9.6
	64	8.7	8.6	9.9	9.8
	62	8.9	8.8	10.1	10.0
	60	9.1	9.0	10.3	10.2
不及格	50	9.3	9.2	10.5	10.4
	40	9.5	9.4	10.7	10.6
	30	9.7	9.6	10.9	10.8
	20	9.9	9.8	11.1	11.0
	10	10.1	10.0	11.3	11.2

表 5　坐位体前屈单项评分表　　　　　　　　　　　　（单位：厘米）

等　级	单项得分	大学男生		大学女生	
		大一、大二	大三、大四	大一、大二	大三、大四
优　秀	100	24.9	25.1	25.8	26.3
	95	23.1	23.3	24.0	24.4
	90	21.3	21.5	22.2	22.4
良　好	85	19.5	19.9	20.6	21.0
	80	17.7	18.2	19.0	19.5
及　格	78	16.3	16.8	17.7	18.2
	76	14.9	15.4	16.4	16.9
	74	13.5	14.0	15.1	15.6
	72	12.1	12.6	13.8	14.3
	70	10.7	11.2	12.5	13.0
	68	9.3	9.8	11.2	11.7
	66	7.9	8.4	9.9	10.4
	64	6.5	7.0	8.6	9.1
	62	5.1	5.6	7.3	7.8
	60	3.7	4.2	6.0	6.5

等　级	单项得分	大学男生		大学女生	
		大一、大二	大三、大四	大一、大二	大三、大四
不及格	50	2.7	3.2	5.2	5.7
	40	1.7	2.2	4.4	4.9
	30	0.7	1.2	3.6	4.1
	20	−0.3	0.2	2.8	3.3
	10	−1.3	−0.8	2.0	2.5

表 6　立定跳远单项评分表　　　　　　　　（单位：厘米）

等　级	单项得分	大学男生		大学女生	
		大一、大二	大三、大四	大一、大二	大三、大四
优　秀	100	273	275	207	208
	95	268	270	201	202
	90	263	265	195	196
良　好	85	256	258	188	189
	80	248	250	181	182
及　格	78	244	246	178	179
	76	240	242	175	176
	74	236	238	172	173
	72	232	234	169	170
	70	228	230	166	167
	68	224	226	163	164
	66	220	222	160	161
	64	216	218	157	158
	62	212	214	154	155
	60	208	210	151	152
不及格	50	203	205	146	147
	40	198	200	141	142
	30	193	195	136	137
	20	188	190	131	132
	10	183	185	126	127

表7　引体向上或仰卧起坐单项评分表 　　　　　　　　　　　　　（单位：次）

等　级	单项得分	大学男生（引体向上）		大学女生（仰卧起坐）	
		大一、大二	大三、大四	大一、大二	大三、大四
优　秀	100	19	20	56	57
	95	18	19	54	55
	90	17	18	52	53
良　好	85	16	17	49	50
	80	15	16	46	47
及　格	78			44	45
	76	14	15	42	43
	74			40	41
	72	13	14	38	39
	70			36	37
	68	12	13	34	35
	66			32	33
	64	11	12	30	31
	62			28	29
	60	10	11	26	27
不及格	50	9	10	24	25
	40	8	9	22	23
	30	7	8	20	21
	20	6	7	18	19
	10	5	6	16	17

表8　耐力跑单项评分表 　　　　　　　　　　　　　（单位：分·秒）

等　级	单项得分	大学男生（1 000 米）		大学女生（800 米）	
		大一、大二	大三、大四	大一、大二	大三、大四
优　秀	100	3′17″	3′15″	3′18″	3′16″
	95	3′22″	3′20″	3′24″	3′22″
	90	3′27″	3′25″	3′30″	3′28″
良　好	85	3′34″	3′32″	3′37″	3′35″
	80	3′42″	3′40″	3′44″	3′42″

等　级	单项得分	大学男生（1 000 米）		大学女生（800 米）	
		大一、大二	大三、大四	大一、大二	大三、大四
及　格	78	3′47″	3′45″	3′49″	3′47″
	76	3′52″	3′50″	3′54″	3′52″
	74	3′57″	3′55″	3′59″	3′57″
	72	4′02″	4′00″	4′04″	4′02″
	70	4′07″	4′05″	4′09″	4′07″
	68	4′12″	4′10″	4′14″	4′12″
	66	4′17″	4′15″	4′19″	4′17″
	64	4′22″	4′20″	4′24″	4′22″
	62	4′27″	4′25″	4′29″	4′27″
	60	4′32″	4′30″	4′34″	4′32″
不及格	50	4′52″	4′50″	4′44″	4′42″
	40	5′12″	5′10″	4′54″	4′52″
	30	5′32″	5′30″	5′04″	5′02″
	20	5′52″	5′50″	5′14″	5′12″
	10	6′12″	6′10″	5′24″	5′22″

表 9　加分指标评分表

加　分	引体向上（男）	仰卧起坐（女）	1 000 米（男）	800 米（女）
10	10	13	−35″	−50″
9	9	12	−32″	−45″
8	8	11	−29″	−40″
7	7	10	−26″	−35″
6	6	9	−23″	−30″
5	5	8	−20″	−25″
4	4	7	−16″	−20″
3	3	6	−12″	−15″
2	2	4	−8″	−10″
1	1	2	−4″	−5″

主要参考文献

[1] 蔡仲林,周之华.武术[M].3版.北京:高等教育出版社,2015.

[2] 中国乒乓球协会.乒乓球竞赛规则(2022)[M].北京:北京体育大学出版社,2022.

[3] 唐建军.乒乓球[M].北京:北京体育大学出版社,2016.

[4] 刘夫力.足球训练基本方法[M].北京:北京体育大学出版社,2022.

[5] 高峰.健美操课程教学与优化研究[M].北京:人民体育出版社,2022.

[6] 王家宏.球类运动——篮球[M].3版.北京:高等教育出版社,2016.

[7] 朱建国.羽毛球运动教学与训练教程[M].2版.北京:清华大学出版社,2019.

[8] 虞重干.排球运动教程[M].北京:人民体育出版社,2009.

[9] 梅雪雄.游泳[M].4版.北京:高等教育出版社,2016.

[10] 中国羽毛球协会.羽毛球竞赛规则(2023)[M].北京:人民体育出版社,2023.

[11] 杨红军,张兴泉.足球运动教程[M].北京:人民体育出版社,2021.

[12] 于海娟.大学体育与健康[M].苏州:苏州大学出版社,2023.

[13] 李宗刚,汪伟琪.大学体育[M].西安:西安电子科技大学出版社,2021.

[14] 许奋奋.校园体育文化与大学生素质教育[M].北京:人民体育出版社,2019.

[15] 练碧贞.体育场地简易测画法[M].北京:人民体育出版社,2017.

仅限教师索取

教学资源服务指南

高等教育出版社

感谢您使用本书。为方便教学，我社为教师提供资源下载、样书申请等服务，如贵校已选用本书，您只要关注微信公众号"高职素质教育教学研究"，或加入下列教师交流QQ群即可免费获得相关服务。

"高职素质教育教学研究"公众号

资源下载：点击"**教学服务**"—"**资源下载**"，或直接在浏览器中输入网址（http://101.35.126.6/），注册登录后可搜索下载相关资源。（建议用电脑浏览器操作）

样书申请：点击"**教学服务**"—"**样书申请**"，填写相关信息即可申请样书。

样章下载：点击"**教材样章**"，可下载在供教材的前言、目录和样章。

师资培训：点击"**师资培训**"，获取最新直播信息、直播回放和往期师资培训视频。

◎ 联系方式

职业素养和创新创业教师交流QQ群：310075759

联系电话：（021）56961310　电子邮箱：3076198581@qq.com